KB044416

브랜드로 남는다는 것

브랜드로 남는다는 것

2022년 11월 12일 초판 1쇄 발행
2024년 4월 25일 초판 9쇄 발행

지은이 홍성태

펴낸이 김은경
편집 권정희, 장보연
마케팅 박선영, 김하나
디자인 황주미
경영지원 이연정

펴낸곳 ㈜북스톤
주소 서울특별시 성동구 성수이로7길 30 빌딩8, 2층
대표전화 02-6463-7000
팩스 02-6499-1706
이메일 info@book-stone.co.kr
출판등록 2015년 1월 2일 제2018-000078호

ISBN 979-11-91211-84-9 (03320)

브랜드로
남는다는 것

홍성태 교수의 특별한 경영수업

홍성태 지음

북스톤

벌써 몇 달 전 일이다.

하루는 몇 년 전에 졸업하고 회사를 다니다 창업해 제법 잘나간다고 소문이 난 제자가 찾아왔다.

친구 두 명과 스타트업을 시작해 그저 살아남으려고 밤잠을 줄이고 휴가도 없이 몇 년을 정신없이 키워왔다고 했다. 그런데 인원이 늘고 매출 규모가 커지자 자기들끼리는 해결하기 어려운 여러 새로운 문제가 생기더라는 것이다.

예전에는 동업자와 각자 역할만 열심히 하면 됐는데, 이제는 회사의 사명이 뭐고 비전이 무엇인지 생각해봐야 하고, 마케팅도 어떤 타깃에게 어떤 메시지를 보내야 하는지 등을 새롭게 고민해야 했다.

몇 차례 마찰 끝에 창업 동지 두 명은 각자의 길을 가고 전문 인력들을 영입했으나, 기업의 대표로서 방향을 확실히 하지 않으면 안 될 것 같아 나를 찾아왔다고 했다.

그와 이런저런 대화를 서너 시간 나누었다. 그저 조금이라도 도움이 될까 하는 마음에 성의껏 질문에 답했는데 학교 다닐 때 배운 내용 같은데 실제 일을 해보니 모두 새롭게 들린다며, 다음 주에 또 오면 안 되겠냐고 공손히 청했다. 아끼는 제자가 도움을 청하는데 마다할 일이 아니지 않은가. 그래서 그다음 주에 또 와서 서너 시간 얘기하고 돌아가기를 석 달 여 반복했다.

제자는 나와의 대화를 늘 녹음했는데, 그 내용이 다른 마케터들에게도 도움이 될 것 같아 녹음한 것을 들려줄 수 있겠냐고 하니 기꺼이 파일을 보내주었다. 그 파일을 녹취로 뜨고 정리한 것이 이 책이다.

시작은 이랬다.

"교수님, 회사 규모가 좀 커지니 본격적으로 마케팅이 중요해지더라고요. 요즘은 아무래도 온라인을 활용해야 하니 SNS 마케팅, 빅데이터 마케팅, 퍼포먼스 마케팅, 바이럴 마케팅 등에 관한 책도 꽤 구해서 읽고, 유튜브 프로그램도 찾아서 보고, 강의도 들으러 다니고 나름대로 공부를 많이 했어요. 그런데 뭔지 모르게 변방만 건드린다는 느낌이 듭니다."

"그랬구나. 비유를 들어 설명해볼까. 요새는 누구나 사진을 많이 찍지. 온 국민이 사진작가가 된 것 같아. 그런데 필카 써봤니? 필카하고 디카가 뭐가 다를 것 같아?

우선, 결과물은 어때? 얼마 전까지만 해도 필카의 감성을 디카가 못 쫓아간다고 했는데, 요새는 디카도 너무 좋아. 편리성은? 디카가 말도 못하게 편하지. 찍을 때마다 내가 잘 찍었는지 바로바로 확인할 수 있는데, 필카는 현상 후에 인화해야 하고 보정도 힘들어서 얼마나 답답한지 몰라. 더구나 필카는 한 번에 24장이나 36장 필름 수만큼밖에 못 찍지만 디카는 마음놓고 거의 무한대로 찍을 수 있잖아.

그렇다면, 필카 찍던 사람이 디카 찍을 수 있을까? 잘 찍겠지. 심지어 너무 잘 찍어. 내 친구 사진작가는 지금도 필름만 쓰는데, 그 친구가 오며 가며 눈에 띄는 풍경을 핸드폰 카메라로 찍어 내게 보내곤 하거든. 그런데 툭툭 찍어도 하나같이 멋진 작품이더라.

그렇다면 반대는 어떨까? 디카에 길든 사람이 필카 찍을 수 있을까? 아냐, 이건 어려워.

왜 어렵지? 필카는 필름이 제한돼 있으니 한 장 찍을 때마다 신경을 곤두세우지 않을 수 없어. 디카는 수도 없이 찍어서 그중 괜찮은 걸 고르면 되는데 말이야.

내가 사진 찍는 취미를 갖고 있잖니? 내 친구 작가는 디카에 익숙해지면 우연을 바라게 되고, 실력이 늘지 않는다며 이런 충고를 하더군. '디카 시대니 디카로 찍는 건 좋은데, 마구 찍지 말고 먼저 대상을 잘 살펴보고 한참 고심한 다음에 찍는 습관을 들여.'

디지털 마케팅과 아날로그 마케팅을 비교해도 비슷한 것 같아.

아날로그 시절에는 광고 하나 만들려면 자구字句 하나, 사진 한 장 고르는 것도 엄청나게 고민했거든. 한번 만들어 인쇄하면 그걸로 6개월, 1년을 쓰니까. 하지만 요새는 온라인에 여섯, 일곱 개 광고를 마구 올려봐. 반응 좋은 게 있으면 남기고 나머지는 버리는 식이지. 그러면 편하고 빨리빨리 진행할 수 있거든.

그런데 그렇게 마케팅하다 보면, 실력이 잘 늘지 않아서 오래 못 버텨.

요즘은 디지털 시대니 나도 유튜브 강의를 종종 들어. 댓글 많이 받는 법, 유튜브에서 스킵되지 않는 법, 뉴스레터 쓰는 법, SNS에서 시행착오 피하는 법, ROAS 올리는 법 등을 가르쳐 주더라. 이런 것도 물론 도움이 되지만, 그에 앞서 기본이 되는 마케팅 원리부터 이해하면 발전이 빠르겠지.

〈오징어 게임〉 봤지? 오일남 할아버지 역을 맡은 오영수 배우의 연기가 얼마나 감칠맛 나던지… 정말 잘하시더군. 그분 말씀이, 젊은 배우들이 영화나 드라마에 출연하는 것도 좋지만 연극무대로 돌아왔으면 한다는 거야. 연기자가 성장할 수 있는 발판으로 연극만 한 게 없다는 거지. 영화나 드라마는 NG 나면 다시 찍으면 되지만, 연극은 실수를 돌이킬 수 없잖아. 잘라서 편집하는 게 아니니까. 그 긴장감과 관객과의 소통을 생생히 경험하는 게 너무나 소중한 실력향상의 기회라는 거야. 그렇게 어렵사리 기본을 익혀야 드라마에서든 영화에서든 연기로 롱런할 수 있다고 하시더라.

무슨 말을 하려는 거냐면, 자네도 기본을 잘 익히면 좋겠다는 거야. 마케팅을 통해 이루고자 하는 목표가 뭔지 제대로 각을 잡지 못한 채 마구잡이로 영업하다 보면 잘되는 것 같다가도 벽에 부딪히곤 하는데, 뭐를 잘못한 건지 감도 못 잡는 경우를 많이 봐."

이렇게 얘기가 시작되어 매주 화요일에 만나 서너 시간씩 대화하기를 12번. 앞으로도 자주 뵙기를 청한다며 마무리하는 날, 제자에게 물었다.

"자네가 인터넷 강의를 포함해 다른 곳에도 공부하러 많이 다녔다며, 나와의 대화가 뭐가 다르던가?"

"네, 교수님. 인기 있다는 강의도 많이 듣고, 좋다는 책도 많이 읽긴 했는데, 그때마다 마치 제 몸에 예쁜 깃털을 붙여 화려한 새가 되는 것 같은 느낌이었어요. 그런데 뭔가 허전했죠. 교수님과의 대화를 통해 뼈대를 제대로 잡았다고 생각합니다."

이 똑똑한 제자의 말에 웬일인지 내가 감동받고 눈물이 글썽여졌다.

그 12주의 이야기, 즉 마케팅, 브랜딩, 창업 후 살아남기 등에 대해 우리가 대화한 대로 공개하니, 여러분에게도 조금이나마 도움이 되길 기대해본다.

이 책을 시작하게 된 것은 제자 덕분이니 마땅히 공저로 책을 내야 했다. 그런데 제자가 성공가도에 오르려면 한참 멀었으니 아직은 자신이 나설 때가 아니라고 한사코 사양하는 바람에 내 이름만으로 책을 낸다. 다시 한 번 제자에게 심심한 고마움을 전한다.

실제 대화를 담은 것이어서 이야기 듣듯 편한 구어체이지만, 제자가 실무 중에 맞닥뜨린 고민에 대한 대답이어서 내용은 전문적이며 구체적이다. 꼭지마다 멈추어 생각하며 여러분의 브랜드에 어떻게 적용할지 고심해보면 해결의 단초가 조금이나마 보이리라 기대한다.

형식에 얽매이지 않고 실용적이고 현실적인 콘텐츠를 담으려다 보니 미리 몇 가지 양해를 구하고 싶은 점이 있다. 제자와 친근하게 대화하는 모습을 그대로 담느라 반말 투의 책이 되었다. 책에 거론되는 분들의 실명實名에도 개인적인 존경의 마음은 잠시 묻어두고 존칭을 상당 부분 생략했다. 교만하게 보지 마시고 편하게 읽어주시길 바란다. 아울러 세상의 흐름을 가장 빠르게 반영하는 마케팅 분야의 책이니만큼 외국어와 외래어, 신조어를 자유롭게 섞었다. 이 분야의 현실적인 느낌을 살리기 위해 구태여 한글로 풀지 않았음을 이해해주시기 바란다.

본문에 〈도덕경〉을 인용한 부분이 가끔 나온다. 〈도덕경〉은 엄청난 지혜를 주는 인생의 필독서이지만 어려워서 다가가기 쉽지 않다. 그런데 우리나라 최고의 광고인인 이용찬 훈장님이 자신의 크리에이티브 업무에 평생의 지침으로 삼은 게 〈도덕경〉이라며, 그 인사이트를 《노자 마케팅》이란 책으로 썼다. 이 책에서 인용한 〈도덕경〉의 문구들은 《노자 마케팅》의 해석과 프레임을 참고로 한 것이니, 함께 읽어보길 강추한다.

지난 10여 년간, 크고 작은 사업을 하는 경영자들이 마음에 새겼으면 하는 화두를 고민하고 일련의 졸저에 담아왔다. 《모든 비즈니스는 브랜딩이다》에는 '나음'을, 《나음보다 다름》에는 '다름'을, 《배민다움》에는 '다움'을, 《그로잉업》에서는 '키움'이라는 화두를 다루었다. 이번에는 그 연장선으로, '처음'의 마음으로 돌아가려 한다. 그래서 스타트업을 막 벗어나 성장기에 들어서려는 기업을 염두에 두고 책을 썼다.

그러나 바야흐로 변화가 너무 빨라 기존의 경험과 지식이 잘 통하지 않는 시대 아닌가. 그러므로 설령 성장을 구가하는 대기업이라 해도 스타트업과 같은 '처음'의 마음가짐으로 경영에 임해야 한다고 생각한다. 규모와 관계없이 이 책을 읽는 모든 마케터와 경영자가 초심을 되새기는 시간이 되기를 희망한다.

이른 가을이 성큼 다가온
추석을 앞두고.

차례

1부. 브랜드의 탄생 : 이름에 의미를 입히다

1장   **Customer Orientation**
우리 사업을 어떻게 고객 관점에서 볼까

에필로그 | 사업은 나다움을 완성하는 과정이다

———————

의미를 심고 재미를 더하다

도대체 브랜딩이 왜 필요한 거예요?

사람들이 마케팅 좀 도와달라고 나를 찾아오곤 해. 그때마다 나는 내세울 포인트가 무엇인지부터 물어보는데, 가장 답답한 대답이 뭔지 아니?

'우리 화장품은 정말 좋아요', '우리 음식 다들 맛있다고 해요' 같은 거야. 품질이 좋다고 이미지가 저절로 좋아지면 품질 좋은 건 모두 잘 팔리게? 품질이 좋은데 폭망한 것도 많잖아.

물론 품질이 좋아야지. 평생 합죽선을 만들어오신 명인이 하시는 말씀이 "하나를 만들어도 욕심나게" 만들라 하시더군. 그런 마음자세는 필요하다고 봐.

그렇게 해서 좋은 제품을 만들었다고 하자. 그럼 이미지는 시간이 갈수록 점점 좋아지겠지?

그럴 수도 있고, 아닐 수도 있어.

좋은 제품은 '필요'조건이지만, 그것만으로는 '충분'하지 않아. 좋은 제품을 만들었으면 그에 걸맞은 이미지를 만들어야지. 그 인식(perception)을 심는 작업이 바로 브랜딩의 역할이야.

미국의 유명 작가인 스콧 피츠제럴드가 '웨스트에그의 트리말키오(Trimalchio in West Egg)'라는 제목의 소설을 써서 출판사에 보냈어. 웨스트에그는 뉴욕주의 부자들이 사는 동네고 트리말키오는 로마시대의 벼락부자 이름이야. 그런데 자네라면 이런 제목의 책을 읽고 싶겠어? 판매가 바닥이었지.

그래서 저자의 고집을 무릅쓰고 출판사가 제목을 바꿔. 그게 바로 《위대한 개츠비(The Great Gatsby)》야. 자네도 알다시피 이 책은 엄청난 베스트셀러가 되고 영화로도 여러 차례 만들어졌어. 내용은 그대로이고 제목만 바꿨는데 독자들이 반응한 거야.

이런 게 브랜드에 대한 고객의 인식이 팩트보다 더 중요하다는 걸 보여주는 예시 아닐까? 광고나 홍보뿐 아니라 자네 제품의 가격이, 또는 물건을 판매하는 상점의 모습이 고객에게 뭐라고 말하는지 생각해봐. 턱없이 비싼 가격이 고객의 인식상 더 매력적으로 보일 수도 있고, 제품을 받기까지 몇 달씩 기다려야 하는 불편함이 동경심을 유발할 수도 있거든.

앨 리스Al Ries와 잭 트라우트Jack Trout가 쓴 고전 《마케팅 전쟁(Marketing Warfare)》이란 책에도 나와 있듯이, 마케팅은 시장을 뺏는 전쟁과 비슷해. 한마디로 작전을 짜는 전략사령부 역할이 브랜딩이고, 작전을 수행하는 야전군 역할이 마케팅이라고 보면 이해가 쉬울 거야.

전쟁을 할 때 전략을 짜고 나면, 우선 목표지점에 포격으로 공격을 개시하거든. 함포사격을 하든지 비행기로 융단폭격을 하든지 말이야. 광고 홍보 등으로 시장에 브랜드의 존재를 알려나가는 것과 같다고나 할까. 그다음에 보병이 진격해 각개전투를 하며 진지를 넓혀가지 않겠어. 전쟁을 매듭짓는 것은 보병이야. 마케팅에서 보병이라 함은 현장에서 판매영업을 담당하는 조직이겠지.

브랜딩은, 전략을 수립하고 그 계획대로 마케팅을 수행하여 매출로 마무리되기까지 일사불란하게 진행되도록 지휘 및 감독하는 활동이야.

어디까지나 개념적으로 설명한 것이고, 구체적인 사례는 차차 얘기 나누자꾸나.

그러면 브랜딩을 무엇부터 시작해야 하나요?

일본에는 지역마다 특색 있는 사케가 있잖니. 사케 공장에는 쌀과 효모를 손수 버무리며 평생을 보내신 할아버지 할머니들이 계신데, 이분들이 대부분 연세와 상관없이 손이 아주 곱대. 왜 그럴까? 손으로 버무리는 효모가 피부 노화를 막아주기 때문이라는 거야.

그렇다면 효모로 화장품을 만들면 좋지 않겠어? 실제로 여러 기업이 시도했지. 그런데 크게 성공한 적은 없어. 발효 화장품이라고 하면 왠지 얼굴에 된장 바르는 느낌이 드나봐.

프록터앤갬블(P&G)도 이런 시도를 했는데, 막연하게 효모균을 섞은 것이 아니라 좀 더 과학적으로 분석해서 350가지 효모 중에서 사카로미캅시스Saccharomycopsis란 성분을 추출해냈어. 그렇지만 원료명이 어려우니 앞에 내세우진 않고, 성분이 '비밀의 열쇠(Secret Key)'란 의미로 화장품의 브랜드명을 SK-II로 지었다지.

그런데 판매가 기대에 미치지 못했던 거라. 원료명을 포인트로 삼고 싶기는 한데, 사카로미캅시스라고 하면 너무 어렵잖아. 그래서 누구나 기억하기 쉽도록 '피테라(Pitera)'라는 고유의 이름을 붙이고, 화장품 박스에도 크게 썼지. 이게 신의 한 수였어.

무슨 말인지 알겠니? 셀링 포인트에 '이름 붙이기'가 브랜딩을 포함한 모든 비즈니스의 첫걸음이야. 나만의 존재를 만들려면 나만의 이름이 있어야 하지 않겠어?

우리 2,500년 전 춘추시대로 가서 노자의 〈도덕경〉 이야기를 해볼까? 〈도덕경〉의 첫 줄에 나온 '도가도 비상도, 명가명 비상명(道可道 非常道, 名可名 非常名)'은 워낙 심오하고 유명한 구절이니 내가 감히 번역하지 않으련다. 바로 두 번째 줄로 가보자.

'무명천지지시 유명만물지모(無名天地之始, 有名萬物之母).'

이름이 없으매 세상이 시작될 때이고, 이름 있음이 만물의 모태가 된다는 거야.

만물이 존재하려면 일단 이름이 있어야 해. 〈도덕경〉 첫

머리에 '이름 붙이기'가 나오는 걸 보면 그만큼 중요하다는 뜻 아니겠어.

하여간 세상 만물의 존재는 '이름 붙이기(naming)'에서 시작된다는 것이며, 이를 마케팅에서는 브랜딩(branding)이라 일컫지.

종교적인 얘기를 하려는 것은 아니고, 위대한 책이니 〈성경〉도 잠깐 볼까? 〈성경〉 처음이 창세기잖아. 1장 첫 줄부터 한번 읽어볼게.

"태초에 하느님께서 하늘과 땅을 창조하셨다. 땅은 아직 꼴을 갖추지 못하고 비어 있었는데, 어둠이 심연을 덮고 하느님의 영이 그 물 위를 감돌고 있었다.

하느님께서 말씀하시기를 '빛이 있으라' 하시자 빛이 생겼다. 하느님께서는 빛과 어둠을 가르시어, 빛을 <u>낮이라 부르시고</u>, 어둠을 <u>밤이라 부르셨다</u>.

하느님께서 넓은 공간을 만들어 공간 아래에 있는 물과 공간 위에 있는 물을 가르시자, 그대로 되었다. 하느님께서는 넓은 공간을 <u>하늘이라 부르셨다</u>.

하느님께서 말씀하시기를 '하늘 아래의 물은 한곳으로 모이고, 뭍이 드러나라' 하시자, 그대로 되었다.

하느님께서는 뭍을 <u>땅이라</u>, 물이 모인 곳을 <u>바다라 부르셨다</u>. 그리고 보시니 좋았더라."

잘 보렴, 성경에서도 맨 처음 나오는 얘기가 이름 붙이기야. 그리고 2장으로 넘어가면 아담과 처음 교류하는 장면이 나와.

"하느님께서는 흙으로 들의 온갖 짐승과 하늘의 온갖 새를 빚으신 다음, 아담에게 데려가시어 그가 각각을 무엇이라 부르는지 보셨다.

아담이 모든 생물에게 이름을 부여하니 그대로 그 이름이 되었다."

이름 붙이기가 얼마나 중요하면 〈도덕경〉이고 〈성경〉이고 첫 이야기를 이름 붙이기로 시작하겠니?

자네가 아이를 낳으면 이름을 지어줘야 그 아이가 '세상의 존재'가 돼. 그런데 아이 이름만 지어주고 어떻게 크든 상관없이 내버려두는 게 아니라 정성껏 키운단 말이지. 그래야 좋은 부모이듯이, 마케터가 브랜드를 만든 다음에 그 브랜드가 사라지지 않고 사람들 마음에 존재하게끔 알리고 가꾸며 다듬어주면, 그게 잘하는 브랜딩인 거야.

테라 맥주의 예를 보자고. 테라의 특징이 뭘까? 내가 보기엔 소주 타먹기 딱 좋게 만든 맥주 같아. 도수가 낮고 부드러우면서 탄산이 좀 더 강해 쏘는 맛이 있거든. 이 술이

1,000일 만에 23억 6,000만 병 넘게 팔렸다니 매일 236만 병, 1초당 27.3병을 판매한 셈이야. 역대 브랜드 중 신기록이지. 다른 맥주로도 소맥 만들긴 마찬가지인데, 빡빡한 주류시장에서 유독 테라가 잘 팔린 이유가 뭘까?

회식 가서 "술은 뭘로 할까?" 그러면 "테라하고 소주 말아 먹자" 이러지 않잖아. 뭐라고 그래? "오늘도 '테슬라'로 마시자." 그러면 테라와 참이슬로 알아듣지. 아니면 "야, 나는 '테진아'가 좋아." 그러면 테라하고 진로를 마실 거고. 흔한 소맥에도 고유한 이름을 붙인 거잖아. 누가 처음에 이름 붙였는지는 상관없어. 그 이름을 사람들 입에 널리 회자되도록 하는 일이 브랜더의 역할이야.

방탄소년단 팬클럽 이름이 뭐야? 아미! 동방신기는? 카시오페아. '동방신기 서포터즈' 이렇게 부르지는 않아. 앞서가는 아이돌 그룹은 팬클럽에 자기 고유의 이름을 짓지. 그런데 기업들이 서포터즈 이름 붙이는 걸 봐. 대부분 '○○기업 서포터즈 모집' 이런 식이야. 마케팅 전문가여야 할 기업들이 오히려 이름의 중요성을 등한시하는 것 같아.

아, 물론 모든 기업이 다 그렇다는 건 아냐. 배달의민족 같은 데는 '배달의민족 서포터즈' 이렇게 안 하고 뭐라고 해? '배짱이.' 배민을 짱 좋아하는 이들의 모임! 수준이 달

라. 그뿐이 아냐. 배달의민족은 자기네 경영원칙을 '송파구에서 일을 더 잘하는 11가지 방법'이라고 이름 지었잖니? 서울시도 아니고 송파구? 10가지도 아니고 11가지? 이름 붙이기를 잘한 덕에 한 번 들으면 잊어버리지 않잖아. 내용도 보면 '9시 1분은 9시가 아니다', 이렇게 말하지. '회의시간에 늦지 맙시다'라는 말보다 정말 늦으면 안 될 것 같지 않니?

뭐든 내 것을 만들려면 내 나름의 이름을 지어야 해. 여타 기업들과 다를 바 없는 '인재상', '기업이념', '경영원칙'… 이런 건 내 것이 아니야. 내가 지은 나만의 이름이 아니어서 내 정신과 혼이 배어들지 않아.

2005년부터 16년 연속, 61분기 동안 한 번도 후퇴하지 않고 멈춤 없는 성장을 했던 LG생활건강은 사내의 일하는 방식에도 고유한 '이름 붙이기'를 해. 예를 들어 술자리나 담배 담화, 골프 접대, 의전 절차, 회식 없애기 등을 일컬어 '5무無 경영'이라고 딱 못을 박는 식이야. 그 외에도 '내진 설계 체질개선', '잽 경영', '세발자전거론論', '90분 안에 골인' 등, 나름의 고유한 이름을 붙여 일하는 방식을 효과적으로 공유해왔지.

자네, 화초와 잡초의 차이가 뭐라고 생각해? 잡초는 학술적으로 구분은 되지만 사람들에게 알려진 고유의 이름이 없어. 한마디로, 이름이 지어졌느냐 아니냐에 따라 화초가 되거나 잡초가 되는 거야.

이름 없는 잡초로 살아가지 않도록 해봐.

브랜딩의 시작이 '이름 짓기'라면, 종착점은요?

잠시 눈을 감고 히말라야 산꼭대기를 떠올려보렴. 뭐가 보이니?

하얀 눈이 덮인 뾰족한 산봉우리들, 살을 에는 듯한 찬바람, 티 없이 맑은 하늘….

이번에는 해저 2만 리로 내려가 볼까?

무섭도록 고요하고 깜깜하지. 생명체라곤 없을 것 같은데 괴상한 눈을 가진 물고기가 다가오니 오싹….

이제 사막 한가운데 가보자.

태양이 이글거리며 내리쪼이는 광활하고 메마른 모래땅, 뜨겁고 목마른데 코앞에는 전갈….

어때, 손에 잡힐 듯 상상이 되었지? 자, 이제 눈을 떠봐. 그런데 자네, 사실 히말라야 가본 적 없지? 바닷속 2만 리

아래로는? 사막 한가운데에 가본 적도 없을 테고.

하지만 우리는 모두 상상할 수 있어.

상상이라 해도 자네 머릿속에서 나왔으니 자네 생각이라 여기기 쉽지만, 사실은 누군가가 자네 머릿속에 심어준 게 대단히 많아. 사진이나 영화로 보았거나, 누가 말해줬거나, 책에서 읽었거나. 직접 경험하지 않았으면서도 남이 심어준 이미지나 지식을 내 생각이라고 여기는 거지. 나쁘다는 게 아니야. 우리가 모든 걸 다 경험하고 살 수는 없잖아. 남이 준 걸 씨앗 삼아 우리의 생각을 키워가는 건 당연해.

이렇게 머릿속에 생각의 씨앗을 심는 것을 한 단어로 '인셉션(inception)'이라 해. 이런 관점에서 본다면, 브랜딩이란 브랜드의 의미를 소비자의 머릿속에 넣어 인셉션해서 고착개념화하는 거라 할 수 있어.

'오리온 초코파이' 하면 뭐가 떠올라? 그래, 정(情).

그런데 초코파이가 왜 정이야? 사실 아무 상관도 없는데, 그렇게 인셉션돼서 오리온 초코파이를 보면 '정'이 생각나게 되잖아.

마케터가 할 일이 바로 이거야. 소비자의 머릿속에 우리 브랜드에 대한 의미를 인셉션하여 고착개념화하는 것.

'고착개념'은 브랜딩에서 정말 중요해. 자네가 태어나서 나와 대화하는 이 순간까지 지식으로든 경험으로든 체득되어 자네 생각으로 내재화된 개념들을 가리키지. 일반적으로는 '고정관념'이란 말을 더 많이 쓰지만 브랜딩에서는 '관념'보다는 '개념'이란 의미가 더 명확해서 고착개념이라고 쓴단다. 자네가 아직 익숙하지 않을 테니 우리 대화에서는 고착개념과 고정관념을 적절히 혼용해서 쓸 거야.

마케팅에서 '고착개념화'한다는 게 무슨 뜻일까?

더 이상 브랜드에 대해 생각하지 않고 자동으로 구매하는 상태가 고착개념화된 거야. 커피 생각이 나면 고민하지 않고 그냥 '스타벅스'에 가는 것처럼.

'풀무원' 하면 어떤 느낌이 들어? 뭔가 신선하고 산뜻한 느낌이 드니까 고심하지 않고 풀무원 제품을 사잖아.

비싸지 않은 제품만 그런 게 아냐. '아이폰'이 새로 나왔대 봐. 누가 써보고 좋다 나쁘다 말하지도 않았는데 먼저 사겠다고 밤새워 줄을 서.

고착개념으로 잠금효과(lock-in effect)가 생기면, 조금 불편하거나 비싸도 그냥 그 브랜드를 사게 돼. 설령 구매 후에 마음속에 갈등, 즉 인지부조화가 다소 생기더라도 오히려 그 브랜드가 좋은 이유를 본인에게 설득시키려 한단다. 불편한 점이 생겨도 간과하려 들고, 선택한 브랜드의 좋은 점을 더 크게 보려 하지. 이런 상태를 만드는 게 마케터의 꿈 아니겠어.

자, 브랜딩의 시작은 뭐라 그랬지? 네이밍! 이름 짓기.
그럼 브랜딩의 끝은 뭐겠어? 맞아, 고착개념화하기.
브랜딩을 잘하려면, 사람들이 가지고 있는 고착개념을 잘 활용할 줄 알아야 해. 앞으로 그 과정을 하나하나 탐색해보자.

브랜딩을 한다는 게, 구체적으로 무엇을 하는 거예요?

요즘 다들 브랜드가 중요하다고 하잖아. 왜 그런 것 같아? 브랜드 가치를 올려서 기업을 비싸게 팔려고? 팔기 위해 브랜드를 키우는 건 진정한 사업이 아니지. 아니면 브랜드 순위 때문에? 언론에서 자꾸 순위 비교하는데, 그런 것에 신경쓰는 건 그냥 시간낭비야.

브랜드가 중요한 것은 어떤 브랜드를 들었을 때 딱 떠오르는 이미지(image) 때문이야. 심리학 용어로는 퍼셉션(perception), 마케팅 용어로는 컨셉(concept)이라 하지.

KFC가 무엇의 약자야? 맞아, Kentucky Fried Chicken.

도대체 왜 '켄터키'일까? 창업자 커널 샌더스Colonel Sanders의 고향인가? 그는 인디애나에서 태어났는데.

그럼 1호점이 시작된 곳? 그가 젊어서 사업하다 한번 망한 곳이 켄터키이긴 하지만, KFC 1호점은 유타주의 솔트레이크시티였어.

KFC 치킨 먹을 때 켄터키주를 떠올려본 적 있어? 없지. 그런데 'KFC' 하면 커넬 샌더스를 비롯해 떠오르는 냄새와 기억이 있잖아. 이처럼 어떤 브랜드를 말했을 때 떠오르는 이미지의 총합을 어떻게 관리하느냐가 브랜딩의 핵심이야.

자네는 지금 브랜드를 몇 개나 관리하고 있어? 창업한 회사 브랜드 하나?

그렇지 않아. 누구나 수십 개의 브랜드를 관리하고 있어. 우선, 자네 이름 석 자가 브랜드지. 자네가 지금 정도의 성공만으로도 편하게 살 텐데, 왜 마케팅 공부하러 다니고 사업을 키워보려 애쓸까? 일이 재미있어서이기도 하겠지만, 결국 자네 이름 석 자를 관리하기 때문이야.

'호랑이는 죽어서 가죽을 남기고, 사람은 죽어서 이름을 남긴다'는 말이 왜 생겼겠어? 죽고 나서 이름 없는 들풀처럼 잊히지 말고 이름이 기억되게끔 열심히 살라는 뜻 아니겠어? 그러니 '이름'이라는 브랜드를 잘 관리해야지.

허구한 날 정신줄 놓고 놀기만 하면 친구들끼리 "야, 너 이름값 좀 해라" 이런 말 주고받잖아. 그 말은 '네 브랜드' 관리를 하라는 뜻이겠지. 아버지가 자식 앉혀놓고 가문의 명예 운운해가며 야단치시는 것은 '패밀리 브랜드'를 관리하란 말씀이고.

그뿐이니? 올림픽에 나가서 메달 따면 죽을 때까지 평생 연금을 줘. 그들은 자신을 위해 운동했는데, 국민이 낸 세금으로 매달 연금을 주는 거야. 그런데 메달리스트에게 연금 준다고 불평하는 사람 봤어? 없어. 왜? 그들이 내 조국의 '국가 브랜드'를 빛냈으니까.

자진해서 학교발전기금을 내는 졸업생도 많아. 등록금도 아닌데, 아까운 돈을 왜 기부할까? 내가 졸업한 '학교 브랜드'를 관리하는 거지.

이처럼 잘 보면, 인식하든 안 하든 누구나 매 순간 본인과 연관된 여러 브랜드를 관리하고 있어. 결국 삶이라는 것은 브랜드 컨셉 관리의 과정이라 할 수 있다니까.

'브랜드 컨셉 관리'를 다른 말로 표현하면 바로 '브랜딩(branding)'이야. 자네가 공부했던 내 책의 제목이 《모든 비즈니스는 브랜딩이다》인 이유를 알겠지?

그러면 자네 질문인 '브랜딩의 과정' 얘기로 돌아가 보자. 브랜딩을 잘하려면 어떻게 해야 할까? 딱 두 가지만 잘하면 돼.

브랜드가 말하고자 하는 의미를 설정하는 컨셉 잡기 (concepting), 그리고 그 컨셉을 얼마나 느끼게 해주느냐 하는 브랜드 체험(experiencing).

인기 절정의 유튜버인 김미경 님이 예전에 〈내가 만난, 생각을 파는 사람들〉이란 칼럼을 신문에 연재했어. 나하고 도 인터뷰를 했는데, 이런저런 얘기 끝에 이렇게 묻더라고.

"오늘 얘기 잘 들었어요. 그러니까 이름 석 자도 브랜드 라는 거잖아요? 브랜드에 컨셉이 있어야 한다니, 그럼 이름 도 컨셉이 있어야 하겠네요?"

"네, 정리를 잘하시네요."

"그래서 교수님 이름의 컨셉은 뭔가요?"

앗, 기습질문. 얼른 추스르며 대답했지.

"저는 말이죠. 연구도 많이 하고, 책도 많이 쓰고, 강의 평가도 좋은, 교수 중의 교수예요. 하지만 무게 잡는 교수 처럼 보이지 않으려고 애를 써요. 학생들과도 스스럼없이 마구 어울리죠."

그랬더니 "아! 맞아요. 느낌이 그래요" 하고 지나갔거든.

일주일 뒤에 나온 신문 칼럼을 보니 '교수 같지 않은 교 수가 내 브랜드'라고 큰 제목을 뽑았더라. 재미있는 표현이 지. 그다음부터 내 별명이자 컨셉이 '교수 같지 않은 교수'

가 되었어. 최고의 칭찬으로 느껴져. 김미경 님이 내 이름의 컨셉을 잡아준(concepting) 셈이지.

그런데 누군가 컨설팅을 받으러 나를 찾아왔다고 가정해봐. 내가 목소리 내리깔고 무게 잡으며 "무슨 일로 오셨습니까?"라고 응대하면, 상대방이 어떻게 생각하겠어? '교수 같지 않은 교수'라더니 말뿐이었구나…. 그러지 않겠어? 나를 만나서 유쾌하고 편하면서도 경영 측면에서 도움이 된다고 느껴야 할 거 아냐. 즉 나를 체험하는 동안 나의 컨셉인 '교수 같지 않은 교수'가 느껴져야지(experiencing).

이처럼 브랜딩의 과정이란 '컨셉 잡기'와 '체험시키기'의 두 가지를 관리하는 일이야. '컨셉 잡기'는 브랜드에 의미를 심는 과정, '체험시키기'는 브랜드 컨셉을 고객이 더 쉽게 받아들이도록 재미를 더하는 과정이지. 브랜딩에 정해진 법칙이나 공식은 없지만, 이 두 가지를 토대로 내가 제시할 체크포인트를 가지고 자네 사업을 점검해보자꾸나.

우리 브랜드에도 영혼을 심고 싶어요.

이름 붙이기가 중요하다고 했지만, 내가 작명법을 얘기하려는 건 아냐. 이름 지을 때는 나름의 생각이 있었겠지만, 그 자체는 의미가 없어. 코리아(Korea)는 고려에서 유래했지만, 오늘날 그렇게 연결 짓는 사람은 없듯이 말이지.

세상의 모든 브랜드는 일단 허명(虛名)이야. 아무 의미 없는 스펠링의 조합이라니까. Nike, Zara, Google, LG, Samsung··· 100년 전에 누가 이런 단어를 썼다면 아무도 무슨 말인지 모르겠지.

거기에 영혼을 불어넣음으로써 실명(實名), 즉 의미 있는 진짜 이름이 되는 거야. 이렇게 무의미한 합성어에 생명을 불어넣는 작업이 곧 브랜딩이지.

피카소의 말 중에 이런 게 있어. "나는 그저 화가가 되고 싶었을 뿐이에요. 그런데 피카소가 되고 말았네요(Actually I wanted to become a painter. Now I've become a Picasso)."

이 말을 해석할 때는 문법을 잘 보아야 해. 고유명사인 사람 이름 앞에는 부정관사(a)를 붙이지 않잖아. 그런데 피카소는 자기 이름 앞에 왜 'a'를 붙였을까? 피카소를 보통명사로 쓴 거지. 다시 말해 '피카소 풍風이 되었네요' 또는 '피카소다움을 만들었네요' 이런 뜻이겠지. 자네가 그림을 좀 난해하게 그리면 친구들이 "이야~ 완전 피카소네" 그러잖아? 피카소라는 이름에 '입체파의 거장'이라는 의미가 부여된 거야. 이름에 의미를 심어 하나의 브랜드로 만든 거지.

위대한 예술가만 이러는 게 아냐. 배달의민족에는 퍼뜩 떠오르는 '배달의민족스러움'이 있어. 그 배민스러움을 만든 과정을 담은 책이 《배민다움》이잖아. 자네 회사도 'ㅇㅇ 다움'을 어떻게 만드느냐가 숙제야.

그렇다면 '의미를 심는다'에 대해 좀 더 생각해보자.

요새 금 한 돈이 얼마인지 알아? 시시각각 변하지만, 대략 30만 원쯤 해.

그럼 은 한 돈은 얼마일까? 정말 잘 생각해보렴.

한 3,500원쯤 해. 짐작보다 훨씬 저렴하지? 그러니까 순은 수저를 쓰는 가정도 많은 거야.

〈유니타스 브랜드〉라고 아주 좋은 마케팅 잡지를 만들던 권민이란 분이 있어. 나보다 젊지만 나이에 상관없이 친구처럼 지내지. 그가 한번은 주얼리 시장을 조사하러 백화점에 들렀다가 티파니 매장을 지나가게 되었대. 마침 결혼기념일 무렵이어서 아내에게 목걸이를 선물해야겠다는 생각이 들었다는군. 물론 티파니가 비싸다는 건 익히 알고 있었지만, 티파니 제품은 주로 금이 아니라 은이니 비싸면 얼마나 비싸겠나 싶어 일단 매장에 들어갔대. 다행히 마음에 쏙 드는 작고 귀여운 목걸이가 있길래 점원에게 얼마냐고 물어봤겠지. 그랬더니 250만 원이라는 거야. 너무 놀라서 엉겁결에 이렇게 물었대. "이거 은 아닌가요?"

그랬더니 점원이 멈칫하더니 조용히 이러더래.

"티파니입니다."

어떤 제품이든 서비스든, 그것이 줄 수 있는 '기능'에 상징적 '의미'를 더할 때 비로소 브랜드의 '가치'가 생겨.

현대카드의 정태영 부회장이 이런 말씀을 하셨어. "가끔 브랜드에 대해 조언해달라고 찾아오는 분들이 있는데, 십중팔구 고급 또는 기술력을 나타내는 브랜드로 보이길 원합니다. 브랜드는 가치관을 담는 것이고 고급이나 기술은 도구일 뿐이라고 말씀드리면 많이 당혹해합니다."

브랜드는 기능에 의미를 더해 가치를 만드는 것인데, 의미는 놔두고 고급이라든지 기술력이 높다고만 해서는 브랜드 가치 형성에 별반 도움이 안 된다는 거지.

자네 회사도 나름의 기술이 있잖아. 이제 그 좋은 품질, 좋은 기능에 붙일 '의미'를 생각해보렴.

이처럼 브랜드에 의미를 붙이는 과정을 '컨셉팅'이라고 하는데, 컨셉팅을 잘하기 위해 다음의 일곱 가지 체크포인트(7C)와 그 종합적 결과인 차별성(differentiation)을 더해 답을 찾아가 보자. 일단 나열은 해보겠지만 지금은 일일이 신경쓰지 마. 앞으로 몇 주 동안 나와 함께 그 답을 찾는 여정을 떠날 거니까.

- 고객지향성(customer-orientation) : 고객의 관점에서 보면 우리는 무슨 사업을 하는 걸까?
- 응축성(condensation) : 우리 브랜드의 컨셉을 어떻게 고객 마음에 심어줄 수 있을까?
- 창의성(creativity) : 우리 브랜드의 컨셉을 어떻게 창의적으로 전달하지?
- 지속성(continuity) : 어떻게 해야 세월이 흘러도 브랜드

가 한결같아 보일 수 있지?

- 조합성(combination) : 우리 회사의 품목들은 포트폴리오 균형을 잘 맞추고 있는 걸까?
- 일관성(consistency) : 우리 구성원들을 어떻게 한마음으로 움직이게 하지?
- 보완성(complementary) : 우리 구성원들의 마음을 응집할 내부브랜딩이 잘되어 있을까?
- 차별성(differentiation) : 우리 제품을 어떻게 차별화된 브랜드로 인식시키지?

브랜드 컨셉을 지루하지 않게 전달하려면 어떻게 하죠?

전혀 다른 분야를 넘나들며 100여 권의 책을 저술한 리처드 솔 워먼Richard Saul Wurman이란 사람이 있어. 미술에서부터 의학, 아동, 역사, 풋볼에 이르기까지 별별 주제를 다 다뤘는데, 꽤 깊이 있는 내용을 누구나 이해하기 쉽게 썼지. 이렇게 다양한 주제에 대해 집필하게 된 계기를 물었더니, 관심은 있지만 무지한 상태에서 출발해 호기심을 거쳐 이해에 다다르는 여정을 말 그대로 여행하는 기분으로 써왔다는 거야.

그런 그가 여러 전문가의 지식을 많은 사람과 공유하고자 만든 것이 우리가 잘 아는 TED 방송이야. 가끔 보니? 좋은 내용이 정말 많지. 그런데 TED가 무슨 뜻인지 혹시 알아?

Technology, Entertainment, Design의 줄임말이야. 이

똑똑한 사람이 세상의 별의별 지식을 섭렵해보니 그 에센스는 이 세 가지로 집약되더래. 기가 막힌 통찰이지. 앞으로 자주 언급하겠지만, 일단 뜻을 훑어보자.

자네도 고유의 기술(Technology)이 있잖아. 심도가 있든 아니든, 직접 제조하든 OEM을 하든, 제품이나 서비스를 시장에 내놓는다는 건 어떤 형태로든 기술이 있다는 뜻이지.

엔터테인먼트(Entertainment)는 무슨 의미일까? 재미있다? 엔터테인하다는 게 꼭 웃기다는 뜻만은 아니거든. 극장에서 돈 내고 영화 볼 때 웃기는 것만 보지는 않잖아. 어떤 때는 조마조마한 채로 보고, 어떤 때는 눈물 콧물 흘려가며 보고, 어떤 때는 나쁜 놈들 때문에 격분하기도 해. 이처럼 엔터테인먼트라는 것은 고객과 희로애락을 함께하는 거야. 예컨대 고객이 가족상을 당했을 때 조문 가서 위로해 드렸다면 그것도 넓은 의미의 엔터테인먼트겠지. 희로애락을 함께한다는 것은 고객과 호흡을 같이한다는 뜻이야. 그러려면 그들의 라이프스타일을 꿰고 있어야겠지.

디자인(Design)은 보이지 않는 컨셉을 오감으로 느낄 수 있게 만드는 것이니 말할 필요 없이 중요하지. 디자인에 대한 얘기도 앞으로 많이 하게 될 거야.

T.E.D.의 세 단어는 '브랜드 체험'의 핵심이기도 해. 이를 바탕으로 고객이 브랜드를 구체적이고 효과적으로 '체험'하도록 돕는 일곱 가지 체크포인트(7E)를 뽑았어. 여기에 전략적 고려사항인 신제품 확산(diffusion) 요소를 하나 첨가해 설명해보련다. 순서에 상관없이 이 질문에 대한 답도 함께 찾아가자꾸나.

- 비본질적 요소(extrinsic elements) : 니즈를 넘어 원츠를 어떻게 자극할 수 있을까?
- 엔터테인먼트 요소(entertainment) : 어떻게 타깃 고객의 삶에 파고들 수 있을까?
- 심미적 요소(esthetics) : 어떻게 하면 디자인을 마케팅에 잘 활용할까?
- 감정 요소(emotion) : 어떻게 감성을 건드리면 고객의 행동에 영향을 미칠 수 있을까?
- 공감 요소(empathy) : 우리 구성원들은 고객접점에서 공감하는 스킬을 갖추고 있는가?
- 자아 요소(ego) : 고객들에게 우리 회사를 어떤 페르소나로 인식시킬 것인가?
- 스토리 요소(episode) : 브랜드와 관련된 이야기를 통해 어떻게 호감을 이끌어내지?

• 확산 요소(diffusion) : 제품이 시장에 받아들여지는 시점 중 언제 끼어들지?

'브랜드보이'라는 채널을 운영하는 안성은 유튜버는 'Got Milk?' 광고캠페인으로 유명한 제프 굿비Jeff Goodby 가 한 말을 즐겨 인용하더군. "브랜드는 놀이공원이고, 상품은 놀이공원에서 놀다가 사가는 기념품"이라는 말인데, 기가 막힌 비유지?

신세계 스타필드 가봤어? 거기 가면 사람들이 비싼 제품은 안 사고 식당가에 잔뜩 모여 식사나 하는 것 같아. 그런데 정용진 부회장의 의도가 바로 그거거든. "고객의 소비보다 시간을 **빼앗겠다**"는 거야. 사람들이 와서 머물게 하려는 거지. 일단 사람들의 놀이터를 만들겠다는 것 아니겠어? 매출 올리는 것은 입점한 업체들의 능력이고.

자네 브랜드도 오프라인이든 온라인이든 어떤 형태든, 고객들이 즐거이 시간을 쓰는 놀이터가 되어야 해.

1부

브랜드의 탄생

이름에 의미를 입히다

Customer Orientation

우리 사업을
어떻게 고객 관점에서 볼까

'업의 본질'을 강조하지만,
제 사업 내용은 빤한데요.

하버드 대학의 테오도르 레빗Theodore Levitt 교수가 쓴 《마케팅 근시안(Marketing Myopia)》이란 책 들어봤지? 레빗 교수가 말하는 근시안이 뭘까?

바로 제품에 대한 '고착개념'이야. 그걸 벗어나라는 것이 이 책의 핵심이지.

앞에서 브랜드에 대한 고객의 고착개념에 대해 얘기했잖아. 업의 본질에 대해 고착개념을 가지고 있는 경우는 생각보다 많아. 자네 회사는 뭐하는 곳이지? '우리는 금융업이야', '우리는 미용업이야'… 이렇게 '기업과 제품' 면에서 업을 규정하기 쉬운데, 그게 바로 고착개념이라는 거야.

고착개념에서 벗어나려면 다른 각도에서, 즉 '시장과 고객' 측면에서 업의 개념을 생각해봐야 해.

레빗 교수는 책에서 '송곳을 팔면서 송곳이라는 제품 형태만 보는 것은 근시안적 고착개념에서 벗어나지 못한 것이다. 깔끔한 구멍을 구매하고픈 고객의 관점에서 보아야 한다'고 했어. 많이 들어봤지? 또는 '나이키의 경쟁자를 신발 회사로 보는 것도 고착개념에서 비롯된 것이다. 나이키 살 돈으로 닌텐도를 살까 망설이는 청소년 고객의 관점으로 보면, 나이키는 닌텐도를 경쟁자로 보아야 한다' 등등.

자네 사업의 내용을 빤하다고 생각하지 말고, 일단 자네의 고착개념이 뭘까 생각해보렴. 일반적으로 고정관념이라 부르는 고착개념에 사로잡히면 시장을 제대로 볼 수 없으니까.

나이키 얘기가 나왔으니 말인데, 1964년 미국에서 블루 리본 스포츠Blue Ribbon Sports라는 이름으로 시작한 나이키는 1971년이 되어서야 회사명을 바꾸고 스우시Swoosh 로고와 함께 기지개를 켜기 시작했어. 그때 이미 아디다스는 축구화 등으로 비교가 안 되게 명성이 높았지.

1970년대 초 미국에 조깅 붐이 불었는데, 아디다스는 '조깅은 진지한 스포츠라 할 수 없다'는 고착개념 때문에 별 관심을 두지 않았어. 그 틈에 나이키가 조깅화로 널리 호응을 얻으며 반전이 시작된 거야.

이런 전략적 실수는 나이키도 예외가 아니었어. 1980년대 초 미국에 피트니스 열풍이 불자 리복Reebok이 목 높은 에어로빅용 신발을 내놓았거든. 그런데 나이키는 '음악에 맞춰 춤추는 에어로빅이 무슨 스포츠냐?'라는 고착개념에 사로잡혀 이 시장의 잠재력을 무시했었지. 그나마 얼른 정신을 차려 아치 서포트arch support를 개선하고 목을 높인 에어조던 시리즈를 내놓으며 추격을 시작했으니 다행이었지만 말이야.

알겠지? 고착개념을 벗어버려야 어떤 사업도 뻔하다고 생각하지 않으면서 새로운 각도로 접근할 수 있어.

부산 온천장역 앞에서 시작한 '모모스'라는 카페가 있어. 젊은 창업자인 이현기 대표는 더 좋은 커피맛을 만들려고 초창기부터 랩(lab, 연구소)을 만들 정도로 열정이 넘쳤지. 내 강의를 들으려고 석 달 동안 매주 서울에 오더니 "본질이라고 생각하면서 고집스러운 기술자가 되어가고 있었음을 깨달았습니다"라더라. 카페 사업의 본질을 커피맛에서 찾고 말겠다는 고착개념에서 벗어난 훌륭한 깨우침이지.

'제대로 알지 못했다는 것을 아는 것은 훌륭하다. 알지도 못하면서 안다고 하는 것이 병이다.' 지부지상 부지지병(知不知上 不知知病)이라고 〈도덕경〉에 나오는 말이야. 이제는 인기가 좋아져 부산에 가면 본점이든 영도 매장이든 꼭 가봐야 하는 명소가 되었지.

어떻게 하면 고착개념에서 벗어날 수 있지요?

'인간은 평생 살면서 두뇌의 10%밖에 못 쓴다'는 말, 들어봤지?

"행복한 가족은 모두 비슷한 이유로 행복하지만, 불행한 가정은 저마다의 이유로 불행하다." 톨스토이의 소설《안나 카레니나》의 첫 문장이야. 참 멋지지?

'나이는 숫자일 뿐'이라는 말도 일리 있어 보이잖아?

그런데 한번 잘 생각해보게. 평생 두뇌의 10%만 쓰고 죽는다고? 사람이 뇌가 가진 능력을 10%밖에 사용하지 못하다는 것은 그럴듯한 속설일 뿐, 과학적으로 입증된 바 없어. 아인슈타인의 두뇌를 해부해봤더니 그렇다더라고 근거 없는 소문이 퍼지면서 많은 사람이 의심 없이 믿어버린 거야.

행복한 가족이 왜 비슷한 이유로 행복해? 각자 다른 이유로 행복해. 내가 아는 가정에는 자녀 한 명이 장애가 있어. 가족이 큰 병을 만나면 분열하거나 똘똘 뭉치거나 둘 중 하나가 되더라. 그 집은 후자여서 그 아이 때문에 너무 행복해. 저녁이면 가족이 모여 그 아이를 돌보며 하루를 마무리하는 게 그 집의 큰 행복 요소야. 행복한 이유도 집집마다 다 달라.

나이는 숫자일 뿐이다? 아니더라고. 말하면 누구나 아는 대기업 회장님이 계신데 학창시절에 유도를 해서 늘 기운이 펄펄하셨거든. 그런데 "일흔이 넘으니 힘들어. 세상 흐름을 쫓아가기도 버겁고…" 하시더라. 나이는 숫자에 불과한 게 결코 아냐.

여기저기서 듣게 되는 지혜의 말들이 다 틀렸다는 건 아니지만, 별생각 없이 '그렇군' 하고 받아들여서 은연중에 나의 고착개념이 된 것이 많아.

그러니 업의 본질을 생각할 때에도 '아, 이게 혹시 나의 고착개념은 아닐까?' 하고 점검해보는 게 좋아.

고착개념을 벗어나는 훌륭한 사고법 중 하나는 '순진한 왜(innocent why)?'로 질문해보는 거야.

어린아이가 말문이 터지면 끝없이 '왜?'라고 묻지? 아이들은 뭐든지 신기하니까.

"아빠, 새는 왜 걷지 않고 날아다녀요?" "새니까 그렇지."

"아빠, 하늘은 왜 파래요?" "글쎄… 원래 그래."

안타깝게도 우리는 어른이 되면서 순수한 호기심을 잃어버려. 그러고는 만사에 고착개념을 갖게 되지.

우리 주변의 흔한 고착개념을 떠올려보고, 그것을 극복하는 '순진한 왜?'를 붙여볼까?

"죽은 맛없다. 아파서 소화가 안 될 때나 먹는다." 별생각 없이 들으면 그런가 보다 하지. 그런데 이것도 고착개념이거든. 어린아이는 이렇게 물을지도 몰라 "아빠, 죽은 왜 아플 때만 먹어요?" 이런 고착개념을 깬 것이 '본죽'이야.

"게임은 어릴 때나 하는 거고, 어른이 되면 하지 않는다."

"아빠, 게임은 왜 아이들만 해요? 할머니는 못 하세요?"
그래서 닌텐도 위Nintendo Wii가 나온 거고.

"헬스클럽 갈 때도 여성들은 외모에 신경써야 한다."

"아빠, 엄마는 왜 운동하러 갈 때도 화장하고 머리하고 가세요?" 그래서 'No men, No mirror, No make-up'이라는 3무無 컨셉의 여성전용 피트니스, 커브스Curves가 인기 있는 거지.

"안경은 매장에 가서 써봐야 제대로 고를 수 있다."

"아빠, 왜 안경 살 때는 반드시 매장에 가서 써봐야 해요?" 그래서 와비파커Warby Parker는 집으로 안경 다섯 개를 보내주어 고르게 하는 방식을 고안했잖아.

우리는 수많은 고착개념 속에 살아. 일상에, 산업에, 제품에, 서비스에 일반적으로 고착된 개념이 뭔지 잘 살펴보면, 업의 본질도 찾을 수 있고 신제품 기회도 꽤 많이 발견할 수 있을걸.

남들도 생각할 수 있는 뻔한 답을 찾지 말고, 어린아이가 되어 '순진한 왜?'라는 질문을 스스로에게 던지고, 그 답을 곰곰이 생각해봐.

왜 라면은 값싼 것만 있지?

왜 붕어빵은 겨울에 주로 팔지?

왜 분유는 아이만 먹지?

우리 브랜드를 남다르게 정의해보고 싶어요.

에이스침대는 진부한 사례 같지만, 여전히 곱씹어볼 가치가 있어.

예전에는 보통 가구를 장만할 때 장롱, 화장대, 침대 등을 세트로 사곤 했거든. 그런데 우리 인생의 3분의 1을 침구에서 지내. 그 잠자리는 굉장히 편안해야겠지. 그래서 에이스는 침대를 살 때 가구의 일부분으로 판단하면 안 되고, 과학으로 접근해야 한다고 했어. 기가 막힌 발상이었지. 덕분에 '침대는 과학'이라는 에이스의 슬로건은 세대를 넘어 지금까지도 사람들의 입에 회자되고 있잖아.

이런 슬로건을 접하면 통찰력이 대단하다고 감탄하게 되는데, 노자의 말씀 중에 '반자도지동(反者道之動)'이 있어. 우리 대화의 맥락으로 풀어보면 '사람들이 별생각 없이 갖는 고착개념의 반대(反)로 가는 것(者)이 도(道)의(之) 운동(動) 방식'이라는 뜻이야.

도(道)라는 것은 세상의 진리고 정답인데, 정답이라는 것을 잘 보면 대부분의 사람들이 가진 고착개념의 반대로 가는 길이라는 거지. 이렇게 생각지 못한 반전이 있는 얘기를 하면 사람들이 통찰력 있다고 하더라. 자네 브랜드에도 그런 통찰을 담고 싶다는 거잖아.

이때 염두에 둘 게 있어. 으레 기존의 고착개념과 반대되는 생각을 찾으려고만 하는데, 무조건 거꾸로 갈 것이 아니라 제대로 된 방향을 찾아가야 해. 앞에서 왜(innocent why) 사람들이 우리의 제품을 원하는지에 대해 어린아이처럼 천진한 마음으로 질문해보라고 한 것도 그래서야. 그 이유를 깊게 고민해야만 통찰력 있는 본질에 다가갈 수 있거든.

일단 본인의 사업에 대해 사람들이 가진 고착개념이 뭔지 생각해봐. 그리고 그걸 무조건 부정해봐.

_____은 _____가 아닙니다. _____입니다.

그러면 업의 본질에 다가갈 수 있어. 그리고 본질을 찾는다는 것은 자기 나름으로 브랜드를 정의하는 일이기도 하지.

"죽은 '환자식'이 아닙니다."

그럼 뭐야? "건강식입니다." 본죽은 그렇게 정의했지.

"운동화는 '운동할 때 신는 신발'이 아닙니다."

그럼 뭐야? "도전정신입니다." 누가 그랬어? 나이키. '일단 해봐(Just do it)'라는 말로 도전정신을 표방했고.

"컴퓨터는 '계산하는 기계'가 아닙니다."

그럼 뭐야? "창의력입니다." 애플의 브랜드 개념인 창의력을 보여주는 말이 그 유명한 '다르게 생각하라(Think different)'잖아. 반자도지동(反者道之動)을 영어로 말한 거 같아.

우리도 한번 해볼까? 예를 들어 '화장품'이라 하면 뻔하게 떠오르는 고착개념을 일단 부정해보자.

"우리는 화장품을 판매하는 것이 아닙니다." 그럼 뭐라 정의하면 좋을까? 고객이 '왜' 화장품을 사려는 거지? 아마도 아름다움을 돋보이려는 기대감에서 사용하는 게 아닐까?

"우리는 '기대감'을 판매합니다." 어때?

실제로 레블론Revlon의 창업자인 찰스 레브슨Charles

Revson은 직원들에게 "우리는 공장에서 화장품을 만들지만, 상점에서는 기대감을 파는 겁니다(In the factory, we make cosmetics. In the store, we sell hope)"라는 명언을 남겼어. 판매원이 그 말을 귀담아들었다면 '화장품을 팔아야겠다'가 아니라 '기대감을 팔아야겠구나' 하고 마음가짐을 새롭게 하지 않겠어?

연습 좀 더 해보자. '장난감' 하면 뭐가 떠오르지? 일단 뻔하게 떠오르는 고착개념부터 부정해야겠지?

"우리는 장난감을 판매하는 것이 아닙니다."

그럼 뭘까? 고객이 '왜' 자녀에게 장난감을 사주고 싶어 하지?

"우리는 신나게 즐거운 시간(jolly good time)을 판매합니다." 어때?

"우리는 맛있는 음식(food)을 판매하는 것이 아닙니다. 솟구치는 식욕(appetite)을 판매합니다."

'식욕'을 판매한다는 건 비교적 쉽게 생각할 수 있지. 그런데 여기에 '솟구치는 식욕'이라고 하면 더 생동감 있게 와닿지 않겠니?

예전에 어떤 수습기자가 쓴 글을 읽은 적 있어. 한번은 어린이날 행사를 취재하러 갔대. 다녀와서 '오늘 효창공원에서 어린이날 행사가 성대하게 열렸습니다'로 시작하는 기사를 제출했더니 선임기자가 "글이 살아 있지 않잖아"라며 다시 써오라고 했대. 그래서 다시 썼지. '오늘 효창공원에서 오색 풍선이 날리는 가운데 어린이날 행사가 성대하게 열렸습니다.' 그랬더니 선배가 답답하다는 듯이 휙 낚아채서는 몇 자 더해서 편집부에 넘기더라는 거야. 뭐라 고쳤는지 너무 궁금하잖아. 그래서 신문이 나오자마자 찾아보니 이렇게 되어 있더래.

'오늘 효창공원에서 빨강, 파랑, 노랑 오색 풍선이 날리는 가운데 어린이날 행사가 성대하게 열렸습니다.'

가시화(envisioning). 눈앞에서 보듯이, 오감으로 느끼게끔, 마음속에 그리듯이 표현하는 것도 마케터의 능력이야. 이걸 마케팅 상상력(marketing imagination)이라 하는데, 이런 디테일이 마케팅의 성패를 좌우하기도 해.

내친김에 몇 개 더 연습해보자.
저희는 호화로운 집(house)을 판매하는 것이 아닙니다.
안락하고 행복한 가정(home)을 판매합니다.
저희는 좋은 침대(bed)를 판매하는 것이 아닙니다.
깊고 달콤한 잠(sleep)을 판매합니다.

저희는 명품(luxury item)을 판매하는 것이 아닙니다. 고상한 품위와 유서 깊은 문화(grace and culture)를 판매합니다.

이제 자네 브랜드를 대입시켜 답을 찾아보게. 사람들에게 물건이나 서비스를 판다고 생각하지 말고, 상상의 날개를 한껏 펼쳐서 그들에게 '꿈과 느낌과 자부심과 일상생활의 편리함 등을 제공하겠다'고 생각해보렴.

단순히 멋진 표현을 찾으라는 게 아냐. 사업에 대해 자기 나름의 정의가 있어야 한다는 뜻이지. 방탄소년단이 빌보드 뮤직어워드를 처음 받고 나서 기자회견을 했는데, 가사를 쓸 때 무엇을 가장 염두에 두냐고 누가 물었어. 그러자 멤버 RM이 "저희가 가사 내용을 진심으로 느끼고 있느냐는 점입니다. 그리고 청중이 공감할 수 있어야 합니다"라고 대답하더라.

업의 본질을 정의할 때도 마찬가지야. 그야말로 나의 확신과 영혼이 업의 본질에 흠뻑 젖어 있어야 하고, 그것이 소비자의 마음에 전해질 때 성공을 기대할 수 있겠지.

국내에도 업의 본질을 제대로 찾은 기업 사례가 있나요?

음, 백화점업에 대한 관점의 변화를 시간 흐름에 따라 살펴보자. 백화점업의 본질은 뭘까?

삼성 이건희 회장은 워낙 과묵하셨다지. 그룹 회장이 되고도 1년쯤 별말씀이 없다가 마침내 내놓은 한마디가 이거였다잖아.

"각 회사마다 업의 본질을 분명히 정하시오."

지금이야 '업의 본질'이란 말을 흔히 쓰지만, 당시엔 교과서에도 안 나오는 개념이니, 임원들도 당황했겠지.

한번은 계열사 임원들과 둘러앉아 돌아가며 물으셨다는군.

"신세계는 업의 본질을 생각해보셨습니까?"

"예, 저희는 말 그대로 백화점(百貨店)이니 백 가지 천 가지 만 가지 좋은 물건을 구비하고 있습니다."

"왜 그렇게 물건을 많이 갖다놔야 하는 겁니까?"

"예, 고객만족을 위해 그렇습니다."

"왜 고객을 만족시켜야 합니까?"

그분은 꼭 다섯 번씩 '왜'냐고 물어보셨대. 업의 본질을 깊이 파고드는 거지.

그런데 임원의 대답이 만족스럽지 못했나 봐. 회의 책상을 가볍게 탁 치시고는 "고객만족도 중요하지만, 일단 좋은 브랜드가 입점해야 할 것 아닙니까? 좋은 브랜드가 입점하려면 좋은 입점 환경을 만들어야죠. 고객이 물론 중요하지만, 백화점은 임대업이라는 걸 잊지 마세요"라고 하시더래. 멋진 혜안이야.

물론 이것만 정답이란 말은 아냐. 업의 본질을 정하는 데에는 정답이 없어. 반드시 정답을 찾으라는 게 아니라 나름의 방향을 확실하게 잡으란 거지.

2002년에 현대백화점의 CEO가 바뀌었어. 하원만이라는 아주 철학적인 분이셨지. 어느 날 그분을 만났는데 "교수님, 저희 백화점들은 임대업을 하는 것이라고 알고 지내왔어요. 그동안 현대백화점 임직원이 4,000명까지 늘었는데, 단순한 임대업이라면 이만큼이나 필요 없거든요. 이제는 백화점 규모가 커져서 임대업의 단계를 넘은 것 같아요"
라며 새로운 업의 개념을 고심하시더군.

　당시 현대백화점 하면 압구정점과 무역센터점이 대표적
이어서 명품, 고급, 럭셔리 같은 이미지를 버무리면 개념을
어렵지 않게 잡겠더라고. 그래서 선뜻 업의 개념을 새로 잡
는 작업을 도와드리겠다고 했지.

　그런데 웬걸, 막상 들여다보니 생긴 지 얼마 안 된 미아
점이나 천호점도 있는데, 이쪽은 압구정점이나 무역센터점
과는 분위기가 사뭇 다르더란 말이야. 신촌점은 또 어떻
고? 인근 연희동의 부자들이 많이 오는데, 또 고객의 절반
은 연세대, 이화여대, 서강대 학생들이란 말이지. 이 지점
들을 아우를 컨셉 잡기가 난감하더군. 그래서 시장조사하
고 소비자 면담하며 몇 달이나 고생했어. 그 결과물이 이거
야.

　'라이프 스타일리스트(Life Stylist), 현대백화점.'

　그랬더니 사장님이 그 의미를 금세 알아들으시고 "압구
정점에 오는 분들에겐 그들의 취향과 수준에 맞는 라이프
스타일을 제안할 브랜드들을 구비해놓으라는 말씀이군요.
그럼 미아점은 미아점대로, 천호점은 천호점대로, 신촌점은
신촌점대로 그곳 고객들의 관심과 니즈에 맞는 브랜드들을
구비해 걸맞은 행사도 하면 되겠네요"라며 좋아하시더라.

여러 매장이 저마다 특성을 살리면서도 하나의 통일된 컨셉을 갖는 것은 중요해. 이를 일컬어 '따로, 또 같이'란 표현을 쓰지. 그 후로 현대백화점은 '문화적인 백화점'이란 인식이 심어져 더 성장했어.

이번엔 롯데백화점을 볼까? 2015년에 CEO로 취임한 이원준 사장도 롯데 나름의 백화점 개념을 정하고 싶으셨나 봐. 임원들이 나를 찾아왔길래 타깃이 궁금해서 "어떤 분들이 롯데백화점에 많이 오세요?"라고 물었더니 "아무래도 여성들이 많이 오시죠"라는 거야.

백화점에 온 여성들이 주로 뭘 살까? 쌀 사러 오지는 않을 거 아냐. 백화점은 니즈보다는 원츠를 충족시키기 위해 가지. 원츠라 함은 꼭 있어야 하는 건 아니지만, 소유하고 싶은 욕망이 있는 걸 말하잖아.

라이프스타일 마케팅을 복잡하게 생각하지 말고 이렇게 해석하면 돼. 고객이 '선망하는 삶을 상상하게' 도와주는 거야. 이걸 사서 쓰면 워너비(wannabe)의 모습, 그런 삶이 될 것 같다고 상상하게 하는 거지.

예를 들어 명품이라면 당연히 품질이 좋아야겠지. 하지만 그걸 넘어 명품을 명품답게 만드는 것은 구매자로 하여금 체험을 상상하게 만드는 능력에 달렸어. 백화점에서 사는 물건들이 그런 것 아니겠어? 사람들이 꿈꾸는 삶을 완성시키는 것.

그럼 백화점의 주요 고객인 여성들이 꿈꾸는 삶은 뭘까? 그래서 대면 인터뷰도 하고 관찰도 하고 설문조사도 했지.

여성과 남성을 구태여 구분하는 건 아니지만, 일반적으로 여성들이 선망하는 삶은 어떤 걸까. 어제도 힘들게 집안일 했는데 오늘도 또 해? 내일도 또 하고? 이런 삶을 동경하는 사람은 아무도 없겠지. 힘든 일상에서 벗어나 색다른 경험도 하고 릴렉스하는 삶을 꿈꿀 거야. 때로는 수고했다며 자기 자신에게 비싼 선물도 하더라고. 백화점을 돌아다니는 것만으로도 힐링이 된다는 사람도 있고. 또 남성들은 좋은 일이 있어도 표현을 많이 하지 않는 편인데, 여성들은 축하할 일이 있으면 기쁨을 함께 기념하고 싶어 하잖아. 맛있는 걸 먹는 자리에서도 여성들은 젓가락 들기 전에 "잠깐!" 하고는 사진 찍어 자신의 라이프를 공유하지. 그렇게 표현할 수 있는 요소도 필요하겠지.

백화점에 가서 이런 원츠가 일부라도 충족됐대 봐. 오랫동안 갖고 싶었던 걸 세일에서 발견하거나 마음껏 자랑할 거리를 찾아냈거나 힐링하는 느낌을 만끽했다면, 그 여성의 입에서 무슨 탄성이 나올 거 같아?

"음~ 내 삶도 러블리(lovely)해!" 대략 이런 느낌 아닐까? 그래서 롯데의 컨셉을 'Lovely Life, Lotte'라고 정하게 됐지. 롯데백화점에 가서 눈여겨보았다면 여기저기 그 슬로건이 붙은 걸 보았을 거야.

슬로건이 멋있다 한들 소비자들이 눈여겨보기나 하나요?

아주 중요한 지적이야. 슬로건이 구호에 그쳐서는 안 돼. 고객들이 그 컨셉을 오감으로 체험할 수 있어야 해. 그런 면에서 이 여섯 글자를 잘 기억해두게.

의·식·주·휴·미·락(衣食住休美樂).

입고, 먹고, 머물고, 쉬고, 꾸미고, 즐기는 각 영역에서 어떻게 체험하게 할지 고심해야 해.

백화점이라면, 20대를 위해 어떤 입을거리 브랜드를 준비해야 고객이 '이거 정말 잘 샀어. 신나, 내 삶은 러블리해'라고 느끼게 될까? 30대를 위해서는? 40대는? 50대는? 또 무슨 먹을거리를 갖다놓으면, 무슨 꾸밀거리를 갖다놓으면 '러블리하다'는 반응을 얻을까?

연령뿐 아니라 소득별로도 생각해보고, 성별이나 지역별

〈표1〉 오감으로 체험케 하는 브랜드 컨셉

	의(衣) 입고	식(食) 먹고	주(住) 머물고	휴(休) 쉬고	미(美) 꾸미고	락(樂) 즐기는
20대						
30대						
40대						
50대						
60대						
70대						

로도 생각해보고, 그렇게 노력하다 보면 우리 고객에게 어떤 제품이나 브랜드나 서비스가 필요한지 정리돼 만족을 배가시킬 수 있겠지.

물론 신세계에서 사든, 현대백화점에서 사든, 롯데백화점에서 사든 물건 자체에는 큰 차이가 없어. 그런데 옛말에 '구슬이 서 말이라도 꿰어야 보배'라고 하잖아. 슬로건의 역할도 이와 같아. 롯데백화점에 올 때마다 고객의 쇼핑행위 하나하나를 '의미(Lovely Life)'로 엮고 상상하게 만드는 '재미'를 부여한다면, 애착이 더 생기지 않을까.

비단 백화점만 해당되는 말이 아니야. 사업에 따라 차이는 있지만 어떤 분야든 의·식·주·휴·미·락의 여섯 가지 영역을 조금이라도 더 충족시키면 소비자의 만족감이 커진단다. 예를 들어 은행이라면, 영업장에 오시는 손님에게 무슨 음료를 대접할지, 대기할 때 무료하지 않도록 어떻게 할지 그 은행의 컨셉에 맞춰 생각해보는 거지. 좋은 의미에서 전방위 케어care를 하는 거야. 금융업이든 미용업이든 교육업이든 다 마찬가지야.

상상으로 그치는 것이 아니라 컨셉을 체험하게 하면 더 좋지. 요즘 한창 인기인 도넛 카페 '노티드'를 예로 들어볼까?

우선 노티드란 브랜드의 뜻이 뭐야? Knotted, 매듭으로 엮는다는 거지. 소셜미디어란 것도 결국 연결이고, 요즘의 키워드가 커넥션, 연결이잖아. 그걸 '노티드'라고 썼네. 그럼 무엇을 묶는 걸까? 이준범 대표에게 직접 물어보니 "고객과 공간을 엮고, 케이크와 커피를 엮고, 사람과 사람을 엮고, 여타 브랜드와 콜라보하는 것"을 뜻한대.

매장에 가면 그 컨셉을 온몸으로 느낄 수 있어. 예쁘고 맛있는 도넛(먹기)과 인스타그래머블한(꾸미기) 인테리어 공간(머물기)이 제공하는 생동감 넘치는 놀이터(쉬기), 다양한 굿즈와 반갑게 맞아주는 슈가베어(즐기기) 등이 끊임없이 사람들을 줄 서게 만들지.

잘나가는 기업들은 고객 관점에서 생각하는 것이 습관화돼 있어. 그래서 고객지향을 넘어 이제 고객집착(customer obsession)의 관점을 생각하더라. 화장품 회사 키엘은 직원을 KCR이라고 호칭하더군. 'Kiehl's Customer Representative'의 줄임말인데, 직원 자신이 고객의 대리인처럼 생각하며 업무에 임하라는 뜻이지.

경쟁자를 이겨 시장을 장악하면 언젠가 다른 경쟁자에게 잡혀. 하지만 고객에 집착해서 시장을 장악하면 방어벽이 높아진단다.

체험마케팅은 어떻게 하는 걸 말하나요?

한번은 교수들과 삿포로에 출장 갈 일이 있었어. 나는 삿포로가 초행이라 관광을 겸해 일행보다 이틀 먼저 갔지. 2월이었는데 걸어다니기 힘들 만큼 눈이 세차게 오더라. 그래도 크지 않은 도시에 지하통로가 잘돼 있어서 오후 반나절 만에 볼 만한 건 다 봤어.

그다음 날은 아침 일찍 서둘러 시내에서 좀 떨어진 삿포로 맥주 공장에 갔는데, 가는 날이 장날이라고 하필 휴일이래. 그래서 삿포로역 관광안내소에 가서 더 볼 곳이 있는지 물었더니, 한참 망설이다가 동물원에 가보겠냐고 해. 이 추운 겨울에, 이 나이에, 나 혼자서 동물원? 내키지 않았지만, 딱히 할 일도 없잖아. 그래서 안내해주는 대로 갔지.

기차로 한 시간 반을 가는데 창밖의 눈구경 하느라 지루하진 않았어. 그런데 역에 내리니 소형버스 타고 40분을 더 들어가야 한다는 거야. 슬슬 짜증이 나려는 걸 참고 갔는데, 도착해보니 허접한 동네 동물원인 거라. 이게 뭐야 싶어 후회막급이었지. 아침부터 서둘러 다녔더니 배는 고픈데 음식점도 변변찮아서 그냥 핫도그 하나 사먹고 돌아갈 기차 시간을 봤는데, 다음 기차 타려면 50분은 기다려야 하더라고. 할 수 없이 그저 시간이나 때우려고 동물원 구경을 시작했어.

입구 초입에는 기린이 있었어. 기린 키가 4~5m쯤 하지? 그러니 동물원에 가도 그저 기린 무릎만 쳐다보고 말잖아? 그런데 어쭈, 여긴 땅을 깊게 파놓고 그 안에 기린이 놀고 있어서, 기린하고 내가 눈을 맞출 수 있더라고. 먹이를 나무에 주렁주렁 매달아 놨는데, 기린이 목을 길게 빼고 먹이 먹는 모습을 코앞에서 볼 수 있어. 이 동물원, 생각 좀 있네 싶더라.

그다음은 백곰. 백곰은 물속에서 잘 놀잖아. 그래서 관람객 동선을 수조 옆으로 뚫고 창을 내서 백곰이 헤엄치는 모습을 시원하게 볼 수 있게 해놨더라고.

하이라이트는 펭귄 퍼레이드였어. 하루 두 번 펭귄 무리가 우리 밖으로 산책을 나오거든. 사람들더러 펭귄 눈높이에 맞춰 쪼그려 앉으라기에 시키는 대로 했지. 그사이를 펭귄 무리가 지나가는 거야.

사람들이 그 동물원에 몇 번이나 올까. 홋카이도 북단이니 하도 멀어서 그저 평생 한 번이나 두 번 갈 거야. 하지만 펭귄들은 하루에 두 번씩 관람객들을 보잖아. 그러니 펭귄들은 퍼레이드가 너무 익숙해서 오히려 가끔 멈춰서서 느긋하게 사람 구경을 하더라고, 오늘은 어떤 사람들이 왔나하고. 가까이서 보니 펭귄이 꽤 크더라. 물갈퀴 달린 발도 자세히 볼 수 있고, 심지어 펭귄 냄새도 맡을 수 있었어.

퍼레이드가 끝나면 펭귄이 얼음구멍 밑으로 쏙 들어가. 그런데 이 녀석들이 미끄러운 얼음 밖으로는 어떻게 나올까? 땅에서는 시속 1km도 안 되게 뒤뚱거리며 걷던 녀석들이 물에 들어가면 순간 속도가 시속 50km 이상까지 치솟는대. 그렇게 빠르니 물 밖으로 나올 때는 날듯이 튀어나오더라. 신통하더군. 한참을 재밌게 봤어.

여기가 아사히야마 동물원이라는 곳인데, 4시간 동안 부지런히 다녔는데 절반도 못 봤어. 하여간 엄청나게 감동했어.

왜 감동하냐고? 동물원이란 단어를 잘 보렴. 움직일 동(動), 사물 물(物), 뜰 원(園)이잖아. 하지만 대부분의 동물원은 정물원(靜物園)이야. 동물들이 풀죽어서 꼼짝도 하지 않으니까. 그래서 구경하는 아이들이 동물들 움직이라고 돌을 던지고 새장을 마구 흔들기도 하잖아. 그런데 아사히야마 동물원은 동물이 움직이는 모습을 다양하게 보도록 설계했거든. 아사히야마 동물원의 컨셉이 뭐냐면 '행동전시'야. 동물들이 야생의 습성대로 움직이는 걸 보여준다는 것이지. 내가 체험한 것도 이 컨셉과 다르지 않았고.

이렇게 컨셉이나 슬로건을 고객이 체험하게끔 만들어줘야 해. 사람들은 '말로 하는 컨셉'에는 관심 없어. 다만 체험할 뿐이지. '체험의 합'이 곧 '브랜드'야.

체험이라 하면 화장품 회사에서 운영하는 '체험매장' 같은 걸 떠올리는 사람들도 있어. 자기네 제품을 자유롭게 한번 써보게끔 하는 걸 체험이라 여기는 거지. 그런데 이건 그냥 시용(試用, trial), 즉 시험 삼아 사용해보게 하는 시용 마케팅(trial marketing)이지 체험 마케팅이 아니야. 체험을 잘못 이해하면 소모적인 행사가 돼.

그럼 체험 마케팅은 뭐냐고? 소비자가 그 제품을 쓰는 동안, 그 브랜드가 주창하는 컨셉을 스스로 매번 느끼게끔 해야 하는 거지.

유명 브랜드들의 슬로건이 과연 체험으로 느껴지는지 볼

까? 월마트(Save Money. Live Better)에는 '갈 때마다 저렴함'을 느끼지.

어려서 갔던 디즈니랜드(The Happiest Place on Earth)는 '잊을 수 없는 행복감'을 평생 남겨주고.

공유차량 우버(Move the way you want)는 대체로 택시보다 '깨끗하고 마음이 편해.'

면도날은 은근히 비싼 데다 교체시기를 툭하면 놓치는데 달러쉐이브 클럽(Shave Time, Shave Money)은 저렴한 구독 서비스로 정기적으로 면도날이 배달되니 '시간과 비용이 절약'되지.

써브웨이 샌드위치(Eat Fresh)는 눈앞에서 만드는 걸 볼 수 있어서 '신선하게' 느껴져.

에어비앤비(Don't just go there, live there)는 '그냥 갔다 오지 말고, 한번 살아보세요, 단 하룻밤이라도 파리에 왔으면 꼭 파리의 동네사람처럼 살아보세요. 그래야 겉모습만 보는 게 아니라 파리를 조금이라도 체험할 수 있죠'라고 하잖아.

잘하는 브랜드들은 슬로건으로 표현되는 컨셉을 고객들이 사용할 때마다 체험하고 느끼게 해준단다.

2장

Condensation

브랜드의 컨셉을
어떻게 고객 마음에 심을까

브랜드 컨셉을 임팩트 있게 전달하고 싶어요.

엊그제 오랜만에 고등학교 동창을 만났어.

"야, 너 영철이 알지?" "영철이가 누구더라?"

"있잖아. 키 되게 큰 애." "아~ 그 전봇대!"

이름은 기억나지 않는데 별명은 기억이 나. 왜일까?
별명은 은유로 표현되기 때문이야.

은유라는 게 뭐지? 영어로는 메타포(metaphor)라고 하
는데, 사물의 특성을 암시적으로나 비유적으로 나타내는
거지. 그러면 기억이 더 잘돼.

이름이라는 게 마케팅에서는 브랜드잖아? 사람에게 별
명을 붙이듯이 브랜드에도 별칭이나 슬로건을 잘 만들면
컨셉을 기억시키는 데 큰 도움이 돼.

자네 말마따나 컨셉은 임팩트 있게 전해주는 게 중요한

데, 임팩트가 생기려면 마음에 기억되게 해야 해. 어떤 컨셉이 메타포로 잘 표현될 때, 즉 멋진 은유가 되면 머리가 아니라 마음에 기억되지.

하상욱이라는 시인 알지? 이 젊은 시인의 센스가 훌륭하더라고. 자네 보여주려고 시집을 가져왔어. 뺄 것 없이 다 재밌어. 아무 페이지나 펼쳐서 볼까?

제목이 '배'야.

자네는 '배' 하면 뭐가 생각나? 배 나오는 게 싫다? 하하. 그런데 그냥 '배 나오는 거 싫다'고 하면 재미없잖아.

하상욱 시인은 뭐라고 그랬어?

"왜 나온 거니?

안 불렀는데."

훨씬 임팩트가 있지.

한 편 더 볼까?

"원하는 건 가져 가.

꿈꾸는 건 방해 마."

이건 뭘 말하는 것 같아?

모기! 재밌잖아. '모기' 하면 떠오르는 생각이 뭐야?

'아, 성가셔. 피 빨아 먹는 것까지는 참겠는데, 가려워서 잠

못 자게 하지는 마'를 이렇게 은유적으로 응축해서 표현하니 와닿지. 자네 같으면 이 성가심을 어떻게 표현하겠어? 똑같은 것도 어떻게 표현하느냐에 따라 임팩트가 달라져.

잘 보면, 여기에는 모두 '반전'이라는 게 있어. 반전 덕분에 위트가 생기고, 위트가 있으면 듣는 이의 방어벽이 낮아져. 그래서 반전은 임팩트 있는 마케팅의 포인트야.

브랜딩에서 별칭을 만드는 원리는 일상에서의 별명 짓기나 시인들의 시 짓기와 다르지 않아. 초코파이의 컨셉이 뭘까? 고마운 사람과 나눠 먹는, 말 그대로 국민 과자야. 이걸 직접적으로 표현하면 구태의연한데, 그걸 어떻게 표현했어? 정(情)이라는 별칭을 지음으로써 힘이 실렸지. 아까 영철이 말고 '전봇대' 하면 기억나듯이, 초코파이 하면 '정'인 줄 한국사람이면 누구나 다 알잖아.

이렇게 브랜드엔 별칭이 있어야 한다는 걸 기억해두렴. 슬로건도 좋고, 그게 아니더라도 딱 떠오르는 그 무엇이면 돼. 나이키는 컨셉 잡아가는 과정(conception)을 거쳐 도전(challenge)이라는 단어를 잡았잖아. 그런데 이것이 우리의 오감으로 와닿아야, 즉 퍼셉션(perception)으로 바뀌어야 임팩트가 생겨. 그래서 메타포로 표현한 별칭, 즐 슬로건으로 'Just do it'을 택했지. 애플은? 창의력(creativity)이

〈표2〉 은유로 표현하는 브랜드 컨셉

이름	특징	별명
박영철	키가 크다	전봇대

대상	생각	메타포
모기	성가시다	원하는 건 가져 가 꿈꾸는 건 방해 마

브랜드	컨셉	슬로건
Nike	Challenge	Just Do It

라는 컨셉을 'Think different'란 메타포로, 이런 식이지.

컨셉을 정리하는 컨셉션은 마케터가 해야 하지만, 컨셉을 명확한 메시지로 표현하는 퍼셉션은 좋은 전문가를 찾는 게 숙제야. 퍼셉션은 오감으로 느껴지는 것을 뜻하는데, 시각적 표현인 VI(visual identity)는 대개 전문 디자이너에게 부탁하지. 그런데 슬로건을 포함한 언어적 표현인 VI(verbal identity)는 일반인들도 할 수 있다고 생각해서 사내공모도 종종 하던데, 이것도 엄연한 크리에이티브 영역이니 전문 카피라이터에게 맡기는 게 좋아.

우리 브랜드에 대해 말하고 싶은 점이 너무 많은데요.

 자네 혹시 외우는 시 있나? 시를 줄줄 외우면 멋질 텐데, 내 기억력이 못 받쳐주네. 겨우 외우는 시가 한 편 있어. 고은 시인의 '그 꽃', 석 줄짜리라 외워.

 내려갈 때 보았네
 올라갈 때 보지 못한
 그 꽃

 설명 안 해도 뜻을 알겠지? 세 줄밖에 안 되지만, 가슴에 스며들듯 와닿잖아.
 시는 왜 감동을 주지? 길게 설명하는 게 아니라 응축하기에 더 큰 감동을 주는 것 아닐까. '산에 올라갈 때는 힘들어서 눈에 안 들어오지만…' 하고 구차하게 설명하는 것보다 세 줄로 담백하게 표현하니 더 큰 감동을 주는 거겠지.

이게 '응축의 힘'이야. 나열하기보다 응축을 하면 더 임팩트가 생겨.

내가 자네에게 꼭 읽어야 할 책들도 소개하지만, 영화도 많이 권할 거야. 마케터는 경험을 많이 해야 하는데, 간접 경험으로 영화만 한 게 없거든. 이번에 추천할 영화는 실화를 바탕으로 한 〈흐르는 강물처럼〉이야.

영화의 배경은 자연이 아름다운 미국 북부 몬태나주의 산골 동네. 그곳에 그야말로 신실한 목사님이 부임해. 이 목사님에게 어린 두 아들이 있는데 작은아들은 장난꾸러기고, 큰아들은 아주 똘똘하지.

워낙 외진 곳이라 학교가 시원찮거든. 그래서 아버지가 집에서도 큰아이 공부를 시켜. 이 목사 아버지는 글은 모름지기 간결해야 한다고 생각하는 분이라, 어린 아들에게 책을 주고는 읽고 내용을 요약해 오라고 해. 그래서 가져가면 목사 아버지는 철자와 문법 틀린 것들을 고쳐주시고는 "절반으로 줄여오렴(Half as long)"이라고 하셔. 그래서 아들이 절반으로 줄여 가면 다시 고쳐주시고는, 또 "절반으로 줄여오렴" 그러시지.

자네도 원페이지 리포트(one-page report)라는 거 써봤지? 분량 제한 없이 쓰는 게 차라리 쉽지, 줄이는 건 은근히 힘들잖아. 그 어린 아들도 짜증이 나는 걸 억지로 참으면서 다시 줄여서 가져가. 서너 번 줄이고 줄이게 한 후에야 아버지가 "응, 이제 버리고 나가 놀렴" 그러시지.

이 목사 아버지는 왜 아들을 괴롭힌 걸까? 어차피 버리라고 할 걸 왜 자꾸 줄여오라고 해?

동화책의 핵심을 찾는 훈련을 시키는 거지.

응축은 짧게 줄이는 게 포인트가 아니야. 핵심에 다가가게 하기 때문에 중요한 거지.

자네 브랜드가 소비자에게 말하고 싶은 점이나 강점을, 되도록 형용사로 죽 나열해봐. 아마 12가지도 넘을 테지. 그걸 딱 절반으로 줄여봐. 그냥 **빼**라는 게 아니라 **뺄 건 빼**고 새롭게 융합해서 이합집산을 몇 번 거쳐보라고. 그럼 한 여섯 개 남아? 그걸 다시 또 절반으로 줄여봐.

생각보다 쉽지 않을 거야. 하지만 뭔가 핵심에 다가간다는 생각이 들걸세. 구성원들과 같이해보면 브랜드에 대해 고심해보는 기회가 되어 더 좋을 거야.

응축 작업을 구성원들과 함께해야 하는 이유가 있나요?

나는 전쟁사에도 관심이 많아서, 이번엔 전쟁 이야기를 해볼게.

2차 세계대전 당시 독일이 한때 유럽 대륙을 거의 다 장악했어. 반격을 위해 영국에 모인 연합군은 도버해협을 건너 대륙 어딘가에 상륙해야 했는데, 가장 가까운 데가 덩케르크였어. 당연히 독일도 그걸 아니까 철벽같이 방어했지.

반면 노르망디 지역은 거리도 먼 데다 해변 바로 앞이 절벽이라 상륙하기 힘들어. 더구나 마치 인천 앞바다처럼 조수간만의 차가 커서 물 빠지고 나면 배가 못 들어가. 도무지 상륙할 수 없는 곳인데, 남들이 생각지 못한 데를 공략해야 하잖아. 그래서 이곳이 낙점됐지.

위험을 무릅쓰고 노르망디에 수십만 명을 상륙시켜야

하는데, 자칫 잘못하면 희생이 너무 큰 거라. 그래서 작전 계획서가 커다란 학교 창고에 가득 찰 만큼 촘촘하게 전략을 짰대. 모든 예하 부대별로도 지휘관들이 모여 아주 상세하고 철저하게.

드디어 D-데이. 그날따라 날씨도 나빠. 하여간 총출격. 그런데 상륙정이 해안에 도착하기도 전에 총알과 포탄이 빗발치듯 날아오는 거지. 영화 〈라이언 일병 구하기〉의 첫 장면에 리얼하게 나오니 한번 봐봐.

하여간 철저하게 전략을 세웠지만, 해변에 발을 디디는 순간 전략이고 나발이고 없지. 당장 총알이 어디로 튈지 모르는데 살아남기만도 바쁘지 않겠어?

그럼 도대체 작전계획이란 게 왜 필요한 걸까? 노르망디 상륙작전을 총지휘했던 아이젠하워 연합군 사령관의 유명한 말이 있어.

"Plans are nothing. Planning is everything."

전략이나 작전, 계획 이런 거 다 소용없는 쓰레기라는 거야. 그런데 장병들 죽이지 않기 위해 전략 짠답시고 지휘관들이 얼마나 머리를 많이 썼겠어? 전략 짜는 동안 머리를 이리저리 썼기 때문에 당황한 순간에도 정신만 차리면 어떻게 해야 할지 생각난다는 거지. 그러니 작전 자체보다 그

걸 짜는 동안 이런저런 생각을 해보는 과정이 중요한 거라
는 뜻이겠지.

브랜드 컨셉도 마찬가지야. 멋지게 정해서 웹페이지 첫
화면에 올려놓는 게 능사가 아니야. 컨셉을 정리하고, 응축
해보고, 전개해가는 과정에서 많은 생각을 하는 거지. 그런
점에서 'brand'는 명사가 아니고 동사라고 생각해야 해.
　나는 아이젠하워의 명언을 이렇게 패러디하고 싶어.
　"Brands are nothing. Branding is everything."

응축의 멋진 결과물도 중요하지만, 구성원들이 함께 컨
셉을 응축해가는 과정에서 생각을 많이 해보는 것 자체가
의미 있다는 뜻이야.

마케터로서 표현의 감성을 키우고 싶어요.

아무렴. 마케터는 시인이 되어야 해.

시인은 '사람의 마음'을 보는 사람이잖아. 반면 마케터는 '사물의 마음'을 볼 줄 알아야 하지. 초코파이의 마음을 볼 줄 알아야 하고, 삼다수의 마음을 읽을 줄 알아야 한다고.

온라인 패션숍 29CM는 가격이나 할인율, 옷의 재질을 설명하는 일반 쇼핑몰과 달리 제품에 대한 힙스터들의 인사이트를 전해주어 마치 패션 매거진을 읽는 것 같다고들 하잖아. 그곳의 헤드 카피라이터를 하다가 지금은 조그만 책방을 운영하는 이유미 님이 쓴 책, 《사물의 시선》을 한번 읽어봐. 저금통, 포스트잇, 우산, 머그잔, 레깅스 등의 관점에서 세상을 보는 책이거든. 말 그대로 '사물의 마음' 보는 법을 배울 수 있지.

'저금통'이란 글은 이렇게 시작돼. "채워지면 이별. 내가 욕심쟁이인 걸까? 왜 돈이 모이면 갖고 가는 거지?"

'우산'은 "후드득후드득. 좁고 답답한 현관 신발장에서 잠든 내 귀에 반가운 소리가 들렸다"로 시작하고.

'쓰레기통'은 "그녀의 작은 방에는 침대가 없다. 책상 하나와 나무의자 그리고 내가 전부다."

'반지'는 "내가 있던 자리. 오래도록 내가 있던 그녀의 왼쪽 넷째 손가락에는 하얗고 희미한 선이 그려져 있다."

그 외에도 55가지 사물의 시선에서 쓴 글이 서너 쪽의 길지 않은 분량으로 쓰여 있으니 가벼운 마음으로 읽어보고, 직접 사물의 입장에서 글도 써봐. 나도 이 책을 읽은 후부터 산책길의 돌도 되어보고 나무도 구름도 되어보곤 한다. 그럼 신기하게도 내가 깨어나는 느낌이 들어. 세상이 밝아지는 것 같은 느낌이랄까.

작가가 되라는 것이 아니라 마케터나 경영자로서, 사물의 관점에서 세상을 보는 훈련을 해보라는 권유야.

마음에 와닿는 그 한마디를 찾기가 쉽지 않으니 문제죠.

아디다스 광고를 자세히 보면, 이런 말이 쓰여 있어. 되게 감동을 줘. 내가 한번 동시통역을 해볼 테니 음미해보렴.

Impossible is just a big word thrown around by small men who find it easier to live in the world they've been given than to explore the power they have to change it.

'불가능'이란 세상을 바꿀 힘을 키우기보다 주어진 삶에 안주하려는 소인배가 과장하는 표현입니다.

Impossible is not a fact, it's an opinion.

불가능은 '사실'이 아닙니다. '의견'일 뿐입니다.

Impossible is not a declaration. It's a dare.

불가능은 '단정적인 말'이 아닙니다. 그것은 '용기를 불러 일으키는 말'입니다.

Impossible is potential. Impossible is temporary.

불가능은 '잠재력이 있다'는 뜻입니다. 불가능은 '일시적' 일 뿐입니다.

Impossible is nothing.

불가능은 아무것도 아닙니다.

마지막의 'Impossible is nothing'이 한마디로 응축된 문장은 아디다스 광고에서 많이 봤지?

응축된 한마디 이전에 철학과 생각과 컨셉이 있어야 해. 그냥 멋있는 말의 꾸밈이 아니라 철학이 숨어 있고, 생각이 숨어 있고, 컨셉이 숨어 있어야 슬로건에 힘이 실리거든.

'Just do it'이든 'Think different'든 온라인 검색을 해보면 밑에 깔린 생각을 쉽게 찾을 수 있으니 읽어보렴. 그런 감동적인 철학을 말하는 우리나라 기업이 아직은 드물어서 안타까운데, 최근에 소개하고 싶은 예시를 하나 발견했어.

'집반찬연구소'라고 집에서 만든 듯한 다양한 반찬을 배달해주는 스타트업이 있더라. 박종철이라는 젊은 대표가 생각이 깊던데, 이곳의 광고문을 함께 읽어볼까?

5년 전 아내에게 물었습니다.

"식사 준비할 때 뭐가 제일 힘들어?"

"음… 무슨 반찬을 만들어야 하나… 메뉴 고민이 가장 힘들지."

"그럼 식사 준비하는 데 얼마나 걸려?"

"뭐 이것저것 다 하면 하루에 3시간 넘게 걸리는 것 같은데?"

저는 놀랐습니다.

하루 3시간이면, 한 달 90시간.

1년에 1,095시간. 결혼하고 50년이 지나면 무려 6.25년.

'아~ 가정이 생기면 가족의 끼니를 챙기는 사람의 시간만 6년이 넘는구나….'

아내에게 이 시간을 돌려줄 수 있다면,

꿈을 꾸는 시간으로 채울 수 있겠구나!

그래서 저는 제 아내를 위해,

이 시대의 부모를 위해,

그리고 그들이 가진 꿈을 위해,

식사 준비 시간을 좀 더 행복한 곳에 사용할 수 있도록

집반찬연구소를 만들었습니다.

집반찬연구소는 여러분께 시간을 선물합니다.

그래서 나온 슬로건이 '당신의 시간을 돌려드리겠습니다'야.

자네도 자네 회사가 이 세상에 왜 존재해야 하는지, 그 이유나 철학을 쭉 적어봐. 이야기식으로 서술해도 좋고, 감상적으로 기술해도 좋겠지. 그런 다음 맨 끝에 한 줄로 마무리 지어보렴.

3장

———

Creativity

브랜드의 컨셉을
어떻게 창의적으로 보여줄까

컨셉을 창의적으로 표현하고 싶은데,
어떻게 해야 할까요?

식품 사업을 하는 분이, 어느 날 나더러 '더현대 서울'에 같이 가보자는 거야. 블랑제리뵈르라는 브랜드가 버터맥주를 예쁘게 디자인해서 팝업스토어에서 판매한대. 아직 엄청나게 유명한 것도 아니고 한 캔에 6,500원이나 하는데도 줄이 긴 걸 보고 놀라셨나 봐. 자기도 똑같이 디자인할 자신이 있다며 점검하러 가보자는 거였지.

블랑제리뵈르 사업을 하는 사람은 어반자카파의 가수 박용인인데, 버터맥주 전에 갖가지 버터를 만들며 이미 독특한 맛으로 명성을 얻었어. 그전에는 의류사업을 해서 어떤 디자인이 먹히는지에 눈을 떴고. 나랑 같이 간 대표님은 그저 트렌디한 사람이 많이 오는 백화점에 화려한 팝업으로 매장을 내면 자기도 잘될 거라 생각했던 거지.

그래서 미안하지만 내가 "다른 기업의 성공한 광고나 이벤트를 보고, 미루어 짐작해서 비슷한 마케팅을 하려는 것은 화려한 꽃을 보고 흉내 내려는 것과 같아요"라고 말씀드렸어.

아름다운 꽃은 사람들의 눈길을 끌잖아. 그걸 그대로 흉내 내서 종이로 예쁜 꽃을 만들었대 봐. 그건 뭐지? 조화造花야. 죽은 꽃. 그래서 눈을 끄는 팝업만 보지 마시고, 그 뿌리가 되는 생각과 고심과 그동안의 작업과정을 먼저 조사하고 이해해보자고 했지.

PC 시대를 활짝 연 스티브 잡스가 애플에서 쫓겨나 다른 일을 하는 사이, IBM PC와 그 모방제품들이 가정과 학교, 기업의 책상 위를 빠르게 장악했어. 그런데 본체, 프린터, 인터넷과 연결된 전선도 어지럽고, 온통 베이지색인 컴퓨터 모니터가 책상마다 있으니 사무실의 어수선한 모습이 마치 닭장 같은 거라.

애플로 다시 돌아온 잡스가 그 꼴을 견뎠겠어? 당장 본체를 모니터와 일체화해 콘센트에 바로 꽂으면 되게 하고, 방열팬 소음도 없애고, 무엇보다 'Sorry, no beige'라는 광고 문구처럼 베이지색 대신 컬러풀한 반투명 플라스틱 소재로 본체를 만들어 사무실 풍경이 더 이상 지루하지 않게 했잖아.

아이맥iMac의 화려한 반투명 디자인은 정말 센세이션이었어. 사람들이 와우 멋지다고 감탄하면서 뭐라고 이름 붙였냐면 '누드 디자인'이라 했지. 그랬더니 전화기도 누드 디자인, TV도 누드 디자인, 별별 누드 디자인이 다 나왔어. 하지만 다 짝퉁일 뿐이지.

잡스는 '사무실 환경이 이렇게 되어서는 안 되겠다' 싶은 생각에 그리 디자인한 건데, 사람들은 겉모습만 봐, 생각은 안 보고.

디자인이든 광고든 이벤트든 멋진 마케팅 활동은 아름다운 꽃과 같아서 사람들의 눈길을 끌지. 하지만 그걸 흉내 내서 비슷하게 하는 건 죽은 마케팅이야.

꽃은 보이지 않는 뿌리에서 생겨나잖아. 내 책《보이지 않는 뿌리》에서 강조했던 말이기도 한데, 화려한 꽃이 아니라 보이지 않는 뿌리를 보라고! 우리가 벤치마킹해야 할 것은 결과물이 아니라 그걸 만든 사람의 생각이거든.

일본의 츠타야Tsutaya 가봤지? 서점인데 도서관 같잖아. 사람들이 자연스럽게 여기저기 앉아서 책 읽는 모습이 보기 좋지. 우리나라에서 이걸 흉내 낸 곳들이 더러 있더라. 기다란 책상도 갖다놓고 말이지. 그랬더니 동네 아저씨, 학생들이 주~욱 섞여 앉아서 하루 종일 이 책 저 책 뒤져가며 시간 때우는 독서실이 되어버렸어.

츠타야가 왜 그렇게 하는지 모르고 따라 했기 때문이야. 이걸 '츠타야 신드롬'이라고 해. 껍질만 흉내 내다가 츠타야병에 걸려서 나락으로 떨어진 서점이나 카페가 한두 개가 아니라더라.

현대카드 정태영 부회장이 '오버 더 레코드'라는 유튜브 채널에서 한 강의가 있어. 유익하고 재밌으니 꼭 봐. 그중 이런 말이 나와.

"광고 프레젠테이션을 받다 보면 어마어마하게 좋은 발상이 나옵니다. 제가 가장 경계했던 '기발함'이 나오는 거죠. 그러면 못 버리겠어요, 너무 멋있어서. 그런데 그 기발함 때문에 잘못하면 저희가 사라집니다."

기발하면 좋은 거 아냐? 물론 그렇지. 다만 크리에이티브가 기발하면 주목받고 당장 매출은 나오겠지만, 브랜드가 보여주려는 컨셉은 묻힐 수 있으니 그 유혹을 뿌리쳐야 한다는 얘기야. 크리에이티브가 화려하다고 좋은 게 아니라 컨셉을 잘 표현해야 한다는 거지.

마케팅의 고수인 정태영 부회장조차 유혹을 느낀다고 고백하잖아. 크리에이티브의 화려함에 휘둘리지 않기 위해 굉장히 애쓴다고 말야.

크리에이티브의 뿌리는 확고한 브랜드 컨셉이야. 잊지 마. 컨셉이 크리에이티브를 끌고 가야지, 크리에이티브에 끌려다니면 안 돼. 멋진 이벤트나 눈을 끄는 광고를 보며 모방하고 싶어 끌릴 때마다 '우리 브랜드가 소비자들에게 말하려는 게 뭐더라?'며 컨셉을 되짚어 보렴.

마케터의 창의성은 어떻게 키우면 좋을까요?

대개 창의적이라고 하면 예술의 영역이라 생각해 타고난 재능처럼 여기거나, 센스나 감각이 좌우하는 것으로 받아들이곤 하지. 하지만 마케터의 창의력은 센스가 아니야. 집요함이지. 타고나길 머리 좋은 사람들조차 고심해야 창의적 아이디어를 생각해내는 거야.

다만 차이가 있다면, 하수는 더하려고 고심하고, 고수는 덜어내려 고심하지.

피카소가 〈황소〉라는 작품을 만든 과정을 예로 들어볼까? 몇 개의 선으로 황소를 표현했는데, 그게 한 번에 만들어지지 않았다는 걸 알 수 있어. 처음에는 황소를 자세하게 스케치했어. 그러고는 수차례에 걸쳐 근육이고 뭐고 다 덜어내고 꼭 필요한 것만 남겨서 〈황소〉란 작품이 탄생한 거야.

〈그림1〉 피카소의 덜어냄

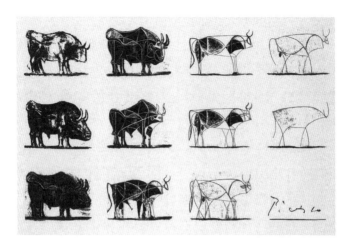

Pablo Picasso, The Bull, 1945
© 2022 – Succession Pablo Picasso – SACK (Korea)

　《Think Better》라는 책에서는 집요함을 설명하면서 '서드-서드 싱킹(third-third thinking)'이라 표현하더라. 먼저 세 번 생각해. 그렇게 세 번 생각하기를 반복하고, 또 반복하여 세 번의 세 번을, 그러니까 진이 빠지도록 고심해 귀한 답을 얻는다는 의미지.

　SK에 최종현 회장님이 계셨잖아. 참 아깝게 일찍 돌아가셨어. 잭 웰치도 그렇고, 제프 베이조스도 그렇고 뛰어난 경영자들은 나름의 경영방식을 모델로 만드는데, 최 회장님도 당신만의 경영방식을 만들어서 수펙스(SUPEX)라 이름 붙였어. 'Super Excellence'의 줄임말이야.

만약 일론 머스크Elon Musk가 자네 회사에 와서 대표를 맡는다고 해봐. 그럼 3년 후에 얼마나 벌 것 같아? 웃지만 말고 정말 상상해봐. 얼마나 달성할 것 같아? 그래, 엄청나겠지? 그걸 자네는 왜 못할까?

수펙스는 '인간이 도달할 수 있는 최고의 경지가 어디일지'를 생각해보는 거야. 할 수 있고 없고를 떠나서 수퍼 엑설런트한 사람이 이 업무를 맡는다면 어떤 결과를 낼 수 있을까? 그렇게 예상된 값을 '수펙스 기준'이라고 해.

그다음에는 '그럼 우리는 왜 그렇게 못하는지'를 쭉 나열하는 거지. 나열해놓고 보면, 상당히 많은 이유가 고착개념임을 깨닫게 돼. "원래 이랬습니다", "그렇게는 안 되고요", "우리나라 법이 안 돼요" 이런 것들 말이야.

수펙스 기준에 도달할 아이디어를 내자면 임직원들이 서드-서드 싱킹을 해야 하는데, 그게 고통스럽고 쉽지 않아. 그래서 최 회장님은 '캔 미팅(Can Meeting)'이란 걸 창안했어. 구성원들이 어딘가 고립된 곳에 가서 영감을 얻을 때까지 이틀이고 사흘이고 나가지 않는 거야. 단절된 공간(can)에서 집중적으로 생각하며 토의하면 답을 찾을 수 있다(can)는 거지.

캔 미팅은 외부 정보와 차단해야 하므로 휴대폰부터 수거하고, 대본도 없어. 그야말로 맨땅에 헤딩이지. 그 상태로 무슨 말이든 해야 해. 2~4일을 그렇게 하면 말도 안 되는 별의별 의견이 다 나와. 말이 안 될수록 오히려 좋대. 이래서 안 되고 저래서 안 된다고 주저하면 아무 생각도 못하니 말이야.

계속 얘기하고 또 얘기하다 지치고, 그래도 그다음 날 또 계속해. 그런데 희한하게도 뒤로 갈수록 생기는 힘이 있다는 거야. 그러다 보면 생각지도 못한 해결안이 튀어나오곤 한다는군.

최 회장님 생전에 직접 들은 얘기인데, 2박 3일 캔 미팅을 하면 거의 100가지 얘기는 나온다네. 말이 되건 안 되건, 평소 업무는 다 잊고 전화도 없이 떠들다 보면, 그 자리에서 문젯거리의 절반은 해결되곤 한다는 거야.

그럼 나머지 50%는 어떻게 해결해? 캔 미팅을 또 하는 거지. 그럼 그중 절반이 또 해결안을 찾는대.

그럼 나머지는? 그래도 해결되지 않는 건? "그때까지 남은 건 대부분 큰 문제가 아니더라고. 내버려둬도 괜찮아"라고 하시더라.

수펙스와 캔 미팅은 집요하게 세 번의 세 번 생각하기를 실행하는 좋은 방법 같아. SK에서 지금도 많이 활용하고 있는데, 자네 회사도 시도해봐. 짜증나고 힘들어도 성과는 있을 거야. 'No pain, no gain'이잖아. 나도 논문 쓸 때, 고민하고 고민해도 답이 없다가 마감이 다가 올 때까지 깊이 고심하면 답이 나오곤 하더라. 창의력은 응축에서 나오고, 응축은 집요함에서 성장하는 것 같아.

제주맥주 알지? 조그만 수제맥주 회사였는데 상장까지 했잖아. '제주'라는 이름이 들어간 브랜드 덕을 보지 않았나 싶어.

그런데 재미있는 게, '제주' 이미지를 활용한 브랜드라고 모두 성공하는 건 아니거든. 신세계그룹 이마트의 제주소주는 시장에 진출한 지 5년 만에 철수했어. 제주소주는 '푸른밤' 소주를 출시했지만 시장 공략에 실패하며 적자 규모가 매년 커졌어. 2016년 이마트가 인수할 당시 손실액이 19억 원이었는데 매년 불어나 그 뒤 60억 원, 129억 원, 2019년에 급기야 141억 원이 됐지. 이마트 같은 강력한 유통이 뒷받침하는데도 적자 누적을 견디지 못하고 결국 청산 결정을 내리고 말아.

왜일까? 내 생각에 회사 내부에 소주에 깊이 몰입한 사람이 없었거나 절박한 이가 없었던 게 아닌가 싶어. 고민이 깊지 않으면 갈피를 잡지 못하기 십상이거든.

전략적 창의성이란 결국 얼마나 집요하게 고심하느냐에 달린 것 아닐까?

컨셉을 어떻게 크리에이티브 결과물로
연결할 수 있죠?

피카소의 명언 중에 "Good artists copy, great artists steal"이 있는데, 무슨 뜻이겠어? 어차피 예술은 뭔가를 모방하는데, 좋은 예술가는 단순히 보고 베끼다시피 하지만, 위대한 예술가는 모방하여 자기 것으로 만들고 만다는 말 아니겠니.

디에고 벨라스케스Diego Velázquez라는 스페인의 유명 화가가 있어. 그의 작품 〈어린 마르가리타의 초상〉에 그려진 공주의 모습을 피카소가 흉내 냈지. 어떻게 흉내 냈게? 모방해서 피카소스럽게 그렸지.

모방하지 말라는 게 아니라 내 것으로 소화해야 한다는 거야. 김정운 교수가 쓴 《에디톨로지》의 메시지처럼, 창조는 편집이야.

〈그림2〉벨라스케스와 피카소의 마르가리타 공주

(좌) Diego Velázquez, Infanta Margarita Maria, 1654
(우) Pablo Picasso, Infanta Margarita Maria, 1957
© 2022 – Succession Pablo Picasso – SACK (Korea)

길림양행이라고 들어봤어? 잘 모르지? 견과류 납품하는 회사야. 윤문현 사장이 스물여덟 살이던 2006년에 선친이 돌아가시면서 물려받았는데, 그때 회사 부채가 무려 100억 원이었다. 그래도 좌절하지 않고 열심히 영업하면서 꾸준히 성장했지.

2012년 세간을 휩쓴 히트상품을 기억하니? 해태제과의 허니버터칩이 큰 화제가 됐거든. 윤 사장이 이 아이디어를 피카소처럼 모방해서 자기 것으로 만들어. 바로 허니버터

아몬드! 이것 하나로 2년 만에 영업이익이 16배 늘었대.

윤 사장은 허니버터맛 외에도 와사비맛, 군옥수수맛, 마늘빵맛, 김맛, 톡톡캔디맛 등 34가지나 개발했어. 그렇게 다양한 맛을 어떻게 개발했나 궁금했는데, 일단 여러 아이디어를 시도해본 다음에 두 가지 맛, 즉 대중적이거나 마니아를 사로잡는 맛을 선정한다더라.

이런 노력은 국내보다 해외에서 훨씬 결실이 컸어. 명동에 가면 지하에 엄청나게 큰 매장도 있었지. 외국인들이 한국 오면 들르는 명소가 되어 중국사람들은 박스째 사가곤 했어. 재밌게도 나라마다 좋아하는 맛이 다르다더라. 홍콩에서는 와사비맛 아몬드가 가장 잘 팔린대. 와사비의 본고장 일본에서는 김맛 아몬드, 미국에서는 톡톡캔디맛 아몬드.

이렇게 잘 팔리다가 코로나 사태가 터졌어. 해외 여행객이 끊기면서 명동 매장도 문을 닫았지. 어쩌면 좋을까? 온라인 플래그십 스토어를 만들어 직접 구매할 수 있게 했어. 이참에 국내시장을 더 신경써야겠다 해서 브랜드 네임을 바프(HBAF)로 변경하고, 광고도 공격적으로 하고, 스타필드 같은 데 팝업스토어도 많이 만들었어. 덕분에 팬데믹 기간에 판매가 외려 좋아졌다지. 모방을 잘해서 자기 것으로 소화한 후에 '끊임없이 적응하고 진화'해간 결과야.

흔히 일본사람들을 모방의 민족이라고 얕잡아보지만, 그들은 무조건 똑같이 만드는 게 아니라 자기 것으로 기어코 소화해내고 말아. 유심히 봐봐. 프랑스 음식 중에 크로켓Croquette이라고 있잖아. 이걸 가져다 일본화한 것이 고로케야. 모방을 잘해서 인기 있는 메뉴가 되었지. 프랑스의 오믈렛Omelette을 쌀밥 위에 얹어서 오므라이스. 인도의 커리Curry를 가져다가 자기들 입맛에 맞게 바꿔 카레라이스. 스페인 생선튀김 요리인 템포라Tempora를 가져다 덴뿌라를 만들었어. 기가 막혀. 오스트리아의 비프커틀릿Beef Cutlet은 비후가스가 되고.

음식뿐이겠어? 프리츠커상은 건축계의 노벨상이라 일컬어. 이 상을 가장 많이 받은 나라가 어디인지 알아? 일본이야. 국적으로만 보면 미국이 가장 많지만, 그중 세 명은 상을 받은 다음에 미국 시민권을 취득했으니 2등인 일본이 사실상 1등인 거야.

프리츠커상은 건물 자체가 얼마나 멋지냐만 보는 게 아니라 그 지역 환경에 얼마나 잘 녹아들어 독특하고 혁신적인 건물이 되었는지를 판단해. 우리나라에도 최근 멋진 첨단건물이 부쩍 많아졌지. 하지만 한국적인 것이 녹아들지 않고 외국의 멋진 건축물을 그대로 옮겨놓은 듯한 경우를 많이 봐. 그래서인지 안타깝게도 한국엔 아직 프리츠커상

수상작이 없어.

아인슈타인은 "창의력의 비결은 어디서 모방했는지 숨기는 방법을 아는 데 있다(The secret to creativity is knowing how to hide your sources)"라고 했어. 어차피 창의는 모방에서 나와. 하지만 모방의 원천을 알아볼 수 없을 만큼 확실하게 자신의 것으로 만들라는 말 아니겠니. 이 말의 의미를 잘 새겨봐.

마케팅 대행사를 선정할 때
어떤 점을 유의해야 할까요?

기업이 광고를 준비하면서 내게 대행사 선정을 도와달라고 할 때가 있어. 그럼 내가 가서 임직원들과 앉아 함께 발표를 듣지.

광고대행사 A, B, C가 와서 경쟁 프레젠테이션을 한다고 해봐. 어쨌든 그중 두 곳은 채택되지 않을 것 아니니. 그 대행사들도 굉장히 고심해서 가지고 올 테니 발주하는 기업은 미리 "전략과 스토리보드까지만 잡아주세요" 하고 부탁하지. 뭐, 금전적 손실을 줄이자는 의도에서라도 말이야.

그런데도 약간의 동영상이나 애니메이션 같은 걸 추가로 만들어 오는 대행사들이 있어. 그러면 결국 어디가 뽑히는 줄 알아? 컨셉이나 전략과 상관없이 볼거리를 조금이라도 더 가져오는 회사가 선정되기 십상이야.

고수는 컨셉으로 판단하고 하수는 크리에이티브에 휩쓸

리거든. 컨셉을 잘 보고 어떻게 표현했는지 판단해야 하는데, 동영상까지 보여주면 그게 좋다고 고르는 경우가 많아. 안타까운 일이지.

광고대행사가 컨셉이나 전략이 아니라 옆구리로 어필하는 방식도 다양해.

유명 연예인이나 아이돌그룹을 관리하는 회사에 딸린 대행사는 광고모델을 낮은 가격에 영입할 수 있다는 걸 내세워. 그럼 그 모델에 광고주의 마케팅 전략을 맞추는 셈이 되겠지.

방송사 계열의 대행사는 유명 작가나 감독을 동원하는 능력이 있지. 그러면 어떻게 될까? 전략과 상관없이 드라마식 광고를 만들어버려.

어떤 대행사는 유튜버나 인플루언서들을 다 긁어모아 붙여주는 것으로 승부를 보려 하지. 전략은 장식이고.

대기업의 인하우스 대행사들은 자기네 그룹의 다른 제품을 저렴하게 공급해주겠다며 접근하곤 해.

이런 식으로 자잘한 주변 능력이나 혜택에 눈이 멀어 대행사를 잘못 결정하는 경우가 결코 드물지 않단다.

《나, 건축가 구마 겐고(建築家, 走る)》라는 책을 읽어보

렴. 구마 겐고는 2020 도쿄올림픽 스타디움을 지은 건축가로 널리 알려졌지만, 그전에도 이미 세계적인 반열에 오른 인물이야.

그 책에서 "건축은 건축주의 눈높이만큼 지어집니다"라고 하던데, 전적으로 공감해. "디자인이나 광고도 클라이언트가 가진 생각의 깊이만큼 좋아집니다"라고 말하고 싶어.

경영자나 마케터가 생각이 없으면 크리에이티브는 아무 소용없어. 창의력이 발현되려면 크리에이티브 못지않게 클라이언트의 생각, 철학이 있어야 해. 이게 첫 번째 요건이야.

두 번째는 비용이 다소 부담스러워도 유능한 크리에이티브를 선택하는 것. 여기서 크리에이티브라 함은 크리에이티브 아티스트를 말해. 즉 마케팅을 돕는 디자이너, 일러스트레이터, 포토그래퍼, 카피라이터 등을 가리켜.

그리고 세 번째는 그들과 끊임없이 대화하며 브랜드 컨셉과 철학을 충분히 이해시키는 거야. 되도록 동일한 아티스트와 오래 작업하는 게 좋겠지. 페이스북의 마크 저커버그가 "뜨거운 열정보다 중요한 것은 지속적인 열정이다"라고 한 말은 누구에게나 중요하지만, 협력업체와의 관계에서도 마찬가지 같아. 그들이 처음에 가졌던 열정이 식지 않도록 동기부여를 잘해야겠지.

어떻게 크리에이티브해 보이는 컨셉을 생각해내죠?

크리에이티브(creative)란 단어는 형용사로는 창의적이란 의미이지만, 창의적인 사람이나 창의적인 결과물을 지칭할 때는 명사로도 쓰기 때문에 혼동되지.

그런데 브랜딩에서 창의성을 생각할 때는 '창의적인 컨셉을 구상'하는 능력과 '컨셉을 창의적으로 구사'하는 능력을 구별해야 해. 우선 창의적으로 컨셉을 생각해내는 능력에 대해 알아볼까?

루이비통의 아트디렉터였던 버질 아블로Virgil Abloh는 처음부터 패션 디자인을 했던 건 아니야. 일리노이 공과대학(IIT)에서 건축학을 공부했지. 그가 학교에 다닐 즈음, 리움 미술관도 지은 세계적인 건축가 렘 콜하스Rem Koolhaas가 프라다와 협업해 학교 캠퍼스에 새 건물을 지었는데, 그 건

축과정을 눈여겨 보면서 패션에 관심을 갖게 되었다는군.

아블로는 2012년에 자신의 첫 번째 브랜드인 파이렉스 비전Pyrex Vision을 내놓았어. 팔고 남은 랄프로렌의 재고 셔츠를 40달러에 구입해서, 그 위에 유리그릇 브랜드인 파이렉스 로고를 크게 스크린 프린트하여 550달러에 되판 거야. 렘 콜하스에게서 이질적인 것의 창의적인 합이 새로움을 창출한다는 걸 배웠던 모양이야. 파이렉스 회사가 소송을 거는 바람에 판매는 1년밖에 못 했지만, 컨셉만으로 돈을 벌 수 있다는 소중한 경험을 하게 되었지.

그다음 해에는 스트리트웨어 브랜드인 오프화이트Off-White를 출시해. 그는 마치 "나는 창작하지 않는다. 다만 어디선가 따와서 편집할 뿐이다"라고 말하려는 듯 신발이나 옷에 쓰이는 모든 글자에 "AIR", "SCULPTURE"와 같이 인용 부호를 썼는데, 그게 오히려 하나의 트레이드마크가 되었지.

이처럼 그의 예술적 감각은 평범한 제품도 비범하게 만들었지만, 늘 표절 논란에 휩싸였어. 과연 표절로 봐야 할까? 다 죽어가던 발렌시아가를 최고의 인기 브랜드로 만들어낸 뎀나 바잘리아Demna Gvasalia는 이케아의 99센트짜리 쇼핑백과 똑같은 모양으로 가죽 핸드백을 만들어 발렌시아가 이름으로 2,150달러에 팔았잖아. 얼마 전에는 테스코가 물건 담아주는 공짜 비닐쇼핑백을 흉내 내 빈티지 백처럼 만들어서 925파운드에 팔았더라. 그것도 표절? 싸구려로 치부되던 것들에서 아름다움을 찾아내는 창의성은 아니고?

영어의 'art'라는 단어에는 예술이란 의미와 기술이란 의미가 혼재돼 있어. 장인처럼 기술이 뛰어난 사람은 아티잔(artisan)이라 하고, 예술에 뛰어난 사람은 아티스트(artist)라 하지. 아티잔은 반복 제작을 매끄럽게 잘하는 기술을 인정받는 사람들인 반면, 아티스트는 매번 새로운 걸 생각해내야 칭송받아.

버질 아블로는 너무나 친숙한 제품들에 새로움을 더해 낯설게 만드는 데 천재 같아. 일컬어 뷰자데(Vuja De)라 하지. 이케아 가구, 에비앙 생수, 리모아 가방 등에 무심코 던진 듯한 자신의 생각을 담아 독특한 제품을 만들었거든. 그의 생각이 이 말에 다 담긴 것 같아. "나는 멋지게 만드는 건 관심 없어요. 그보다는 어떤 물건이 뭔가 말하게끔 하는 데 더 관심이 있죠(I'm not really into style. I'm more into having something to say)."

결국 그는 루이비통의 아트디렉터가 되어 고루하게 느껴지던 루이비통을 젊게 환생시켰어. 아프리카 이민자의 아들로 태어나 유럽 최고급 패션 브랜드의 수장이 된 거야. 그러고는 최고가 패션제품에 스트리트웨어를 접목하는 말도 안 되는 시도에 성공했지.

루이비통은 수많은 디자이너 중에 왜 그를 아트디렉터로 뽑았을까? 그가 디자인을 잘해서라기보다 컨셉을 잘 잡는 사람이기 때문이었을 거야. 옷을 예쁘게 박음질하는 사람더러 창의적이라고 하진 않잖아. 컨셉 잘 잡는 사람을 창의적이라고 하지. 2021년 말, 한창 일할 나이에 갑작스레 사망했다는 소식을 접하니 너무 안타깝더라.

'브랜드 보이'라는 별칭의 안성은 님이 쓴 《믹스》라는 책에서는 창의적인 컨셉을 구상하는 능력, 즉 크리에이티브를 '믹스(mix)'의 관점으로 보더군. 따로 떼어놓고 보면 도무지 어울릴 법하지 않은 이질적인 두 사물, A와 B의 조합에서 'AB'가 아니라 낯선 '가나'가 탄생하고 '대박'으로 이어진다는 거야. 그 책에 상세한 설명을 곁들인 다양한 사례가 나오니, 꼭 보렴.

고객접점에서 컨셉을 어떻게 창의적으로 보여주나요?

마케터는 개념을 잘 짜기 위해 많은 생각(thinking)을 해야 하지만, 고객들은 개념은 아랑곳없고 체험을 통해 느낀다고(sensing) 했잖니. 즉 사람들이 브랜드 개념을 효과적으로 감지할 수 있도록 해야 하는데, 그 방법들을 '브랜딩 툴(branding tools)'이라 해. 브랜드 컨셉을 오감으로 느끼게 해주는 도구라는 뜻의 중요한 용어야. 이 툴을 잘 다룰 때야말로 마케터의 크리에이티브가 돋보이겠지.

브랜딩 툴은 이벤트, 디자인, 광고, 캐릭터, 폰트 등 무척 다양해. 그중 한 가지 예로, 온라인 시대를 맞아 오히려 더 중요해진 오프라인 공간에 대해 생각해볼까. 요즘은 오프라인 매장 수를 줄이는 대신, 남은 매장을 이미지 형성의 강력한 브랜딩 도구로 활용하는 경우가 늘고 있어.

공간을 멋지게 브랜딩 도구화한 사례로 닥터자르트를 살펴보자. 건축학도였던 이진욱 대표가 피부과 정성재 의사를 만나 창업하면서 '의사가 예술을 만나다(Doctor Joins Art)'란 의미로 브랜드명을 'Dr. Jart'라고 지었대.

이 회사가 뭘 잘했기에 에스티로더가 자그마치 17억 달러(2조 원)나 지불하고 인수했는지 궁금하지 않니? 바로 '예술을 만난 의사'라는 컨셉을 말로만 한 것이 아니라, 예술을 브랜딩 툴로 삼아 화장품 성분의 특성을 명확히 전달한 거야. 두어 가지 예를 보자.

겨울이 되면 살이 트잖아. 닥터자르트는 겨울철 피부보호에 탁월한 효과가 있는 세라마이드 성분을 포인트로 잡아 세라마이딘Ceramidin 라인을 출시했어. 이런 점을 소비자들에게 각인시키려면 어떤 상징물이 좋을까? 만약 동물이라면, 사람들의 고정관념 안에 추위에 잘 견디는 동물이 뭐지? 순록? 늑대? 백곰?

닥터자르트는 펭귄을 선택했어. '펭귄' 하면 무슨 색깔이 떠올라? 검은색과 하얀색이잖아. 그런데 곧이곧대로 하면 재미없지. 그래서 노란 펭귄 모형을 만들고 이름 짓기를 '세라 펭귄'이라 했어.

닥터자르트는 신사동 가로수길에 자체 쇼룸을 운영하거

든. 주기적으로 자기네 제품과 관련된 전시를 진행하는 공간이지. 여기서 '세라 스파Cera Spa' 전시를 진행했어. 찜질방 양머리 수건을 머리에 두른 60cm짜리 노란 펭귄 모형 수십 마리가 사우나에 들어가려고 야외에 줄지어 선 모습은 사람들의 눈길을 끌 만했지. 그 밖에도 지하에서 옥상에 이르기까지 흥미로운 방식으로 세라마이딘의 개념을 유효적절하게 보여줬어.

또, 어디 다치면 호랑이 연고 바르잖아. 상처치료 원료로 알려진 병풀(centella asiatica)은 화장품에 관심 있는 사람이면 다들 알 거야. 병풀은 'Tiger grass'라는 별명이 있는데, 호랑이하고 아무 상관 없지만 이 원료로 호랑이 연고를 만드는 회사명이 호표행(虎豹行)이라 그런 별명이 붙었지. 어쨌든 사람들의 고착개념에는 '병풀=호랑이'가 있으니 닥터자르트는 이를 십분 활용했어. 시카페어Cicapair라는 원료명을 메시지 포인트로 내세우고, 호랑이를 모티프로 광고를 만들어 뉴욕 타임스스퀘어 한복판에도 크게 걸렸지. 물론 자기네 쇼룸에서도 호랑이를 주제로 전시행사를 했고 말이야.

요즘은 단백질 성분을 강조한 펩타이딘Peptidin을 내세우던데, 직접 가로수길 닥터자르트에 가서 어떻게 메시지를 표현하고 있는지 관찰해보면 좋을 거야.

공간을 그저 물건 판매하는 장소로만 생각하지 말고, '컨셉을 담는 그릇'이라고 생각해보렴. 공간은 규모가 있으니까 체험형 브랜딩 툴로 삼기 더없이 좋아. 화장품 외에도 공간을 활용한 사례는 끝이 없어.

애플스토어는 그들이 추구하는 컨셉처럼 유리에 스틸하고 나무만 써서 심플하게 만들었지. 사람이 없을 때는 썰렁할 정도야. 반면 손님이 가득할 때는 산만하지 않아서 더 좋더라. 그들 생각에 고객이야말로 인테리어의 완성인 거지.

뉴욕 나이키 매장에 가면 자연 풍경이 멋진 동영상 앞에서 러닝머신을 뛸 수 있어. 비용도 안 내고 이름만 등록하면 돼. 왜 그렇게 해줘? 매장까지 와서 운동하는 '찐' 고객들의 데이터를 획득하는 거야.

무지Muji는 호텔도 만들었잖아. 호텔 방에 있는 모든 물품은 당연히 무지 제품이지. 무지로 연출할 수 있는 모든 것을 보여주며, 제품을 사용하는 상황을 실제 공간에서 체험하며 상상하게 해주려는 거야.

이승윤 교수가 쓴 《공간은 경험이다》라는 책이 있어. 공간에서 뭘 경험하는 걸까? 컨셉과 철학을 경험하는 거지. 이 말은 공간을 만들 때 제품만 넣지 말고 컨셉과 철학을 집어넣어야 한다는 뜻이기도 해. '어떻게 보여줄까(How to say)'를 먼저 보지 말고 '무엇을 보여줄까(What to say)'를 먼저 정하란 말이지. 그래야 이 브랜드가 나에게 뭘 말하고 있는지 소비자가 체험할 수 있거든.

크든 작든 나만의 공간 연출은 강력한 브랜딩 툴이야. 눈 뜨면 보이는 게 사람 아니면 건물인 세상에서는 특히 말이야.

미국 맥주 중에 가장 잘 팔리는 건 뭐니 뭐니 해도 버드와이저야. 이들의 성공 요소가 뭘까. 내가 미주리대 교수였을 때 버드와이저를 만드는 앤하우저-부시Anheuser-Busch 본사가 가까이 있어서 몇 번 갔는데, 마케팅 임원의 말이 자기네 성공 요소는 세 가지래.

첫 번째는 당연히 품질이고, 두 번째는 스포츠 스폰서십. 농구장이든 야구장이든 풋볼 경기장이든 스포츠 관중이 모이는 곳엔 버드와이저 광고로 도배되다시피 하지.

세 번째는 바로 공장 견학이야. 세인트루이스에 본사 공장이 있는데 아주 멋지거든. 입구에 들어서면 마차가 기다려. 버드와이저의 상징이지. 말들마다 발목에 하얀 털이 덮여 있어 정말 인상적이야. 마차를 타고 철컥철컥 들어가면 이윽고 우람한 생산공장이 위용을 드러내지.

공장에 들어서서 버드와이저 역사에 대해 듣고, 수천 톤짜리 숙성 탱크와 캔에 맥주가 담기는 모습을 보면 감탄 사가 절로 나와. 공장 투어를 마치고 방금 뽑은 맥주를 한 잔하면 맛이 너무 기막혀. 기념품 받고 문을 나서면 자진 해서 홍보대사가 되는 거지. 마케팅 임원 말대로 공장 견 학은 버드와이저를 성공시킨 중요한 브랜딩 툴로 부족함이 없어.

폰트에 죽고 폰트에 사는 Z세대에게는 폰트도 큰 역할 을 해. 배달의민족은 애써 개발한 서체를 무료로 공개해서 자유롭게 쓰게 해. 나나 자네는 무슨 서체가 무슨 서체인 지 모를지 몰라도, 폰트에 목숨거는 Z세대는 다 구별한다 더라. 그들의 눈에는 배민의 갖가지 폰트로 이루어진 글자 가 사방에 보이니 배민에 얼마나 친근함을 느끼겠어.

요즘은 캐릭터도 한몫하지. 뽀로로, 라이언, 펭수, 핑크 퐁, 포켓몬스터 등 셀 수 없이 많아졌어. 아이들만이 아니 라 어른들도 적극 반응하잖아. 성격 또는 기질이라는 원래 의 뜻 그대로, 캐릭터(character)는 브랜드의 특징과 컨셉 을 알리는 데 매우 유용해. 하지만 캐릭터의 인기와 브랜드 가 연결되지 않으면 잠깐 매출을 진작시킬 뿐이고 오래가 지 못하겠지.

공간이든, 공장 견학이든, 폰트든, 캐릭터든, 모델이든, 이벤트든, 뭔가 자네 브랜드를 떠올릴 수 있는 심볼과 같은 브랜딩 툴을 잡아보게. 단, 이것 하나는 반드시 기억하렴. 어떤 브랜딩 툴이든 한번 정하면 지속적으로 해야 해. 이것저것 기웃거리지 말고, 한두 가지 정해서 꾸준히 밀고 나가봐.

4장

Continuity

브랜드를 어떻게
한결같아 보이게 할까

지루해 보이지 않으려면,
컨셉도 가끔은 바꿔야 하지 않나요?

자네는 세상에서 가장 안전한 자동차라 하면 어떤 브랜드가 떠오르나?

그렇지? 볼보!

그렇게 각인된 게 하루아침에 된 것이 아니고, 볼보가 40년간 주야장천 안전을 강조한 덕에 사람들 머릿속에 자리잡은 거야.

그런데 요새는 다른 자동차도 다 안전해서 볼보는 자기들의 강점이 희석되었다고 생각했겠지. 벤츠나 현대도 모두 안전을 우선으로 신경쓰니까. 거기다 매출마저 하향세로 돌아서니 전략을 바꿨어. "각진 우리 차는 너무 딱딱해 보여. 우리도 안전은 그만 말하고 멋진 디자인으로 가자."

그러고는 SC90이라고 스포티 쿠페Sporty Coupe 스타일의 디자인으로 바꿨어. 사진 찾아봐. 아주 멋져.

그런데 판매가 저조했지. 왜 그럴까? 미끈한 유선형의 멋진 차가 나왔는데 왜 판매가 부진했을까?

사람들 머릿속에 볼보는 뭐야? '안전(safety)'이라는 인식이 고착돼 있잖아. 그 인식을 발판 삼아 진화해야 하는데, 벗어나려 해서 그래.

'안전'으로는 더 이상 차별화가 안 되는데 바꿀 수도 없다면, 이도 저도 못하고 어쩌지?

볼보는 여태까지 안전을 자동차 자체의 '튼튼함'으로 풀어왔어. 그러다 이제 안전을 표현하는 대상을 '사람'으로 바꿨지. 같은 얘기인데 초점만 살짝 튼 거야.

'Design around people'이 볼보의 새로운 디자인 슬로건이야. 사람 중심의 디자인!

광고에서는 'A million more lives'라며, 볼보 차가 아니었으면 죽었을지도 모를 생명이 100만 명이 넘는다고 말해. 여기에 안전을 중시하는 자동차 제조강국의 이미지를 살리고자 'Made by Sweden'이라 했어. 정말 기가 막히지. 'Made in'이면 그냥 스웨덴 땅에서 만들었다는 뜻인데 'Made by'라고 하니 마치 스웨덴이란 나라가 책임지는 듯한 느낌을 주잖아.

종합하면 '스웨덴이 만든 볼보자동차의 디자인 철학의 중심에는 사람(people)이 있습니다'가 핵심 컨셉이야. 이걸 말로만 하는 게 아니라 R2B(Reason to Believe, 근거)를 제시했지. 최고속도 자동제한, 하이웨이 파일럿, 운전자 모니터링 카메라 등의 기능을 보완해 '사람을 보호하겠다'는 철학을 홈페이지나 홍보를 통해 잘 설파하더라.

덕분일까, SUV 타입의 튼튼해 보이는 XC90이 나오자 해외는 물론이고 우리나라에서도 대박이 터졌어. 거기다 하늘이 도우려는지 그즈음 우리나라의 어느 방송인 부부가 탄 볼보가 트럭과 충돌했는데, 트럭은 찌그러지고 부부는 멀쩡했다는 뉴스가 나온 거라. 그 순간 선금 내고도 몇 개월을 기다려야 인수받는 차가 되었어.

바뀐 것 같으면서 볼보스러움은 안 바뀌었지만, 안 바뀐 것 같으면서 바꾼 거지.

Continuity! '지속성'이라는 말은 변하지 않는다는 게 아니라, 본질은 유지하되 껍질을 바꾸어서 신선함을 더한다는 의미야.

에르메스 버킨백의 우아한 디자인 멋지지 않아? 똑같은 백은 없다시피 컬러든 디테일이든 조금씩 다르던데, 척 보면 알 수 있는 정체성이 있지. 변함없는 모양을 고수하되

시즌마다 새로움을 덧입히잖아.

"모든 것이 바뀝니다. 그러나 바뀌는 것은 없습니다

(Everything changes, but nothing changes)."

에르메스의 슬로건은 마케터라면 누구나 염두에 두어야
할 금언이야.

판매가 주춤하면 컨셉 바꿔볼 생각부터 먼저 하게 돼요.

오랜만에 〈도덕경〉을 읽어볼까?

자네, 한자는 익숙하지 않지? 잘 몰라도 한문은 한 자 한 자 음미하면서 읽으면 더 맛깔 난단다.

天下有始 以爲天下母 (천하유시 이위천하모)
모든 일에 시작이 있으니
그것을 모든 일의 어미라 한다.
旣知其母 以知其子 (기지기모 이지기자)
어미를 알게 되면
(그로써) 그 아들을 안다.
旣知其子 復守其母 (기지기자 복수기모)
그 아들을 알았으면
돌아가 그 어미를 지켜라.

沒身不殆 (몰신불태)

(그리하면) 죽도록 위태롭지 않으리라.

여기서 핵심은 '어미(母)'라는 용어야. 자식은 어미에서 비롯되었으니 어미를 보면 자식을 알 수 있지. 거꾸로 그 자식이 누군지 알았거든 언제든 다시 돌아가서 그 뿌리인 어미를 지키라잖아. 그렇게 하면 실패할 일이 없다는 거지.

자네가 사업을 시작할 때, 처음에 가진 생각이나 사명감 같은 게 있었을 거야. 이걸 초심初心이라 하잖아. 두어 가지 브랜드의 초심을 되짚어볼까?

사람들이 커피를 음료의 일종으로 생각하며 별 의미 없이 마시지만, '낭만적인 체험요소'를 가미해서 이탈리아 원조 카페 분위기를 조성해보면 어떨까? 그래서 나온 게 스타벅스 아니니.

어린아이들은 종이든 나무토막이든 아무거나 가지고 이것저것 만들어보는 게 본능인 것 같아. 그러니 플라스틱을 끼워 맞춰가며 '자기 상상대로' 만들어보게 하면 어떨까? 그게 레고지.

소주 만드는 곳이 많았지만, 안심하고 맛있게 즐길 소주는 많지 않았어. 누구나 '부담 없이 마실' 믿을 만한 소주를 만들어볼까 해서 나온 게, 진로 아닐까?

이렇듯 모든 일에는 어미, 즉 초심이 있어. 다만 시간이 지나면서 초심을 잊곤 하지. 그래서 스티브 잡스가 이런 말을 한 것 아닐까? "You always have to get back to the core value." 한참 뛰어가다 보면 어미를 잃어버리는데, 언제든 핵심가치를 잊지 말고 찾아 돌아가야 한다는 뜻이겠지.

자네 소주 역사에 대해 좀 아나? '소주' 하면 어쨌든 오랫동안 '진로'였잖아. 이게 희석식에 알코올 함량이 20도가 넘어 건강에 좋지 않다는 인식이 있었지만, 저렴한 가격 덕분에 국민술로 자리매김했지.

그런데 두산 경월이 활성탄으로 맛을 순화하고 '부드러운 맛'을 강조한 그린소주를 탄생시켜. 여기에 꿀이 첨가된 고급스러운 검은 라벨의 김삿갓이 가세해. 진로 가격의 두 배나 되었지만, 목 넘김이 좋고 건강에 덜 해로울 것 같아서 대번에 인기를 끌었어.

그러자 이에 반격하고자 진로는 오크통에 몇 개월간 저장해 '숙성된 맛'을 강조한 참나무통맑은소주, 일명 '참통'을 내놓아. 참통은 성공을 거두지만, 아이러니하게도 진로의 고유 시장을 위협하는 결과를 초래하지. 다시 말해 제 살 깎아 먹기(cannibalization)가 된 거야.

그래서 진로가 정신 차리고 어미를 찾았지. 처음에 왜

'진로'라고 이름 지었지?

소주를 증류할 때 술방울이 이슬처럼 맺힌다고 해서 '참 진(眞), 이슬 로(露)'잖아. 진로가 왜 진로인지 어미로 돌아가 보니, 참이슬이야. 그러니까 소주를 먹는 게 아니라 이슬을 마시는 거네? 그렇게 어미를 찾아서 이름을 '참眞이슬露'로 바꿨더니 다시 인기가 상승하여 판매가 좋아졌어.

그런데 곧잘 팔리니 이번에는 한자를 빼버리고 '참이슬'로만 판매했네? 이건 또 아니지. 초심의 뜻을 잊지 말라는 것이지, 언제 진로를 버리랬나. 결국에는 다시 '진로이즈백'이 나왔잖아. 스티브 잡스의 말대로 항상 되돌아보며 핵심가치, 어미를 찾아 초심을 잊지 말아야 해.

어려서 학교 다녀오면 집에 들어서자마자 큰소리로 누굴 찾아? "엄마, 집에 있어?" 그랬지?

매출이 떨어지거나 일이 잘 안 풀리잖아? 그럼 회사나 제품의 이름을 왜 그렇게 지었는지 곰곰이 생각해봐. 이름에는 처음의 깊은 생각이 많이 녹아 있거든. 그 어미로 돌아가 보는 거야.

나도 문제에 봉착한 마케터들이 도움을 청하러 올 때, 어미를 찾아 이름에서 답을 찾아준 적이 적지 않았어.

'초심'이란 말을 자주 듣는데,
사실 어쩌라는 건지 모르겠어요.

초심으로 돌아가라는 건, 어미를 찾으라는 거라고 했지?

그리고 어미를 찾으라는 건, 요즘 많이 쓰이는 '자기다움'을 찾으라는 말로 바꿀 수 있어.

세상을 지배하던 코닥Kodak 필름, 타워레코드Tower Records, 팬암PanAm 항공사, 컴팩Compaq 컴퓨터, 보더스 Borders 서점, 블록버스터Blockbuster 비디오 대여점⋯ 승승 장구하던 이 기업들이 왜 길을 잃고 나락으로 떨어졌을까?

이들의 실패 이유 중 유일한 공통점은 '자기다움'을 잃었다는 거야. 반면 추락 직전에 '자기'를 찾아 살아난 기업도 꽤 많아. 디지털카메라 시대에 위기에 처했던 라이카, 서점인데 CD와 DVD도 대여한다는 조그만 차별점마저 점차 잃어갔던 츠타야, 통일감 없이 매장 수만 늘려갔던 무지 양

판점 등.

레고도 사망 직전에 기사회생한 사례인데, 조금 자세히 들여다볼까? 레고는 1932년에 설립돼 차분히 커가다가 1958년부터 1993년까지 엄청나게 성장했어. 자네도 80년대생이니 어려서 레고 갖고 많이 놀았겠군.

그런데 1980년대 중반에 콘솔 게임이란 것이 생겨나더니, 90년대부터는 인터넷 게임도 슬슬 등장하네? 그 바람에 레고의 매출이 주춤하다 떨어지기 시작했어. 이럴 때 대부분의 기업은 트렌드에 얼른 올라타보곤 해. 그러면 잠깐은 매출이 오르거든. 그러다 뚝뚝 떨어지지만 말야. 레고도 비디오 게임과 테마파크 등으로 사업을 키워봤지만, 잠깐 반짝하더니 속절없이 내리막길을 걷기 시작했지.

견디다 못한 레고는 2004년에 맥킨지 컨설턴트 출신인 30대 중반의 예르겐 비그 크누스토르프Jørgen Vig Knudstorp를 영입해. 이 사람이 레고에 와서 던진 질문은 이거였어.

"여러분, 세상에서 레고가 사라진다면 사람들이 무엇을 가장 그리워할까요?"

돌이켜보면, 어려서 누구나 집짓기나 벽돌 쌓기 놀이를 했잖아. 아이들은 본능적으로 창의력을 발휘해 쌓고 만드는 걸 좋아하는데, 그걸 왜 잊었냐는 거야. 그래서 'Back to the Bricks'를 주창했지. 이 또한 어미로 돌아가자는 얘기야.

창의력은 심플한 데서 나오는 법. 레고는 그동안 방만하게 개수를 늘려나갔던 특이한 모양의 블록들을 폐기해 종류를 절반 이상 줄였어. 덕분에 호환성이 높아지자 매출도 다시 오르기 시작했지.

더 나아가 '플라스틱 조립'이라는 마케팅 근시안을 벗어나 업의 본질로 돌아가 봤더군. 레고는 결국 '쌓기 놀이'잖아. 그렇다면 꼭 어린이에 국한할 필요가 있을까? 그래서 이제는 레고 따위에 관심 없을 어른들을 끌어들일 제품을 찾아 나섰지. 로봇을 만들고 프로그래밍까지 할 수 있는 '마인드스톰'을 위시하여, 콜라보도 다각도로 해서 스타워즈 시리즈가 등장하고 세계 유명 건축물 시리즈도 만들었는데, 연령과 무관하게 인기 좋잖아.

크누스토르프를 CEO로 영입한 2004년 당시 레고의 매출액은 6억 7,000만 유로에 적자가 1억 9,000만 유로여서 파산 직전 상태였는데, 2020년에는 매출액이 58억 7,000만 유로로 8.7배 성장하고 13억 3,000만 유로의 이익을 남기는 회사가 되었어.

20세기를 풍미하던 라이카는 초점은 물론 조리개, 셔

터 스피드를 모두 수동으로 조절해야 하는 불편한 카메라야. 이 때문에 디지털 시대가 되면서 2004년 무렵에는 길을 잃고 파산에 직면했지. 그런 라이카를 인수해 회생시킨 사람이 오스트리아 출신의 안드레아스 카우프만Andreas Kaufmann이야. 그는 화소수 경쟁이 아니라 아날로그 감성을 잘 구현해서 라이카다움을 지켜야 승산이 있다고 판단했어. '디지털 몸체, 아날로그 감성(Digital Body, Analog Soul)'이란 모토는 이런 판단에서 나온 거야.

스마트폰이 급속히 보급되면서, 모든 사람이 카메라를 들고 다니게 됐잖아. 인스타그램만 봐도 엄청나게 많은 사진이 있지. 사람들은 그 많은 사진을 건성건성 보며 휙휙 넘기고.

카우프만은 사진의 본질에 충실하도록 하는 데 집중했어. 예를 들어 M10-D모델은 디지털 카메라인데도 찍은 사진을 그 자리에서 볼 수 있는 모니터가 없어. 너무 불편해 보이지만, 찍는 순간에 피사체에 더 집중하게 만드는 효과가 있어 마니아들은 좋아해. 또 모노크롬 모델은 흑백으로만 찍혀. 흑백의 계조를 아주 섬세하게 표현한 덕에 느낌이 필름 카메라 뺨치지. 덕분에 사진 애호가라면 누구나 갖고 싶어 하는 위시템이 되었어.

2021년 3월에 마감한 재무제표를 보면 전해 영업이익이

4억 5,000만 유로로 100년 역사상 최고 기록을 세웠지.

수도 없이 많은 기업이 망하기 직전까지 가. 그중 다시 살아나는 기업들의 공통점은 '자기다움'을 찾는다는 거야. 자기다움이 뭐겠어? '어미'를 찾는다는 거지. 항상 초심으로 돌아가려 뒤돌아보고, 어미를 잊으면 안 돼.

크누스토르프가 레고에 부임해서 했던 질문은 아주 중요한 포인트야. 자네도 지금 다루는 제품이 시장에서 사라진다면, 사람들이 어떤 점을 가장 아쉬워할지 한번 생각해보렴. 그 점이 바로 자네가 채워줘야 할, 소비자의 결핍요소 아닐까?

세상이 변하고 회사가 커져도
자기다움을 유지하라니 어렵네요.

맞아. 하지만 쉽지 않은 일을 해내는 사람이 성공하는 것 아니겠어?

스타벅스의 하워드 슐츠Howard Schultz가 그런 뚝심의 사나이지. 스타벅스 역사는 다 아는 얘기지만, 간단히 살펴보자.

1970년대 스타벅스는 '원두 파는 가게'였고, 매장도 다섯 개밖에 없었어. 미국사람들 대부분 인스턴트커피나 음료수 수준의 멀건 커피를 마시던 시절이고, 아직 슐츠가 스타벅스에 관여하기 전이야.

1983년에 슐츠가 조인하는데, 이탈리아에 갔다가 커피숍이란 단순히 커피만 마시는 곳이 아니라 사람들이 연결되는 곳임을 깨닫고, 커피 맛도 새로 배워오지. 이탈리아 분위기를 이식하기 위해 '커피숍' 대신 '카페'라 칭하고 카페라테, 카푸치노, 마키아토, 에스프레소, 아메리카노 등 제품명에도 이탈리아 말을 쓰기 시작했어.

1987년 슐츠가 스타벅스 CEO가 되고 이탈리아 카페 분위기를 본격적으로 이식하면서 매장이 2,000개까지 늘어났지.

그 뒤 슐츠는 2000년에 CEO 자리에서 물러나 글로벌 진출만 돕고 있었어. 그런데 몇 년 지나니까 스타벅스가 삐걱대네? 왜일까? 경쟁사가 많아져서? 하지만 스타벅스도 매장이 늘었는데? 문제는 '스타벅스다움'이 약해지고 숫자만 늘었다는 거야.

여기에 2008년 글로벌 금융위기까지 겹쳐 위기에 빠지자 슐츠가 CEO로 돌아와. 그래서 뭘 했을까?

그래, 어미를 찾아 초심으로 돌아간 것이지.

그럼 스타벅스의 어미는 뭔데? 분위기 체험이잖아. 커피 마시는 것만 중요한 게 아니야. 서두르면 한 잔이라도 더 팔 수 있겠지만, 대신 뭐가 없어져? 손님이 보는 앞에서 원두 향을 풍기며 바리스타가 정성스레 커피를 내리는 편안한 느낌, 그게 사라지잖아.

그런 체험의 느낌을 온전히 주고 스타벅스다움을 유지하기 위해 프리미엄 매장인 '스타벅스 리저브(Starbucks

Reserve)'를 만들었지. 매장에서 원두 그라인딩을 해서 커피 향이 퍼지도록 했고, 찬 음료를 찾는 사람이 많아지자 프라푸치노를 내놓았고. 또 바리스타가 한 잔 한 잔 커피 내리는 모습을 누구든 볼 수 있도록 연출했어.

핵심역량을 찾아 돌아간 그 뚝심, 하여간 위대한 경영자는 뭐가 달라도 다르다니까. 슐츠가 한숨 돌리고 2012년에 쓴 책, 《온워드(Onward)》의 영문판 부제가 뭐냐면 'How Starbucks fought for its life without losing its soul'이야. 살기 위해 싸워야 해, 그렇지만 아무렇게나 팔면서 매출 올리려 하지는 마, 너의 영혼을 잃어버리면 안 돼… 이런 의미지.

영혼, 즉 어미를 잊고 그저 어떻게든 매출만 올리려다가 수명을 단축시키는 경우를 많이 봐. 지속성이란 변화하지 말라는 게 아니라 끊임없이 변화하되 어미를 잃지 말라는 뜻이야. 영혼이나 핵심가치, 어미, 업의 본질… 이 말들은 모두 시장과 고객의 변화에 맞춰 지속적으로 변화하되, 뿌리를 잊지 않아야 흔들리지 않고 지속성을 유지할 수 있다는 맥락을 내포해.

지속성이 이토록 중요하지만, 지키기는 피가 마르도록 어려워. 권투선수 마이크 타이슨이 한 말 있잖아. "누구나 그럴싸한 계획을 갖고 있다, 쳐맞기 전까지는(Everyone has a plan till they got punched in the mouth)." 매출이 곤두박질치면 업의 본질이고 뭐고 안 보이지. 사장이 바뀌면 컨셉부터 흔들고, 심지어 마케팅 담당자나 광고대행사만 바뀌어도 컨셉을 자꾸 건드려. 브랜드는 컨셉이 생명인데, 그렇게 쉽게 바꾸면 그 컨셉이 소비자들 머릿속에 박히겠어?

미국 잡지 중에 〈Better Homes and Gardens〉가 있는데 우리나라의 〈행복이 가득한 집〉 같다고 보면 돼. 한번은 미셸 오바마가 표지에 나왔기에 사서 봤거든. 미셸이 한 말 중에 이런 구절이 있더라고.

"소박한 정원이라도 보기 좋아지려면 10년은 걸려요."

왜일까? 예쁜 정원 만든다고 비싼 나무 가져다 심어도 처음엔 자연스럽지 않아. 이끼도 끼고, 들풀도 나고 시간이 지나야지.

미셸이 한 말을 되뇌면서, 브랜드도 자기다움이 보이려면 꾸준함이라는 시간이 필요하다는 생각이 들었어. 브랜드는 만드는(making) 것이 아니라 끊임없이 쌓아가는(building) 거야.

명품이면 모를까,
저렴한 소비재가 지속성을 고집하기가 쉽나요?

아니야. 지속성에 대한 오해인데, 편의점에서 몇 년째 히트 중인 불닭볶음면을 봐봐.

편의점만큼 소비자 취향 변화에 민감한 곳이 없지. 편의점 전문 리뷰어로 활동하는 채다인 님이 쓴 《오늘도 편의점을 털었습니다》라는 책이 있는데, 편의점 음식에 대한 세심한 평가와 더불어 편의점이라는 작은 공간의 뒷이야기가 재미있게 쓰여 있으니 한번 읽어보렴.

여하튼 변화에 민감한 편의점에서 불닭볶음면은 몇 년째 굳건히 자리를 지키고 있어. 비결이 뭘까?

반복해서 말하지만, 변함없어 보이려면 역설적으로 끊임없이 변화해야 해. 아니, 진화라는 말이 더 맞겠다. 불닭볶음면이 어떻게 진화했는지 볼까?

불닭볶음면은 국물이 없는 면이어서 매운맛이 깔끔해. 독특한 매운맛이 사람들의 호감을 끄는 데다 자네도 알다시피 유튜브 채널 '영국남자'의 조쉬가 영국인들이 불닭볶음면에 도전하는 영상을 올린 것이 화제가 되면서 매대에서 확고하게 자리잡았지.

거기에서 그친 게 아니야. 칼칼한 맛은 좋지만 너무 매운 건 싫어하는 사람들을 위해 크림소스를 추가해 부드러운 까르보 불닭볶음면을 한정판으로 만든 게 기대 이상의 호응을 얻어 정식 제품이 됐어. 동시에 정반대로 두 배 더 매운 핵불닭볶음면도 출시했고.

그 뒤로도 불닭 덕후들이 지루하지 않게끔 잊을 만하면 한정 제품을 내놓았지. 짜장 불닭볶음면, 쫄볶이 불닭볶음면, 커리 불닭볶음면, 마라 불닭볶음면, 쿨 불닭볶음면 등등. 이제는 '불닭'이라는 브랜드로 다양한 카테고리의 제품을 만들더라. 불닭만두 먹어봤니? 불닭볶음밥도 있고, 불닭떡볶이, 불닭김밥, 핵불닭반숙란까지 나왔어. 이러니 불닭이란 브랜드가 지루해질 틈이 없지. 실제로 자네는 큰 관심 없을지 몰라도 불닭을 섭렵하는 마니아들이 꽤 있어.

'불닭'의 핵심속성인 '맵다'는 본질을 유지하면서 또 어떤 카테고리로 갈 수 있을까? 치약이 있고, 립밤이 있어. 물론 불닭 소스를 넣은 것은 아니고, 강한 민트향을 첨가

해서 화한 청량감을 주지.

한마디로 불닭 브랜드의 장수 비결은 한국인이 좋아하는 톡 쏘는 맛과 이미지라는 '어미'의 특성을 유지한 채, 꾸준히 변화를 준 거야. 소비자가 싫증 내지 않게 하면서 브랜드의 한결같은 자기다움을 유지하는 거지.

20세기 최고의 광고인 가운데 한 명으로 데이비드 오길비David Ogilvy를 꼽을 수 있어. 이분이 "소비자는 아내와 같다"라는 명언을 남겼어. 남편으로 살아보니, 마음은 한결같아야 하지만 끊임없이 변화하지 않으면 부부 사이에도 권태기가 온다는 거지.

알겠지? '한결같다', '변함없다'는 말은 변화가 없다는 게 아니야. 사람이든 제품이든 지루함 없이 지속해서 사랑받으려면 초심을 잃지 않되 끊임없이 변신해야 한다는 뜻이지.

우리가 늘 접하는 식당도 이렇게 할 수 있어. 몽중식이라는 중식당이 있는데, 여기는 특정 영화의 장면을 연상시키는 코스요리를 내는 게 컨셉이야. 〈중경삼림〉, 〈화양연화〉, 〈아비정전〉 등 작품 스토리에 맞게 준비한 음식에 적절한 백주로 페어링하면 오감이 즐거운 식사가 되더군. 두 달에 한 번씩 테마가 바뀌는데 예약이 정말 힘들어. 오죽하면 식사를 마치고 나오면서 두 달 후 테마의 식사를 미리 예약들 하더라. 영화의 추억이 떠오르는, 스토리텔링이 있는 식사라는 컨셉을 중심으로 끝없이 변주하니 예약이 힘든 식당이 된 거지.

서울만 해도 트렌디한 사람이라면 꼭 가봐야 할 핫플레이스 음식점이 정말 많잖아. 베이커리로만 좁혀봐도 런던베이글, 노티드, 아우어, 진저베어, 레이어드, 밀도 등등. 그런데 이 인기가 얼마나 오래갈까 궁금하지 않아?

그들의 수명은 자기다움을 유지하되, 고객이 흥미를 잃지 않도록 얼마나 부지런히 변화를 지속하느냐에 달려 있다고 봐. 줄을 서야 할 만큼 화제가 되는 곳, 예약이 힘든 음식점, 대금을 지불하고도 몇 달을 기다려야 받을 수 있는 제품들이 다 마찬가지 아닐까?

포르쉐Porsche 자동차의 디자인 철학은 "Change it, but do not change it"이야. 껍질은 끊임없이 바꾸되 포르쉐다움은 지키라는 거지. 이 정신을 잊지 말렴.

5장

Combination

품목 간의 균형을
어떻게 잘 맞출까

품목이 점점 늘어나는데,
모두 수익을 내기가 쉽지 않네요.

그렇지. 모든 품목에서 수익을 극대화하려다 보면 지칠 수밖에 없어. 마케팅 노력의 강약중강약을 잘 배분해야 해. 그게 바로 포트폴리오 구성 아니겠니. 이 밸런스 맞추는 게 사업에서 무척 중요하단다. 오늘은 포트폴리오 전략에 대해 알아볼까?

포트폴리오 구성의 첫 단계는 자네 회사의 다양한 제품들을 '전시성'과 '수익성'이라는 두 가지 기준으로 나누는 거야. 전시성은 그 제품이 브랜드를 얼마나 상징하는지, 수익성은 제품의 판매가 얼마나 실속 있는지 따지는 거지. 이 두 기준에 따라 네 가지 구역으로 나눌 수 있어. '엘지생활건강'을 예로 들어 설명해보마.

〈표3〉 엘지생활건강의 포트폴리오

수익성 전시성	높음	낮음
높음	**판매용** 화장품	**홍보용** 생활용품
낮음	**수익용** 음료	**구색/시험용** OTC

엘지생건의 제품이라 하면, 엘라스틴 샴푸, 페리오 치약, 수퍼타이 세제 등의 생활용품이 먼저 떠오르지. 이런 생활용품은 수요에 한계가 있고 경쟁이 많아 수익성이 높지는 않지만, 사람들에게 엘지생건의 존재를 알리는 '홍보용' 품목인 셈이지.

엘지생건을 알리는 전시효과가 높고 이익도 많이 내는 제품은 후, 오휘, 이자녹스 등 화장품이야. 이런 제품을 '판매용' 품목이라고 해.

한편 코카콜라나 에너지음료 몬스터, 조지아 커피가 엘지생건에서 판매하는 제품인지 모르는 사람도 많을걸. 엘지생건을 대표하는 제품은 아니지만, 알게 모르게 높은 수익을 가져다주는 '수익용' 품목이야. 캐시카우cash cow로서 수익용 품목의 역할은 매우 중요해. 프린츠 커피처럼 플래그십 매장을 통해 호감도를 쌓은 후 B2B 원두시장으로 넓혀 매출을 높이기도 하고, 클라우드 맥주를 생산하는 롯데칠성음료가 자사의 브랜드와 상관없이 곰표 밀맥주의 위탁생산을 맡아 수익을 올리는 것이 그 예가 되겠지.

엘지생건의 구색/시험용 품목은 뭘까? 미래 시장을 개발하기 위해 탐색 중인 OTC(일반의약품) 제품들이 여기 속해.

엘지생건의 홈페이지를 열어보면 첫 화면에 "건강하고, 아름답고, 활기찬(healthy, beautiful, refreshing) 가치를 제공합니다"라고 세 가지 주요 사업내용이 나와. 2020년의 매출 비중을 보니 밸런스를 잘 맞추었더라. 홍보용 품목인 생활용품(healthy)이 19.4%, 판매용 품목인 화장품(beautiful)이 61.8%, 수익용 품목인 음료(refreshing)가 18.9%야. 영업이익률을 보면 이익 내기 어려운 생활용품도 8.5%, 수익성 좋은 화장품은 18.9%, 음료수가 10.5%더라. 교과서적인 밸런스지. 여름에는 화장품이 덜 팔리니 음료에 주력하고, 겨울에는 음료를 덜 파는 대신 화장품을 팔아 세발자전거처럼 안정감을 갖추니 시즌별 균형도 훌륭하고.

포트폴리오는 한번 짜두었다고 끝이 아냐. 구색/시험용 제품 중에 반응이 좋으면 홍보용으로 올리고, 홍보용 중에서도 매출이 늘면 판매용으로 옮기는 등, 포트폴리오 운용을 유연하게 해야 해.

또한 포트폴리오는 정답이 있는 게 아냐. 전략을 어떻게 짜느냐의 문제지. 이번에는 백화점의 포트폴리오를 보자.

백화점의 수익원은 수수료잖니. 보통 28~35%인데, 해외 명품 브랜드는 7~8%밖에 안 받아. 왜 그럴까? 백화점 1층에 들어갔을 때 양쪽에 루이비통이나 샤넬 같은 명품 브랜드가 떡 버티고 있으면 백화점 자체가 격이 있어 보이거든. 수익률은 낮지만 전시효과는 큰 이런 매장은 말하자면 '홍보용'인 셈이지.

그럼 백화점은 어디서 돈을 많이 벌어? 2~3층에 가면 여성정장, 여성캐주얼이 있어. 전시성과 수익성을 다 추구하는 '판매용' 매장들이야.

그럼 '수익용'은 뭘까? 백화점에서 알게 모르게 돈 버는 매장은 화장품, 신변잡화, 조리식품, 준보석 같은 것들을 파는 곳이야. 백화점 1층 양쪽으로 명품 매장들이 도열해 있고, 가운데에는 각종 화장품, 그 뒤로는 자잘한 액세서리 같은 것들이 있잖아. 값비싼 명품은 못 사도 그런 건 하나씩 사니 이런 곳의 매출이 은근히 높아. 화장품도 어디가나 다 있는 브랜드들이니 백화점만의 전시성은 약하지만 수익성이 높지.

백화점의 '구색용'은 공산품이라든지 문방구, 서점 같은 거겠지. 그런데 모든 백화점의 서점이 다 구색용일까? 아니야. 포트폴리오 전략은 짜기 나름이라니까.

최고급 브랜드만을 유치한 도쿄 긴자식스Ginza Six 매장 맨 위층에 가면 커다란 서점이 있는데, 이 매장은 구색용이 아니라 홍보 역할을 해. 바로 츠타야거든. 서점이 이 비싼 땅에서 책 팔아 임대료를 낼 수 있을까? 확인할 수는 없지만, 아마도 긴자식스에서 비싸지 않은 임대료로 츠타야를 초대했을 것 같아. 왜 그렇게 생각하냐고?

사람들이 서점은 부담 없이 오잖아. 편안한 츠타야 서점이 있으니 호기심에 와봤다가 슬슬 내려오면서 매장들을 구경하게 되겠지. 긴자식스에는 철저한 큐레이션을 통해 엄선한 브랜드 200여 개가 입점해 있는데, 못 보던 브랜드도 많으니 구경하다 내키면 뭐 하나라도 사게 되겠지. 이걸 낙수효과(shower effect), 마케팅 용어로는 trickle-down effect라 해.

반대로 분수효과(fountain effect) 또는 trickle-up effect도 생각해볼 수 있어. 젊은 이미지를 주고자 하는 더현대 서울은 지하층에 힙한 감성의 편의점 나이스웨더나 최신 인기제품의 팝업 매장들을 유치해 젊은 사람이 많이 오게 했어. MZ세대들이 지하에 온 김에 위층으로 올라가며 구경 다니니 백화점 분위기가 한결 젊어지고, 또 그들은 인스타그램 등을 열심히 하니 홍보효과도 높지.

결국 중요한 건 무엇으로 사람들을 모으느냐야. 사람들의 관심을 끈다는 의미에서 홍보용 제품을 시그너처 아이템(signature item) 또는 '간판제품'이라고도 칭하는데, 포트폴리오 구성에서 핵심적인 역할을 하지.

핵심은 간판제품을 잘 잡는 것이라고요?

그래. 가장 먼저 할 일은 홍보용 시그너처 아이템을 정하는 거야. '오리온' 하면 초코파이, '풀무원'은 두부, '종가집'은 김치, '샘표'는 간장이 곧바로 떠오르잖아. 자네 브랜드를 얘기할 때, 사람들이 거침없이 떠올리는 제품을 뭐로 하면 좋을지 잘 생각해봐.

여기서 유의할 점이 있어. 무지개 롤케이크로 알려진 '프랭크롤'이라고 있는데, 알록달록 예뻐서 한 2년쯤 아주 잘 팔렸어. 그런데 이제는 시들. 왜 그리 되었을까?

시그너처 아이템에 너무 의존하면서 새로운 제품 확장을 게을리했기 때문이야.

브랜딩을 하는 궁극적 목표는 브랜드 확장(brand extension)이거든. 시그너처 아이템은 사람들의 이목을 끄는 교두보이고, 이걸 발판으로 확장하는 게 핵심이야. 말하자면 우리 '브랜드' 이름으로 뭘 판매하든 사람들이 별생각 없이 믿고 살 수 있게 만드는 거지.

가령 '오뚜기' 하면 카레가 떠오르잖아. 카레로 사람들 마음에 오뚜기를 심은 다음에, 거기에 그치지 않고 판매용으로 다양한 카레를 준비했어. 그다음에는 라면, 케첩, 마요네즈, 각종 양념 등 1,000여 종에 달하는 품목이 오뚜기 이름을 달고 더러는 수익용, 더러는 구색용으로 판매되고 있잖아. 시그너처를 만든 후 이를 발판으로 끊임없이 제품을 확장한다, 이게 브랜딩의 주된 목표야.

단, 확장할 때 조심할 점이 있어. 품목들이 보완적이거나 독립적이어야지, 대체적이면 안 돼. 햄버거에 프렌치프라이나 콜라 먹는 건 '보완적'이야. 혹은 백화점의 다양한 물건들처럼 서로 상관없는 '독립적'인 제품으로 확장해야 하는데, '대체적' 상품들을 구비해 자기 살을 깎아먹는 자기잠식(cannibalization)이 돼버리는 경우도 많아.

며칠 전에 맥덕을 겨냥한 아담한 수제맥주집이 오픈했다기에 가봤더니 별의별 맥주를 다 갖다놓았더라고. 수제맥주는 부어라 마셔라 먹는 술이 아니니 두어 병 고르는데, 종류가 너무 많아서 한참 걸렸어. 즉 이곳의 문제는 품목이 너무 많은 데다 대체적이라는 거야. 선택의 여지가 많아 좋다고? 비즈니스 관점에선 꽝이야. 주인이 맥덕 중의 맥덕이다 보니 맥주 종류에만 신경쓸 뿐 안주도 단출해서 매출을 어떻게 올리려나, 저 다양한 맥주 재고를 어떻게 관리하려나 걱정되더라니까.

반대로 포트폴리오를 잘하는 맥줏집 사례도 있어. 얼마 전부터 내 눈길을 끌어 강의에도 종종 언급하는 곳이 '역전할머니맥주'인데, 2016년에 생겼으니 역사도 길지 않아. 그런데 자료를 보니 가맹점 평균 매출이 두드러지게 높더라고. 전라도 익산역 앞 골목에 김칠선 할머니란 분이 1982년부터 운영하던 'OB엘베강'이라는 맥줏집이 있었는데, 소종근이란 젊은 친구가 이걸 인수해서 '역전할머니맥주'로 이름을 바꾸고 프랜차이즈화한 거야.

이곳의 홍보용, 시그너처가 뭔지 알아? '살얼음생맥주'야. 다른 맥줏집도 냉동고에 보관한 유리잔에 맥주를 주지만, 여긴 거품까지 살얼음 느낌으로 서빙하는 공법을 개발해서 특허까지 가지고 있어.

판매용으로는 안주가 기가 막혀. 메뉴판을 보면 '튀김안주 상영관', '믿고 먹는 건어물' 등으로 재미있게 나뉘어 있는데, 반드시 먹어야 하는 치즈라볶이, 먹태, 버터구이 오징어 등 꿀메뉴들이 있지. 가격도 부담스럽지 않아서 남기는 한이 있어도 일단 다 시키는 분위기더라고.

수익용으로 다른 술집에도 있는 병맥주와 하이볼을 파는데, 손님이 줄을 서니 이것들도 쏠쏠하게 팔려. 게다가 마진이 높아 훌륭한 캐시카우가 된다니까. 구색용으로는 청량음료 등이 있고.

인테리어도 역전할머니 스토리에 따라 꾸몄고, 분위기도 편안하고 활기 있어서 손님이 많아. 마케팅 관점에서도 포트폴리오 구성이 아주 훌륭하다고 생각되더라. 역시나 얼마 전에 사모펀드에 좋은 값을 받고 매각했더군.

오프라인의 품목구성 방식이 온라인 사업에도
적용되나요?

　자네, PC를 'Personal Computer'의 약자로 알고 있지? 그런데 PC를 계산(compute)하는 용도로 쓰는 경우가 얼마나 될 것 같아? 내 주장인데, PC는 'Personal Communicator'의 준말이라고 봐야 해. PC로 커뮤니케이션함으로써 세상이 크게 바뀌었으니까.

　1대 1로 커뮤니케이션을 시작해 1대 다수로, 그리고 다수 대 다수로 하게 되면 커뮤니티(community)가 형성되겠지. 이렇게 사람들이 모이면 커머스(commerce) 기회가 생기지 않겠어? 그리고 비즈니스는 B2C도 중요하지만, 진짜 큰 기회는 B2B, 즉 커넥션(connection)에 있어.

　우리 주위에 다양한 온라인 비즈니스가 있지만, 결국 이 네 가지 C(community, commerce, connection, communication)에 해당하는 영역을 벗어나지 않아. 그럼 이 네 가지로 포트폴리오를 한번 짜볼까?

우선 홍보용에 해당하는 건 뭘까? 수익성은 낮은데 전
시성은 좋은 것 말이야. 바로 '커뮤니티'지. 포털, 카페, 웹
진, 무료 온라인 게임 등. 이건 돈 벌려고 하는 게 아니고,
일단 사람들을 모으는 게 목적이야. 카카오톡은 등록자 수
가 4,500만 명이 넘는데 무료로 서비스하잖아.

사람들이 모이면 뭘 하겠어? 물건 판매하는 'e-커머스'
로 넘어가지. 물건 판매는 물론 배너 광고도 하고, 정보 검
색료, 클럽 가입비를 받거나 중개도 해서 돈을 벌어. 카카
오에서는 '선물하기'가 판매용 품목이야. 매출이 2021년에
만 4조 원에 육박하더라고.

큰 수익의 원천은 '커넥션'에 있다고 했지? 카카오 김범
수 의장도 "카카오가 B2C로 성장했지만, 수익은 B2B 분야
에서 내야 한다"며 카카오페이나 카카오뱅크, 엔터 등을 키
웠잖아. 이처럼 B2B나 Co-마케팅을 한다든지, 컨소시엄
구성이나 콜라보레이션 등 커넥션을 통해 수익 창출 기회
를 대폭 늘려야 해. 오프라인 시대의 브랜드들은 파워가 생
기면 브랜드 확장을 위해 스스로 부지런히 제품과 시장을
넓혀갔잖아. 온라인도 마찬가지야. 브랜드 파워를 키웠으면
콜라보를 통해 영역을 확장해야 해.

온라인의 구색용 품목은 뭐겠어? 바로 '커뮤니케이션'이야. 카카오가 다음Daum을 왜 인수했을까? 이메일, 검색엔진 같은 걸로는 돈이 벌리지도 않는데 말이야. 커뮤니케이션이라는 구색을 갖추며 유통을 위한 시험 발판으로 활용하기 위해서 아닐까?

어때, 이렇게 보니 온라인에서도 포트폴리오 균형이 중요하지?

온라인 포트폴리오 구성에서는 무엇으로 주목을 끄나요?

오프라인 제품 마케팅에서 시그너처 아이템이 중요했듯이, 온라인에서도 홍보 역할을 하는 커뮤니티 구성이 핵심이지. 그런데 온라인이라고 너무 막연하게 생각하진 마. 오프라인 매장 운영을 떠올리면 원리가 잘 이해될 거야.

자, 일단 사람들이 모여서 놀 데가 있어야 하잖아? 온라인에서 그런 곳을 플랫폼이라고 하는 거 다들 알지. 요즘 흔히 쓰는 말이지만, 왜 플랫폼(platform)이라 부르는지 그 뜻을 곰곰이 살펴보자꾸나.

'플랫폼'이라 하면 가장 먼저 떠오르는 게 기차역 아니겠니? 각자의 목적을 위해 사람들이 잠시 모이는 발판이 되는 장소가 플랫폼이지. 그런데 플랫폼이 기차역에만 있는 게 아니야. 제품을 파는 매장도 기실 각자의 목적으로 사람들이 잠시 모이는 곳 아니겠어? 마찬가지 의미로 각자의 목적을 위해 스마트폰이나 PC라는 도구를 통해 사람들이 잠시 모이는 곳을 플랫폼이라 부르는 것이고.

온라인에서는 무엇이 '각자의 목적'일까? 취향과 관심 같은 것이겠지. 스포츠든, 취미든, 종교든 개개인의 취향과 관심에 따라 온라인에서 제공하는 것들을 일컬어 콘텐츠(contents)라고 하잖아.

원하는 콘텐츠를 얻기 위해 사람들이 모이면 유대감 내지 연결감(connection)이 형성돼. 기차역이나 백화점 같은 곳에서 만난 사람들 간에는 약한 연결감이 있을 테고, 군대나 회사 같은 곳엔 강한 연결감이 있겠지.

젊은 친구들이 인스타그램 같은 데다 멋진 옷 입은 사진을 올리잖아? 윤자영 대표가 대학 다닐 때 그런 사진을 모아놓은 사이트를 만들었대. 그랬더니 사람들이 "그거 어디서 팔아요?" 하고 물어보잖겠어. 그래서 판매자와 연결하는 알고리즘으로 비즈니스가 된 게 '스타일쉐어'야.

하지만 비슷한 사이트도 많고, 대기업이 사진도 더 잘 찍어 올릴 것 같지 않아? 그런데도 스타일쉐어가 유독 잘된 비결이 뭐였을까?

댓글을 너무 잘 달아줬대. 밤을 새워서라도 하나하나 정성껏 댓글을 달아줬더니, 그게 아주 큰 역할을 했다는 거야. 마치 또래와 1대 1의 관계를 맺은 듯한 느낌을 줌으로써 연결감을 공고히 한 거지. 대기업은 개개인의 감성에 호응하는 세심한 댓글을 달기가 쉽지 않을 거야.

즉 콘텐츠(contents) 때문에 모인 사람들 간의 연결고리(connection)를 제대로 만든다면, 그게 바로 좋은 커뮤니티(community=contents+connection) 아니겠어?

이 간단한 구조를 잘 활용한 온라인 기업들이 요즘 승승장구해. 일례로 무신사 플랫폼을 살펴볼까?

온라인에서는 옷을 입어보거나 신발을 신어보고 살 수 없어 구매를 망설인다는 문제가 있잖아. 이것도 어찌 보면 고정관념이지. 사업의 기회는 고정관념을 극복하는 데서 생겨. 무신사는 이를 독특한 콘텐츠(contents)로 해결했는데, 우선 남들은 옷이나 신발을 어떻게 소화하는지를 '스트릿 스냅'이란 코너에서 보여줬어. 길에서 멋지게 입은 사람을 사진 찍고 직업, 연령 등을 물어 공개한 후, 그와 비슷한 무신사 상품을 소개하는 거야. 또래가 입은 룩킹을 보면 자연스럽게 내 모습도 상상되는 거지.

랭킹 서비스도 무시 못해. 1,000만 명이 넘는 고객들의 구매 데이터를 기반으로 인기상품을 실시간 업데이트해서 어떤 사람들이 어떤 옷을 많이 입는지 투명하게 알 수 있어.

무신사 매거진은 어떻고? 에이블리나 지그재그가 도매 플랫폼이라면, 무신사는 국내 브랜드들을 발굴하고 소개하는 홍보 플랫폼 역할을 해. 그 주요 창구가 무신사 매거진이지. 커버낫이나 디스이즈네버댓, 앤더슨벨 등이 무신사 매거진으로 뜬 대박 브랜드 아니겠어?

이것 말고도 무신사 플랫폼에는 어지러울 정도로 이야깃거리와 구경거리가 많더라. 모름지기 플랫폼은 다양한 콘텐츠를 구비해 특별한 용건이 없어도 습관적으로 접속하는 '놀이공원'이 되어야 하거든.

그렇게 해서 사람들이 회원 등록을 하면 회원들과 기업, 회원과 회원 간의 연결고리(connection)를 만드는 다양한 행사를 하더군. 장소를 바꿔가며 수시로 클럽파티를 여는데, 입장할 때 "저 무신사 회원이에요!"라고 외치게 해서 소속감을 심어주지. 또한 출발이 남성 타깃이다 보니 스타크래프트 대회도 하고, 축구게임 위닝일레븐 대회를 열기도 했어. 무신사 비즈니스와 직접 관련은 없어 보이지만, 이런 게 커뮤니티 구성의 문법이야.

한편, 회원들 말고 입점 브랜드와의 연결성도 강화하고자 동반성장 프로그램을 운영해. 패션 스타트업들을 위한 공유오피스인 '무신사 스튜디오', 팝업스토어나 쇼케이스를 열 수 있는 '무신사 테라스' 등이 그런 용도로 지어졌다지.

인류의 4대 문명은 큰 강을 끼고 시작되었다는 공통점이 있잖아. 조그만 마을도 마찬가지야. 실개천에서 먹을 물도 길어가고 빨래도 하고 멱도 감으면서 사람들 간의 관계 맺기가 시작돼. 그렇게 유대감을 쌓아가며 커뮤니티가 동네가 되고, 시장도 만들어지는 것 아니겠어?

'옷 잘 입는 법'에 대한 풍성한 콘텐츠(contents)를 제공하고, 회원고객 및 입점고객 간의 커넥션(connection)을 만들어 알짜배기 커뮤니티(community)를 형성하고 부지런히 업데이트하는 무신사, 배울 점이 무지하게 많아.

커뮤니티 조직의 초기 비용이 클 텐데,
그만한 실익이 있을까요?

자네의 질문은 고객창출과 유지, 두 가지 면으로 생각해 봐야 해. 오프라인의 경우를 먼저 생각해보자.

'생활맥주'에 가면, 소맥으로 타먹는 소주가 무료야. 친구 따라 다른 맥줏집에 갔을 때 "왜 소주를 돈 주고 타먹어? 생활맥주는 무료인데"라고 말하면 친구에게도 자연스레 홍보가 되겠지? 생활맥주 입장에서 소주 매출은 없지만 홍보 효과는 아주 크지 않을까.

'룰루레몬'은 원데이 클래스 등 다양한 무료 프로그램을 운영해. 워낙 인기가 좋아서 블로그에 올리자마자 금세 마감되지. 룰루레몬의 주요 강점이 바로 이런 무료 프로그램이야.

온라인도 마찬가지거든. 카톡 서비스는 무료잖아. 그뿐

아니라 메신저나 검색엔진도 거의 무료지. 잘 봐, 포털사이트에 들어가면 음악이나 만화, 소설, 신문 등 무료 콘텐츠가 지천이야. 왜 그럴까? 포털사이트에 중독될 고객집단, 즉 커뮤니티를 만들려는 거지. 유튜브에서 흔히 듣는 멘트, "구독과 좋아요 눌러주세요"도 무료 콘텐츠로 사람들을 끌어들여 커뮤니티를 만들겠다는 뜻 아니겠어?

온라인 시대에는 이런 '공짜 경제학'의 원리를 더욱 잘 이해할 필요가 있어. 관건은 콘텐츠를 무료로 제공하는 데 있는 게 아니라 커뮤니티를 형성해야 한다는 점이야. 커뮤니티를 형성하지 않는 공짜는 체리피커cherry picker들만 꼬이게 할 뿐이거든.

일단 커뮤니티의 규모를 키운 다음에는 이를 바탕으로 더 큰 수익을 올릴 커머스 기회를 찾아야지. 특히 온라인과 오프라인을 넘나들며 비즈니스를 해야 하는 이 시대에는 더욱 중요해. 쿠팡은 여태 이익을 낸 적이 없어. 그래도 배달 서비스를 계속하잖아. 손실유도(loss leader)라고 해서, 설령 손해를 보더라도 고객을 붙잡아두는 전략이야.

이를 설명하는 니콜라스 로벨Nicholas Lovell의 '커브(The Curve)'란 논리가 있는데, 단순하면서도 흥미로워. 오프라인 시대에는 광고를 통해 정보를 제공하는데, 그 정보가 필

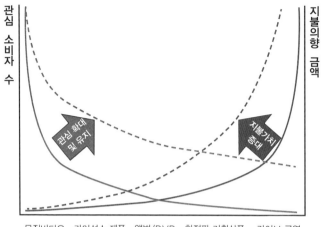

뮤직비디오   라이선스 제품   앨범/DVD   한정판 기획상품   라이브 공연

요 없는 사람들에게도 노출되는 바람에 낭비가 심했어. 온라인 시대엔 콘텐츠를 무료로 풀면 수많은 이들에게 손쉽게 노출되고, 그중 관심 있는 사람들은 우리를 팔로우하겠지. 그렇게 팔로어를 많이 만든 다음에 점차 열혈고객, 즉 슈퍼팬(superfan)으로 이끌어가야 한다는 거야.

방탄소년단의 뮤직비디오는 온라인에서 무료로 볼 수 있잖아. 그걸 본 사람들이 방탄소년단에 매료되면 휴대폰 케이스나 티셔츠 등 비교적 저렴한 라이선스 제품을 사기 시작하겠지. 그러다 온라인으로 보고 들을 수 있음에도 앨범이나 DVD를 소장하고 싶어 하고, 꽤 비싼 한정판 기획상품을 사게 되고, 마침내 값비싼 티켓을 사서 라이브 공연을 보러 가게 되는 것 아니겠어?

커브 전략의 첫 번째 과제는 "어떻게 '무료 콘텐츠'에 관심 갖게 하지?"야. 그다음에 "어떻게 관심을 확대 유지하면서 단계적으로 '점점 몰입'하게 만들지?" 그리고 결국 "어떻게 '슈퍼팬' 내지 충성 고정고객으로 만들지?"의 순서가 되는 거야. 그렇게 되면 자연히 지불하려는 금액의 단위도 높아질 테고. 무신사든, 카카오든 잘나가는 온라인 업체는 다 이 순서를 밟고 있어. 〈그림3〉에서 화살표 방향으로 어떻게 이동해 가느냐가 마케터의 과제인 거지.

좋은 콘텐츠를 무료로 제공하자면 물론 비용이 많이 들지. 그러니까 외부 투자도 받는 것 아니겠어? 장기적으로 이익을 내려면 어쨌거나 커뮤니티 구성이 핵심이야. 사람들이 원하는 콘텐츠나 그 무엇이라도 접근에 부담 없도록 제공함으로써 그들과의 관계를 시작하고, 그 관계를 긴밀하게 이어가 유대감을 돈독히 하면서 한편으로는 점점 가치 높은 제품이나 서비스로 이끌어가는 거지.

피터 드러커는 이미 오래전에 "비즈니스의 목적에 대해 단 하나의 유효한 정의가 있는데, 그것은 고객을 창출하고 유지하는 것(There is only one valid definition of business purpose: to create and keep a customer)"이라는 명언을 남겼어. 확고한 고객집단을 갖는 것이 비즈니스의 핵심이야. 온라인 시대엔 그 시작이 커뮤니티고.

스타트업은 브랜딩과 매출 중, 무엇을 우선해야 하나요?

자네의 절박한 질문에 우선 기술적인 측면에서 대답해 보지.

처음 시드머니로 시리즈A 투자를 받게 되면, 어떻게든 살아남기 위해 시장의 반응을 봐가면서 제품의 완성도를 높여야 해. 브랜드 컨셉에 대해 이리저리 생각해보겠지만, 처음에는 계속 흔들리고 바뀌기도 할 거야. 그래도 성실히 제품을 만들다 보면 매출이 오르면서 컨셉도 점점 가닥이 잡혀가.

그러다 시리즈B 투자로 넘어가게 되면 수익 창출보다 브랜딩에 신경쓰기 시작해야 하지. 이때는 당분간 손해가 나더라도 투자금으로 버티면서 브랜드 컨셉을 구체화하고, 브랜드 인지도 높일 생각을 해야 해. 매출 숫자에만 연연하는 바람에 브랜드 컨셉이 중심을 못 잡고 헤매는 경우가 많아.

이 시점에서 브랜딩을 할 때 염두에 두어야 할 것은 무엇일까? 바로 '대세감'이야. 소비자들 입에서 "너 아직도 그거 안 써봤어?"라는 말이 나오게 해야 해.

대세감을 창출하는 데는 ① 눈에 띄는 디자인, ② 감동을 줄 만한 창업자 스토리, ③ 화제가 되는 이벤트, ④ 인플루언서의 도움, ⑤ 셀리브리티와의 협업, ⑥ 소문난 팝업 스토어, ⑦ 대기줄 세우기 등 여러 방법이 있지. 여하튼 무슨 수를 써서라도 대세감을 창출해야 해.

청기와타운이라는 고깃집을 하는 흙수저 청년사업가가 있어. 양지삼 대표인데, 그가 고깃집을 하기 전에는 시장에서 스카프를 팔았대. 그런데 장사를 하다 보니 제품 자체보다도 사람들이 매대 앞에 머물게 하는 것이 중요하더라는 거야. 그래서 스카프를 일일이 비닐에 싸서 포장을 뜯어보는 데 시간이 걸리게 했어. 손님 두 명이 같이 오면 말을 걸어가며 코앞에 머물게 하고, 하여튼 매대 앞에 사람이 붙어 있게 한 거야. 그러면 지나가는 행인들이 '저긴 뭐길래 사람들이 많지?' 하고 궁금해하지 않겠어.

작은 예지만 사람들의 호기심과 궁금증을 자아내는 것, 이런 게 대세감 창출의 첫걸음이야.

제주맥주가 지금처럼 유명해지기 전인 2018년, 연남동에 집 한 채를 3주간 빌려 그들의 상징색인 민트 컬러로 외벽을 칠한 팝업스토어를 열었지. 그뿐 아니라 주변 매장들의 협조를 얻어 열 곳 이상을 민트색으로 칠했어. 안 그래도 눈에 띄는 색을 상점마다 칠했으니 얼마나 대단했겠니. 또 그 앞의 연트럴파크를 '서울시 제주도 연남동'이라 부르고 민트색 돗자리로 뒤덮다시피 했지. 대번에 잔디밭 피크닉 분위기가 연출되니 트렌드에 민감한 젊은이들이 모여들고, 자연히 SNS에서 자발적 바이럴이 되니 사람들이 더 몰려서 3주간의 페스티벌이 됐어.

이런 행사를 통해 '수제맥주는 제주맥주'라는 대세감을 창출한 거지. 이 회사가 법인 설립 이후 한 번도 영업이익을 내지 못했음에도 이른바 '테슬라 요건'을 적용받아 맥주 업계 최초로 코스닥 상장을 했잖아. 어떤 점에서 급성장이 기대돼 특례를 적용받았는지 모르겠지만, 하여간 연남동 이벤트가 제주맥주의 대세감을 창출한 방식은 참고할 만해.

그러니 프로모션을 고민 중이라면 찔끔찔끔 작은 프로모션을 여러 번 하기보다 제주맥주처럼 '압도적인' 사이즈로 기획해봐. 그 행사에 참여한 고객들이 자랑하고 싶게끔.

첨언하면, 투자 A단계에서 필요한 인력과 B단계에서 필요한 인력이 다르다는 점을 유념하렴. 기술력만 믿고 버티

려던 스타트업이 B단계에서 시장의 인정을 받지 못해 주저 앉는 안타까운 경우가 많아. 이 단계부터는 브랜딩이나 마 케팅 전문가의 도움을 받는 것도 적극 고려해봐야지.

무엇보다 중요한 건 타이밍이야. 너무 서둘러도 안 되지 만 주저하다 시기를 놓치지도 말아야 해.

포트폴리오를 구성할 때 피보팅이 어떤 도움이 되나요?

물론 알겠지만, 피보팅(pivoting)이란 원래 농구 규칙에
서 쓰던 용어잖아. 이를 에릭 리스Eric Ries가 《린 스타트업
(Lean Startup)》에서 사업전환이나 확대의 원리를 설명하며
언급했는데, 유용한 개념이니 잘 이해할 필요가 있어.

농구할 때, 공을 잡은 선수가 상대편을 피해 패스하려면
어떻게 해? 드리블 없이 세 발 이상 걸으면 반칙이니 한쪽
발은 땅에서 떼지 않고 다른 발만 움직이잖아. 이처럼 피
봇이란 회전하는 물체의 균형을 잡아주는 중심축을 말해.

비즈니스에서 중심축이 되는 피봇은 그 기업의 '핵심자
산(core asset)'이야. 그것은 ① 제품 고유의 형태나 원료일
수도 있고, ② 충성도가 높은 고객층, ③ 운송수단이나 생
산시설과 같은 유형자산, ④ 풍부한 경험이 축적된 기술력,

⑤ 강력한 브랜드 등이 될 수도 있어. 그러니까 비즈니스에서 피보팅이란 기존사업의 핵심자산을 피봇 삼아 사업의 방향을 다른 쪽으로 전환 및 확대하는 전략이야.

예컨대 곰표 맥주가 요새 한창 인기 좋지? 그들의 피봇, 즉 핵심자산은 뭘까?

'커다란 포대에 담긴 하얀 밀가루'야. 대한제분의 역사는 1950년대로 거슬러 올라가지만, 일반 소비자들의 관심을 받는 브랜드는 아니었잖아. 그러다 2019년부터 피보팅을 시도했어. 수제맥주 시대가 열리자 '밀가루'와 곰 캐릭터를 활용해 밀맥주를 만들어 대박이 났지. 또 '커다란 포대'라는 느낌을 살려 넉넉한 크기의 패딩이나 백팩을 만들지 않나, '하얀색'이라는 특징을 살려 치약, 핸드크림, 파운데이션, 클렌징폼, 심지어 아이스크림까지 선보였잖아.

피보팅은 코로나 바이러스 때문에 갑작스레 시장을 잃은 기업들이 새로운 사업모델을 잡을 때에도 많은 도움이 되었어.

우리나라에 오는 해외 관광객들도 이제는 단체 패키지 여행이 아니라 우리의 일상을 살아보려고 해. 우리처럼 치킨을 배달시켜 먹어보고, 드라마에 나온 탤런트가 입었던 옷이나 즐겨쓰던 물건을 쇼핑하러 가보려고 하지. 크리에이트립Creatrip이란 곳은 이런 니즈를 가진 외국인들에게 정보를 제공하는 플랫폼을 운영했어. 그러다 코로나 사태로 여행객이 뚝 끊겼지.

이들이 피보팅을 한다면 무엇이 축이 되면 좋을까? 맞아, 그들의 핵심자산은 '현지인처럼 한국을 즐기려는 외국인 고객들'이야. 코로나로 한국에 오지는 못해도, 이들의 쇼핑 욕구는 충족시켜줄 수 있잖아. 그래서 인플루언서들을 동원해 한국 제품을 소개하는 SNS 채널을 만들고, 구매대행까지 해주는 글로벌 역직구 사업으로 피보팅해 어려움을 극복했어.

룰루레몬은 요가나 명상을 즐기는 사람들을 대상으로 요가교실 등을 운영하며 체험 마케팅을 펼쳐왔어. 그런데 코로나가 터졌으니 어떡해?

그들의 핵심자산은 '운동을 꾸준히 하는 사람들'이잖아. 그래서 미러Mirror라는 회사를 인수해. 미러는 스크린이 내장된 거울을 만드는 회사인데, 스크린에 뜬 트레이너의 동작을 따라 하며 거울에 비친 내 모습도 볼 수 있으니 홈 피트니스로 제격이지. 요가뿐 아니라 근력운동, 발레, 복싱 등 다양한 운동을 할 수 있어. 물론 룰루레몬을 입고 따라 하면 스스로의 만족감이 더 높아지지 않을까?

코로나 기간에 여행객이 급감하니 세계 모든 항공사가 죽을 맛이었지. 그런데 대한항공의 어떤 임원이 '비행기'라는 핵심자산을 축으로 "빈 여객기를 화물기로 활용하자"고 제안했다는 거 아냐. 조원태 회장도 처음에는 말이 안 된다 싶었다지만, 곧 생각을 바꾸어 여객기의 승객석을 다 떼고 화물 운송기로 재빠르게 바꿔 오히려 대박을 터뜨렸지.

외국 회사 같으면 그거 결정해서 실행에 옮기는 데 몇 달이 걸릴 텐데 우리나라 기업들은 빨라. 덕분에 코로나 시기를 지나며 손님이 92%나 줄었는데도 흑자가 이어지니 시가총액은 두 배 이상 커졌어.

우리나라 영유아식 시장을 선도해온 일동 후디스는 저출산 때문에 어려움을 겪기 시작해 2019년까지 적자에 시달렸지. 여기에 코로나까지 겹쳤지만 이 시장을 초창기부터 이끌어온 이금기 회장은 오히려 기회를 보았어. 어른들이 건강과 체력 관리에 더 신경쓰기 시작했거든.

그래서 소화와 면역에 좋은 분유를 만들던 '지식과 기술'을 축으로 성인용 단백질 보충제 시장으로 피보팅했단다. 그 결과 탄생한 하이뮨 프로틴 밸런스는 단번에 점유율 1위 브랜드가 되었고, 회사는 2021년에 2,212억 원의 매출에 110억 원의 이익을 남기는 기업으로 탈바꿈했지.

한센스Hansen's라고 1935년에 시작한 주스 브랜드가 있어. 과일주스에 탄산을 섞어 만든 음료로 그럭저럭 버티던 회사였지. 그런데 레드불 같은 에너지 음료가 팔리는 걸 보고 자기네도 '한센스 에너지'를 만들더라. 하지만 여기저기 비슷한 음료가 많이 나오는 바람에 별볼일 없었거든.

이 회사가 에너지 음료 중에 왜 레드불만 유독 잘되는지 살펴보니 'It gives you wings'라는 슬로건을 실천하더라는 거야. 레드불을 마시면 날개를 달 거라잖아. 날개를 달면 어떻게 되는데? 자전거를 타도 날아다니는 것처럼 타겠지. 실제로 레드불은 스키장에서 F1 자동차로 경주를 하지 않나, 별 극단적인 날개짓을 다 했어. 나중에는 우주에서 뛰어내리기까지 하더라고.

이걸 본 한센스가 '에너지 드링크는 충만한 에너지를 보여주기 위해 세계 나가야 하네?'라는 교훈을 얻고 이름부터 몬스터(Monster)로 바꿨어. 슬로건은 'Unleash the Beast!' 너의 야성을 풀어놓으래. 이벤트는 e-스포츠와 모터스포츠에 집중했고.

레드불이 270ml인데 몬스터는 비슷한 가격에 500ml야. 거의 두 배를 주니 카페인과 타우린을 비롯한 각성 성분이 엄청나. 맛의 종류도 60가지가 넘어 각자의 취향을 찾기 쉽고 여성들도 즐겨 찾아. 그 결과 10년 주가상승률 기록을 새로 썼다는 것 아냐. 무려 620배!

탄산음료 만드는 '시설과 경험'을 축으로 강력한 마케팅을 더해 대박을 터뜨렸으니, 한센스는 피보팅을 엄청나게 잘한 거지.

피보팅의 축으로 사용할 수 있는 핵심자산의 종류가 무척 다양하다는 걸 알겠지?

우선은 자네 기업의 핵심자산이 뭘지 곰곰이 생각해봐. 그것이 피봇, 즉 중심축이 되어야 하니까. 많은 기업이 핵심자산이 없거나, 있어도 따로 규명하지 못하는 바람에 피보팅을 하고 싶어도 어찌해야 할지 모르더라고.

그렇다면 포트폴리오 구성에서 요구되는 핵심자산은 뭘까? 바로 '브랜드'가 피봇이야. 앞에서 살펴본 여러 사례에서 보듯이, 시그너처 아이템으로 브랜드 파워를 만들고 관련 제품을 키워가는 브랜드 확장(brand extension)을 말하지.

단, 브랜드 확장에서 유의할 점이 몇 가지 있어. 우선, 피봇이 '컨셉'이어야지 제품의 '형태'로 굳어지면 안 된다는 점이야. 두산의 종가집은 된장, 고추장, 식혜 등 다양한 전통식품을 시도했는데, 기존의 김치 이미지가 굳어진 후라

소기의 성과를 내지 못하고 결국 '김치' 부문을 대상에 넘기고 말았어. 내가 종가집에 '정갈한 전통식품 메이커'라는 컨셉을 제시해준 적이 있는데, 광고를 맡은 대행사가 전략을 이해하지 못해 진행을 멈추더라. 지금도 아쉬움이 남는 컨셉이야.

'컨셉'이라는 게 소비자의 인식이면서 이미지라고 했잖아. 이 보이지 않는 걸 말로 해야 하니 형이상학적인 표현밖에 안 되지만, 그래도 사람들이 공통으로 갖는 느낌이 있다는 게 신기해.

클로락스Clorox는 1913년에 미국에서 최초로 나온 표백제로 단연 시장을 선도했지. 컨셉이 '더 하얗고 더 밝게(Whiter & Brighter)'니까 아주 분명하잖아. 그런데 빨래할 때 쓰는 제품이니 세탁세제도 만든 거야. 이건 성공하지 못했어. 왜 그랬을까? 아마도 사람들이 무의식중에 클로락스로 세탁하면 하얗게 색이 빠진다고 생각했을지 몰라. 나중에 나온 섬유얼룩 제거제나 화장실 청소액, 배수구 클리너 등은 모두 잘나갔거든. 하나같이 '더 하얗고 더 밝게'라는 컨셉에 부합하는 제품들이야.

브랜드 확장의 레벨도 고려해야 해. 삼성그룹 전체의 포트폴리오를 작성할 수도 있지만, 삼성전자 레벨 또는 가전 부문의 포트폴리오도 구성해보아야겠지. 기업 규모가 커지면 앞에서 설명한 수익성과 전시성의 조화를 맞추는 원리로 상위레벨과 하위레벨의 포트폴리오를 각각 작성해보면 좋아.

6장

Consistency

구성원들을
어떻게 한마음으로 움직이게 할까

비전을 말할 때 달나라 가는 사례를 많이 들던데요?

얼마 전인 2019년에 달착륙 50주년이 되었고, 미국을 오늘날의 강대국으로 만든 결정적 전환점이 된 계기이니 요즘 다시 주목을 받더라.

2차 세계대전이 끝나고 자본주의 미국과 공산주의 소련이 곧 3차대전을 일으킬 것처럼 서로 으르렁댔거든. 당시 체제 경쟁의 초점은 누가 먼저 ICBM, 즉 대륙간탄도미사일을 만드느냐였어. 미사일이 대양을 건너 다른 대륙을 공격하려면 지구궤도에 로켓 올리는 기술을 확보해야 했는데, 소련이 계속 앞서가고 있었지. 한발 더 나아가 소련은 아예 미국 코앞인 쿠바에 미사일을 갖다놓으려 한 거야. 미국 국민들이 극도로 불안해한 건 당연하지.

케네디 대통령은 이게 단순히 기술의 문제만이 아니라,

국민들의 불안이 더 문제라는 걸 깨달았어.

'용감했던 국민들이 왜 이토록 두려워하지? 아하, 우리 선조가 남겨준 억척스런 프런티어 스피릿(Frontier Spirit)을 잃어버렸기 때문이구나.'

왜 개척정신을 잃어버렸을까? 미국 땅에 더 이상 개척할 곳이 없으니까.

그런데 케네디가 곰곰이 생각해보니… '저 광활한 우주가 새로운 개척지 아닐까?' 싶은 거야. 그러고는 달부터 개척해보자는 발상에 이르렀지. 그 아이디어를 '뉴 프런티어(New Frontier) 정책'이라 명명하고는 취임 4개월 만에 달 착륙 계획을 의회에서 발표했어.

"1960년대가 지나기 전에, 인간을 달에 보낸 후 지구로 무사히 귀환시킬 것입니다. 이는 장기적인 우주탐사에 중요한 전환점이 될 것이며, 이를 위해 온갖 어려움이 있고 막대한 비용이 들더라도 감수할 것입니다."

그 후 1969년 인간이 달에 도달할 때까지 8년간, 1인승 머큐리, 2인승 제미니, 3인승 아폴로의 시험발사가 4~5개월마다 이어졌는데, 내가 어렸을 때 한국 신문에도 자주 기사가 났던 기억이 나.

달에 가서 금을 캐오는 것도 아니고 땅을 소유하는 것도 아닌데, 왜 천문학적인 돈을 들여 굳이 달에 가려 했을까?

구성원들의 화합을 이루고 결집된 힘을 모으는 데에는 목표를 공유하는 것만큼 효과적인 게 없어. 우리나라에서 열린 2002 월드컵대회 때도 온 국민의 단합된 염원이 4강 신화를 가능케 했잖아. 마찬가지로 아폴로 계획은 미국 국민들의 의지를 한곳에 집결시켰어.

과학 관련 산업부터 국방, 교육, 의료, 식품개발 등 모든 분야의 초점을 달에 가는 데 맞췄지. 오늘날 미국의 1인당 GDP는 러시아의 6배에 달하지만, 1960년대 초반만 해도 소련과 동등하거나 여러 면에서 소련이 조금 앞섰거든. 그러다 미국이 앞서는 데 핵심적 역할을 한 것이 '뉴 프런티어' 정책이야.

플로리다 해안에 있는 우주센터는 일반인도 견학할 수 있어. 이곳의 이름이 바로 '케네디 우주센터'야. 그의 비전을 기념하는 곳이지.

우리가 케네디 대통령에게 배울 점이 뭘까?

첫 번째, 가슴 뛰는 구심점을 마련했다는 거야. 인간이 달에 간다… 멋지잖아. 비전이란 모름지기 들으면 가슴이 뛰어야 해.

두 번째, 이름을 붙였지. 뉴 프런티어! 내가 처음부터 반복해서 말했지. 이름 붙이기가 중요하다고. 비전은 자칫 공허하게 비칠 수 있어. 명확한 이름으로 쉽게 공유할 수 있어야 해.

세 번째, 목표를 향한 여정이 중도에 멈추면 안 돼. 민주당 출신의 케네디가 암살된 후 존슨 부통령이 정책을 이어받고, 그다음엔 공화당의 닉슨 대통령이 이어받고, 몇 번의 큰 사고로 우주인이 사망하는 비극에도 아폴로 계획은 중단 없이 진행되었어.

네 번째, 목표를 향해 가는 중간중간에 가시적 성과를 입증하고 보여줬지. 최초로 우주유영을 했다든지, 우주선끼리 랑데부에 성공했다든지 도킹에 성공했다든지 하는 진척 상황은 미국뿐 아니라 전 세계의 화젯거리가 되었어. 그만큼 성취하고야 말겠다는 분위기도 무르익지 않았겠니?

국회의 승인을 받고 케네디 대통령이 텍사스에 방문했을 때 했던 연설이 기가 막혀. 자네랑 한 줄 한 줄 같이 읽고 싶어서 적어 왔어.

We choose to go to the Moon,
우리는 달에 가기로 했습니다.
not because they are easy, but because they are hard;

쉽기 때문이 아니라 어렵기 때문입니다.

because that goal will serve to organize the best of our energies and skills,

그 목표는 우리가 가진 최고의 기술로 최선을 다하도록 만들 것이기 때문입니다.

because that challenge is one that we are willing to accept, one we are unwilling to postpone, and one we intend to win, and the others, too.

그 도전은 우리가 기꺼이 받아들여 결코 미루고 싶지 않은 것이며, 우리는 이번뿐 아니라 다른 도전에서도 승리하고자 하기 때문입니다.

달에 가려는 의미를 설명한 위대한 연설이야. 달에 가는 것만이 아니라 다른 일에서도 소련에 지지 않도록 국가적 단련의 기회로 삼자는 거지. 요컨대 이기는 습관을 만들자는 거야.

사소한 것이라도 포기하거나 양보하기를 반복하면 만성이 되어 조직이 쉽게 좌절하게 되거든. 자네도 작은 성취들을 통해 이기는 데 익숙한 조직을 만들어야 하네.

미션, 비전, 골… 비슷한 말 같아 헷갈려요.

음, 이번 기회에 확실히 정리해보자.

우선 미션(mission)이란 '우리 기업이 세상에 존재해야 할 이유'를 말해.

실리콘밸리의 벤처기업에 근무하다 귀국한 젊은이를 만난 적 있어. 내게 "교수님, 실리콘밸리에서 창업하는 친구들은 창업할 때 뭘 갖다 붙이든 사회적 명분을 찾아요. 그런데 우리나라 창업자들은 사회적 명분은 그리 신경쓰는 것 같지 않더라고요"라고 하더라. 귀담아들어야 할 지적이야.

제주도는 파도가 세잖아. 소라 중에 물살에 휩쓸리지 않으려고 구멍 숭숭한 현무암에 딱 붙어 껍데기에 뿔이 자란 뿔소라가 있어. 이건 자연산밖에 없지만, 그래봐야 소라여서 우리나라 사람들은 귀하게 여기지 않았지. 반면 일본에 서는 나쁜 액운을 물리치는 도깨비뿔 같다고 해서 인기가 좋거든. 그러니 대부분 일본으로 수출됐는데, 일본 업자들 이 담합해 전복의 30분의 1 가격으로 후려쳐 사 가는 문제 가 있었어.

제주도에서 태어나 대학에서 연극을 전공한 김하원이라 는 젊은이가 있어. 할머니가 해녀신데, 거친 물에 들어가 고생해서 따온 소라가 헐값에 팔리는 게 손녀가 보기에 너 무 속상한 거라. 그래서 궁리 끝에 척박한 해녀의 삶을 20 분 남짓의 멋진 연극으로 보여주고, 해녀들이 갓 잡은 해 산물로 차린 식사를 대접한 다음, 평생 물질한 90세 해녀 와 질의응답하는 시간을 갖는 프로그램을 기획했어. 그 무 대로 제주도 동쪽 끝, 종달리 해변에 버려진 창고를 극장식 식당으로 개조하고 '해녀의 부엌'이라 이름 지었지.

그런데 알겠지만 제주도에는 '해녀'가 들어간 식당이나 가게가 흔하거든. 게다가 종달리는 제주 시내에서 한 시간 넘게 가야 하니 손님을 끌기도 어렵고, 젊은 직원들을 구하 기도 힘들었어.

그러다 보니 자연스레 '제주에 식당이 이렇게 많은데, 우 리 식당이 세상에 왜 존재해야 하지?'라는 존재이유, 즉 미 션을 고민하게 됐지. 그리고 고심 끝에 '우리는 뿔소라 지킴

이'라는 사회적 명분을 찾은 거라. 그러자 구성원들의 자긍심이 고취되고, 식당도 자기다움이 더 강해졌어. 사라져가는 해녀와 청년 예술인이 만나 새로운 문화를 만드니 감동이잖아.

이제는 예약하기도 힘들 정도로 인기가 좋아서 극장식 식당을 하나 더 만들었어. 물론 해녀들이 잡은 천연 해산물도 제값에 전국으로 팔리고 있고.

미션이 존재이유라면, 골(goal)은 계량적 목표야. 이것도 매우 중요해. 성과 점검 차원에서 매출액과 이익이 얼마고, 내년에 어떻게 할 건지 계획하는 잣대가 되니까.

비전(vision)은 가슴 설레게 하는 미래의 꿈이야. 설령 실현 가능성은 낮더라도 원대한 꿈을 갖고 멀리 보는 거지.

일론 머스크는 왜 자꾸 화성에 간다고 해? "돈을 많이 벌기 위해서가 아닙니다. 인류의 미래를 위해 정말 필요하다고 생각하기 때문에 하는 것이죠"라고 했어. 스티브 잡스는 생전에 "우리는 이 우주에 조그마한 흠집을 남기기 위해 태어난 겁니다. 그게 아니라면 도대체 왜 우리가 여기에 있겠습니까(We are here to put a dent in a universe. Otherwise why else even be here?)"라는 멋진 말을 했지.

이처럼 남들은 보지 못하지만 우리는 멀리 내다볼 수 있는 시야가 담긴 담대하고 가슴 설레는 공동목표라야 비전이라 할 수 있어. 판타지가 들어 있어도 좋아, 흥미를 더 크게 유발하니까.

지금 우리나라 기업 아무 데나 좋으니 검색해서 홈페이지 열고, 회사소개에 나오는 비전들을 한번 볼까?

"우리는 존엄한 인간이 직업을 통해 자신의 능력과 개성을 발휘하고 행복한 삶을 누릴 수 있도록 지원한다." 멋있는 말인데, 구성원들의 마음에 와닿을지는 잘 모르겠지? 또 다른 회사의 홈페이지를 보자. "최고의 안전성, 도덕성, 최상의 혜택 제공, 제일 가치 있는 직장." 아름다운 표현인데 글쎄, 나는 왜 허전하게 느껴지지?

〈논어〉에 '신언불미 미언불신(信言不美 美言不信)'이라는 구절이 있어. 무슨 의미 같아? 믿음직한 말엔 꾸밈이 없고, 아름답게 꾸민 말엔 믿음이 안 느껴진다는 뜻이야.

또 다른 기업을 볼까? "수요자에게 차별화된 최고의 전문적인 서비스를 제공한다"를 비전이라고 써놓았네. 뭐, 많은 기업이 이런 수준이야. 미언, 아름다우나 공허해.

비전이란 북극성과 같은 거야. 기준점이 될 만한 지형이 없는 사막에서는 북극성을 보며 방향을 잡잖아. 북극성에 가서 무엇을 채취해 오려는 게 아니라, 길을 잃지 않고 일사불란하게 나아갈 수 있도록 나침반으로 삼는 거지. 비전의 역할이 바로 그래. 조직의 역량을 결집할 초점을 갖자는 거니까.

자네 회사도 연말이 가까워오면 다음 해의 사업계획을 짜지? 이때 숫자만 생각지 말고, 사업의 방향을 깊이 고민해서 사려 깊은 한마디 비전을 제시해보렴.

자네 조직의 북극성은 뭘까? 또한 자네 삶의 북극성은?

화성에 가자는 것처럼 가슴 설레는 비전 찾기가 쉽나요?

그래. 말이 쉽지 멋진 꿈을 갖기도, 오래 간직하기도 참 어려워. 일단 담대하게 비전을 잡고 나면 자기 자신부터 세뇌해야 하는데, 엄청난 비전을 어떻게 잡아야 할지 막막하지?

하지만 지레 낙담하지 마. 화성에 가는 원대한 꿈이 아니어도, 구성원들의 가슴을 뛰게 할 비전은 우리도 잡을 수 있어. 짐 콜린스Jim Collins의 《성공하는 기업들의 8가지 습관(Built to Last)》이라는 책에 나오는 'BHAG(비헤그)'라는 개념이 아주 유용하단다.

BHAG는 뭐지? Big Hairy Audacious Goal, 크고 대담하며 도전적인 목표를 가리켜. 그런데 솔직히 가슴에 와닿지는 않지? 그 의미를 곱씹으며 좀 더 풀어볼까?

Big! 터무니없이 커보이는, 남이 들으면 '우와!' 하는 꿈.

Hairy는? 머리가 쭈뼛 서는, 아슬아슬한, 스릴 있는 꿈.

Audacious는 뻔뻔하리만치 대담무쌍한, 말이 되나 싶게 담대한 꿈.

즉, BHAG란 한마디로 엄청 야심만만한 목표야.

현대그룹이 어떻게 조선업에 진출했느냐, 이건 널리 알려진 이야기지만 BHAG를 이해하는 데 이보다 적절한 사례는 없는 것 같으니 한 번 더 상기해보자.

정주영 회장이 조선소 건설을 위해 영국에 대출을 신청했어. 영국에서 "돈이 얼마나 필요하냐"고 물으니 "25만 톤급 다섯 척을 동시에 지으려면 6,300만 달러가 필요하다"고 했대. 그중 4,300만 달러를 외자로 조달해야 했는데, 1971년 우리나라 경제개발 예산의 15%에 달할 만큼 막대한 규모였어.

영국에는 선박 건조만 전문으로 대출심사하는 애플도어Appledore라는 회사가 있어. 그들이 일본 통산성에 한국의 건조능력을 슬쩍 물어봤더니 5만 톤 정도밖에 안 된다고 했다는 거야. 한국 정부에도 물었지. 당시 3차 경제개발 5개년 계획이 막 시작될 참이라, 정부에서 조심스럽게 5년 뒤면 15만 톤급 한 척은 만들 수 있을 거라고 대답했대. 솔직히 그때는 기술 수준이 그랬으니까.

이러니 당연히 돈을 안 빌려줬겠지. 그러자 정주영 회장이 담판을 지으러 롱바텀Charles Longbattom 애플도어 회장을 만나러 영국으로 갔어. 논의가 진전되지 않는 난감한 상황에서 정주영 회장이 500원짜리 지폐를 꺼내 앞뒷면의 거북선 그림을 보여주었지.

"여기 선박 보이시오? 영국의 철갑함(ironclad)은 1800년대 중반부터 만든 걸로 아는데, 우리는 1500년대에 이런 철갑선을 만들어 왜적을 물리친 민족이오. 우리가 근래에 산업화가 늦어져서 그렇지 잠재력이 없는 나라가 아니오."

화폐에 나와 있을 정도면 거짓은 아니겠구나 싶어서, 영국은행이 돈을 빌려주도록 애플도어가 주선해줬다는 거 아냐. 결국 아무것도 없는 울산 미포만 허허벌판에 조선소를 기공했고, 오늘날 전 세계 1등 조선소가 되었지.

아프리카 모로코 지방도시의 전자제품 파는 상점에 갔더니 한국 제품이 절반인데, 일본 제품의 거의 두 배 가격에도 잘 팔린다더군. 러시아 모스크바의 건물에 나란히 달린 에어컨은 모두 한국 제품이더라고. 한국 제품들이 어떻게 세상 구석구석을 파고들었을까. 나아가 오늘날엔 제조업을 넘어 음악, 영화, 드라마 등 이른바 'K-컬처'가 세상을 놀라게 하고 있지. 한국인의 DNA가 뛰어난 면도 있고, 개별 작품의 예술성도 정말 좋아. 그렇지만 제품이 좋다는 것만 가지고 화제의 중심이 될 수 없다는 건 여러 번 얘기했잖아.

CJ ENM에 대한 평가는 사람마다 다르겠지만, 오늘날 K-컬처가 부상하는 데 숨은 공로자인 건 부인할 수 없다고 생각해. 우리 영화계가 척박하던 시절에도 이재현 회장은 한국문화를 세계에 전파하겠다는, 당시엔 믿기 어려운 꿈과 비전을 설파하더라고. 그러더니 1995년에 드림웍스에 투자하면서 할리우드식 영화제작법을 익혀왔지. 이미경 부회장은 미국에 거주하며 톱레벨의 네트워크를 쌓아갔고. 두 남매의 '꿈과 실천력'이 우리 문화의 높은 수준을 세계에 알린 공은 인정해야 한다고 봐.

선대의 훌륭한 기업인들이 가진 원대한 비전과 흘린 땀으로 세계 일류의 조선회사, 철강회사, 전자회사를 만들고, 이제 문화강국으로도 도약하는 것 아니겠어?

자네라고 못할 게 있나? 돈 버는 기계가 되지 말고, 명분 있는 큰 비전을 가지고 한판 벌여보게.

사업을 한다는 게 산 넘어 산이지. 문제 하나를 해결하고 돌아서면 또 다른 문제가 기다리고. 그렇지만 그걸 헤쳐

나가는 게 비즈니스의 보람이자 재미 아니겠어? 내가 만난 성공한 기업인의 공통점은 긍정적이라는 거야. 옆에서 보면 포기해야 할 것 같은 순간에도 꿈이 있으니 또 앞을 향해 나아가더라고.

그나저나 정주영 회장님이 즐겨 하시던 말씀이 뭔지 알아?

"임자, 해보기는 했어?"

이게 바로 BHAG 정신이야.

담대한 비전을 품는다는 게 멋지지만, 여전히 막연하네요.

좋아, 그 마음 이해해. 구체적으로 BHAG를 잡는 방법 몇 가지를 일러줄게.

첫째, 뚜렷한 목표(clear objective)를 설정하는 거야.

빌 게이츠와 폴 앨런이 처음 마이크로소프트를 시작할 때를 회상하며 이렇게 말하더라. "우리는 소프트웨어에 대해 커다란 꿈이 있었습니다. 우리는 가정마다 책상마다 컴퓨터 한 대씩 올려놓을 방안을 논의했습니다."

'가정마다 책상마다(a computer on every desk and in every home)'라고 하니 '10년 뒤 3,000만 대를 팔자'는 것처럼 막연하지 않고 목표가 가시화되어 딱 떠오르잖아. 목표는 굉장히 커야 하지만, 동시에 뚜렷해야 해.

아마존은 전자책 뷰어 킨들을 내놓으면서 "어떤 언어로 인쇄된 책이든 우리 아마존에서는 60초 안에 구할 수 있게 하겠습니다(Every book, ever printed, in any language, all available in less than 60 seconds)"라고 천명했어. 굉장히 구체적이지.

둘째, 기존의 사업내용을 바탕으로 사업방향을 담대하게 전환(business transformation)하는 것도 한 가지 방법이야.

메인프레임 컴퓨터 업계의 최강자였던 IBM은, 애플이 개인용 컴퓨터(PC)를 만드니 자기네도 1984년에 IBM PC를 만들기 시작했지. 이어 1992년에는 애플의 랩탑, 파워북PowerBook을 흉내 내 씽크패드ThinkPad를 선보였어. 그렇지만 애플에 끌려다니는 모양새인 건 다를 바 없으니 이제 곧 거대한 골리앗처럼 무너지겠구나 싶었지. 설상가상으로 40년이나 회사를 이끌던 톰 왓슨Thomas Watson Jr. 회장이 1993년에 갑자기 사망하는 바람에 급하게 외부에서 CEO를 영입해야 했어. 아멕스Amex와 나비스코Nabisco의 대표를 거친 루 거스너Louis Gestner였는데, 하필 컴퓨터 사업에는 문외한이네? 그런데 그게 오히려 강점이 되어 회사를 완전히 턴어라운드시켰으니 재미있지.

그 이야기가 《코끼리를 춤추게 하라(Who Says Elephants Can't Dance?)》라는 책에 자세히 나오는데, 원서 제목의 뉘앙스는 '누가 코끼리는 춤출 수 없대? 우리는 몸집이 커도 가볍게 춤출 수 있어'라는 의미를 담고 있어. 책에는 이런 내용이 나와.

"돌아가신 선대 회장이 남겨주신 게 굉장히 많았습니다. 경영방식도 남겨주고, 시장도 남겨주고, 기술도 남겨주었죠. 그중에도 가장 중요한 유산은 단 세 단어로 요약할 수 있었습니다. 'IBM means service.' 즉 우리는 컴퓨터라는 기계를 파는 것이 아니라 신속 정확히 계산하고, 통신이 원활히 되는 상태를 파는 것임을 깨달았지요."

서비스(service)라는 말을 달리 해석하면 솔루션(solution)이라 할 수 있어. 솔루션을 제공하려면 시스템(system)을 잘 만들어야 하고, 시스템을 효율적으로 운영할 소프트웨어(software)가 있어야 해. 이렇게 보니 IBM이 충분히 잘할 수 있는 일이잖아? 그래서 사업의 방향을 메인프레임 컴퓨터 제조회사에서 컨설팅 회사로 크게 전환하지.

IBM 홈페이지를 보면 공급망 관리부터 보안은 물론이고 심지어 마케팅과 세일즈, CRM, 블록체인, AI 등 뭐든지 다 한다고 돼 있어. 그들의 슬로건인 'Refocus everyone as a customer'는 크고 작은 기업 누구나 다 고객이 될 수 있다는 각오로 접근하자는 의미야.

쇠락의 길을 걷던 공룡기업 IBM은 사업방향을 재편하고 10년 만에 시가총액 290억 달러에서 1,680억 달러의 회사로 성장했어. 안 그래도 큰 기업이 사업방향을 확대 전환함으로써 말도 못하게 거대한 기업으로 탈바꿈한 거지.

우리나라에도 사업의 방향을 담대하게 바꿔 세계적인 기업이 된 사례가 있어. 바로 삼성이 그렇지. 제당, 모직, 보험, 백화점, 제지, 호텔, 광고 등 소비재 사업을 주로 하던 회사가 미래산업의 쌀이라 불리는 반도체에 눈을 돌린 게 1983년의 일이야. 삼성전자가 반도체 사업을 시작했을 때 성공을 내다본 사람은 별로 없었을 거야.

이런 대담한 결정을 하려면 독수리처럼 높이 날아야 해. 그래야 멀리 보잖아. 그런 안목을 쉽게 가질 수는 없지만, 좋은 참고가 될 책이 있어. 김용준 기자가 쓴 《지행33훈》이라는 책인데, 이건희 회장의 말씀들을 잘 정리했더군. 찬찬히 읽어보면 큰 그림 갖는 법을 배울 수 있을걸세.

이건 곁가지 얘기지만, 한국경영학회는 해마다 '경영자 대상'을 수여해. 1993년에 이건희 회장을 수상자로 정했는데, 그분이 대중 앞에 나서는 편이 아니라 시상식에 오실까 싶었지. 다행히 오시겠다는 거야. 얼굴도 뵐 겸 수상소감도 들을 겸, 나도 시상식장에 갔어. 다들 비슷한 마음이었는지 여느 때보다 경영학 교수들이 많이 모였더라고. 워낙 과묵한 분이라 무슨 말씀을 하실까 궁금했지.

"저희가 하는 반도체 사업은 어마어마한 장치산업이라서 여태 번 돈을 다 넣어 기가급 반도체 공장을 짓고 있습니다. 그런데 각국의 반도체 기술 발전이 하도 빨라서 언제 추월당할지 늘 조마조마합니다. 이러다 뒷덜미 잡히면 여태까지 번 걸 한 번에 날리는 거예요. 저희가 뒤처지지 않으려면, 자동차 사업을 해야 합니다. 지금 자동차 사업에 진출해봐야 이익은 남기기 어렵습니다. 그런데 미래의 자동차는 전자 덩어리가 될 것이거든요. 이 사업을 해야 저희가 어떤 반도체를 개발할지 아이디어를 얻고 지속적으로 앞서갈 수 있습니다. 정부 허가를 받고자 하는데 여러분이 도와주셔야 하니 잘 부탁드립니다." 알고 보니 경영학 교수들의 협조를 얻으려고 오신 거라.

대단한 혜안이지. 아마 그분이 원하는 대로 자동차 사업을 계속했더라면, 지금쯤 반도체는 물론 세계의 전기자동차 업계도 선도하는 기업이 되었을지 모르는 일이야.

셋째, 엄청난 롤모델(role model)을 설정하는 거야. 롤모델을 선정하는 건 간단하면서도 구성원들의 사기진작 효과가 금세 나타나는 방법이거든. 특히 신생기업이나 덜 알려진 기업이라면 롤모델과 비슷한 방향으로 가고 있다는 전략적 의지(strategic intent)를 보여주는 것만으로도 큰 도움이 되지.

쉐이크쉑 버거Shake Shack는 잘 알지? USHG(Union Square Hospitality Group)에서 운영하는데, 이외에도 그래머시 태번Gramercy Tavern, 블루스모크Blue Smoke, 더모던The Modern, 타코시나Tacocina, 마이알리노Maialino, 마르타Marta, 포치라이트Porchlight, 세드릭스Cedric's 등 뉴욕에서 최고의 화제를 불러일으키는 다양한 식단의 레스토랑들을 관리 운영하는 회사야.

우리나라의 GFFG는 다운타우너 햄버거로 알려지기 시작해 노티드 도넛, 한식 호족반, 클랩피자, 중식 웍셔너리, 이태리식 리틀넥 등으로 끝없이 넓혀가고 있는데, 이 회사의 롤모델이 바로 USHG야. 이렇게 분명한 롤모델이 있으면 구성원들과 지향하는 방향을 공유할 수 있어 추진력이 생겨. 구성원들을 자발적으로 움직이게 하는 것은 다름 아닌 뚜렷하게 공유되는 목표니까.

반드시 동일한 분야가 아니어도 좋아. 지로Giro라는 회사 알아? 고글이나 스포츠 의류도 판매하지만, 헬멧이 주종목이야. 이 회사의 목표는 "Become the Nike of the cycling industry." 자전거 산업의 나이키가 되겠다면서 나이키가 하는 것을 그대로 흉내 내며 좇아가고 있어. 이처럼 그저 비슷한데 조금 앞서가는 회사가 아니라 엄청나게 잘

나가는 회사가 롤모델일 때 BHAG의 효과가 더 커져.

넷째, 공동의 적(common enemy)을 설정해보는 거야.

일본 기업들은 대부분 겉으로는 얌전한데 혼다는 조금 달라. 전투력이 꽤 강하거든. 덕분인지 세계적으로 자동차 기업들은 이합집산이 심하지만 혼다는 한 번도 흔들린 적이 없어.

혼다가 오토바이도 만들잖아. 혼다는 오토바이 시장의 많은 경쟁자 가운데 야마하만 공략해. 한 놈만 패는 거야. 야마하가 신제품을 만들면 혼다도 똑같이 만들어. 색깔만 좀 다를 정도야. 노골적으로 "우리의 적은 야마하다"라고 얘기하면서 구성원에게 공동의 적을 지목하는 거야. 야마하를 깰 거다, 그게 혼다의 공동목표고, 이게 강력한 응집력을 발휘하지.

이와 비슷하게 나이키는 "Crush Adidas(아디다스를 뭉개버려)"라고 공공연히 부르짖어. 공동의 적을 만들어 공격하는 것도 확실한 목표설정의 방법이 되지.

히틀러 정권의 선동가 괴벨스Paul Goebbels의 내면세계와 생각들을 파헤친 《괴벨스, 대중 선동의 심리학(Goebbels)》이라는 꽤 두꺼운 책이 있는데, 시간 될 때 한번 읽어보렴. 나쁜 짓을 많이 한 악당이지만, 그가 대중 선동을 어떻게 했는지 참고할 필요는 있어. 그가 말하길 "분노와 증오는 대중을 열광시키는 가장 강력한 힘"이래. 그러면서 유대인 증오에 초점을 맞추어 대중이 한눈팔지 않고 전쟁 준비에 몰두하게 만들어 나치스 정책 수행에 중대한 역할을 했잖아. 공동의 적을 설정하면 집단의 에너지를 한데 모을 수 있어. 스포츠 경기에서 응원이 발휘하는 힘도 그런 맥락 아니겠니?

얘기가 길었는데, 원대한 비전에 버금갈 크고 대담하며 도전적인 목표(BHAG)를 잡는 방법을 정리하자면…

첫째, 대담하리만치 큰 목표를 설정하되, 피부에 와닿도록 뚜렷하고 구체적으로 가시화한다.

둘째, 먼 미래를 바라보며, 사업의 방향을 담대하게 전환 내지 확대해본다.

셋째, 엄청나게 잘나가는 기업을 롤모델 삼아 흉내 내며 좇는 것을 목표로 한다.

넷째, 뻔뻔하도록 노골적으로 공동의 적을 설정하고 밟아버리겠다는 목표를 정한다.

강력한 BHAG는 구성원들의 의욕을 한껏 고취하고, 능력을 최대한 발휘하게 해 조직력 강화에 큰 도움이 된다.

말도 안 되게 거창한 목표설정이 효과가 있긴 한가요?

자네 〈포드 v 페라리〉라는 영화 보았다며? 그게 1960년
대 배경의 실화잖아.

그 시대는 미국 역사상 처음으로, 비즈니스에서 젊은 자
녀들이 부모 세대보다 구매자로서 더 중요해진 때야. 우리
나라도 요새 그렇듯이.

절약 정신이 배어 있는 부모 세대는 자동차를 구매할 때
안락함이나 신뢰성이 판단기준이었지만 젊은 세대는 스포
티하고, 섹시하고, 스피드라든지 퍼포먼스가 더 중요했지.
포드가 그런 기류를 감지하고 돈을 엄청 들여서 개발한 차
가 에드셀Edsel이야. 사진 한번 찾아봐봐. 어때, 멋지지?

그런데 이 자동차가 마케팅 교과서에는 최대 실패 사례
로 종종 거론되거든. 아니, 시장조사도 그렇게 많이 하고
최선을 다해 만들었는데 왜 대실패작일까?

아무리 젊은 사람들의 생각을 짐작한다 해도 기성세대인 경영자와 기술자들이 여전히 자기 고정관념을 벗어나지 못한 채 디자인하고 제조해서 그래.

이때 곤경에 처한 포드를 구한 사람이 나타났으니, 리 아이어코카Lee Iococca야. 마케팅 담당임원이던 그는 포드가 살아남으려면 어설프게 하면 안 되고 담대한 목표, 말도 안 되게 높은 목표를 세워 도전해야 한다며, '르망24(24 Hours of Le Mans)' 대회에 출전할 것을 경영진에 제안하지.

이 대회는 내구성을 경쟁하는 레이스 경기야. 24시간 동안 운전자는 교대하지만 차는 쉬지 않고 계속 달리기 때문에 가장 잘 버티면서도 빠른 차를 가릴 수 있지. 포르쉐, 페라리, 애스턴마틴 등의 명품 스포츠카들만 출전하는 대회라 포드는 그동안 명함도 못 내밀었어. 그런데 경영진을 겨우 설득해 '지옥의 레이스'라 불리는 르망24에 처음 출전하기로 한 거야.

아이어코카는 6연패를 차지한 페라리에 대항하기 위해 이 대회 우승 경험이 있는 자동차 디자이너 캐럴 셸비와 고집불통이지만 실력과 열정은 최고인 레이서 켄 마일스를 영입했어. 그러고는 마침내 높은 장벽을 넘어 페라리랑 붙어서 이겼잖아. 그때 출전했던 차량이 GT40이고, 이 스포츠카 엔진을 머스탱Mustang에 얹고 디자인을 개선한 게 하락세의 포드 이미지를 부활시키는 계기가 되었지.

미국의 경영자가 〈타임〉 표지에 실리기는 굉장히 어려운데 아이어코카는 세 번이나 나왔어. 머스탱을 성공시켜서 한 번, 크라이슬러로 이적한 후 미니밴을 성공시켜서 두 번, 그리고 미국산 제품에 대한 신뢰를 역설한 애국자로 세 번째 표지를 장식했지. 2019년에 94세 일기로 사망했는데, 당시 〈뉴욕타임스〉의 부고 기사를 보니 "비전을 가진 이 자동차 제조업자(visionary automaker)가 포드를 살려냈고, 크라이슬러를 살려냈고, 미국산 제품을 살려냈다"라고 썼더라.

내가 그동안 수많은 경영자를 만나봤는데, 그들의 공통적인 성공요소는 딱 두 가지야. 상상력과 추진력. 남들이 보지 못하는 걸 상상해서 비전을 품고, 비전을 말로만 끝내는 게 아니라 어떻게든 밀고 나가는 추진력이 있더라고.

비전은 목표를 향해 독자적이고 동시에 협력적으로 활동하는 데 지침이 되는 '보이지 않는 손'이야. 리더는 구성원에게 끊임없이 비전과 희망을 주어야 하지. 비전과 희망을 담은 리더의 상상력과 그 상상력을 실천으로 옮기는 추진력이 구성원들을 즐겁게 일하게 만드는 것 아니겠니.

빌 게이츠의 여러 명언 중에서 내가 가슴에 담아두는 말이 있어.

"대부분의 사람이 앞으로 1년 동안 할 수 있는 일에 대해서는 과한 목표를 세우면서, 10년 동안 할 수 있는 일은 과소평가한다(Most people overestimate what they can do in 1 year, and underestimate what they can do in 10 years)."

기왕 경영자가 되었으니, 멀리 보며 크고 담대한 목표를 세우게나.

비전중심 경영이 효과적으로 뿌리내리려면
어떻게 해야 할까요?

이제 자네 회사는 순발력으로 버티던 시점을 벗어나 시스템을 안착시켜야 하잖아. 이럴 때 공동의 목표를 비전으로 제시하면 안정적 성장을 도모할 수 있지. 그러려면 스타트업의 무질서에서 벗어나도록 체질이 바뀌어야 해.

고심해서 생각한 비전을 제시하는 일은 기업의 장기적인 성공을 추동하는 중요한 모멘텀이 된단다. 체질개선에 성공한 기업은 일련의 유사한 과정을 거쳤더라고. 각 단계마다 유의할 점을 알아볼까?

1단계에서는 위기감을 충분히 고조시켜야 해. 위기감을 공유해서 구성원들을 참여의 장으로 끌어내지 못하면 체질개선 노력은 출발부터 초점을 잃고 말아. 실제로 기업의 절반 정도가 이 단계에서 실패하더라. 왜냐고? 사람들에게 변화를 강요하는 게 얼마나 어려운 건지 과소평가하기 때문이지.

체질개선의 첫발을 잘 떼려면, 적어도 관리자층의 70%는 현상유지를 포기할 정도로 문제를 공론화하고 위기감을 조성해야 해.

2단계에서는 강력한 혁신주도 그룹을 창출해야지. 체질개선에 광신적이라 할 만큼 신념이 확고하고 열의에 찬 그룹 말이야. 강력한 추진세력이 결성되지 못하면, 오래 못 가서 변화를 거부하는 힘들이 결속돼 개선을 중단시키고 말지.

3단계에서는 비전을 충분히 커뮤니케이션해야 해. 비전은 복잡하면 안 돼. 비전을 5분 이내로 설명해 듣는 이들의 이해와 흥미를 자아낼 수 없으면, 아직 세 번째 단계가 준비되지 못한 거야.

변화란 유익한 것이고 달성가능하다는 믿음이 구성원들에게 있어야 힘들어도 앞으로 전진하지. 그러니 다양한 경로로 충분히 소통해서 그들의 마음과 생각을 붙잡아야 해. 비전을 일회성 단합대회 행사 같은 데서 발표하고 끝내거나 리더가 일장연설로 설명하는 식으로는 구성원들의 이

해도 공감도 얻지 못할 거야.

4단계에서는 변화에 동참하려는 이들을 본격적으로 더 많이 확보해야 해. 소수 핵심주체들의 비전을 고취하는 것만으로는 부족하거든.

최악의 장애물은 변화를 거부하고 비전에 역행하는 요구를 하는 중간리더들이야. 놀랍게도 이런 리더들이 적지 않아. 그들의 이유는 다양한데, 개선해봐야 효과가 없다고 생각하거나, 회사의 변화에 개인적인 위기감을 느끼는 경우, 또는 변화와 함께 달성해야 할 성과목표에 겁을 먹은 경우 등이야.

리더들이 혁신의 걸림돌로 부상하는 순간 조직에 냉소주의가 자라나고, 체질개선 노력은 붕괴되고 말아.

5단계에서는 단기적 목표를 수립하고 성과를 창출해야 해. 진정한 체질개선은 오랜 시간이 걸리는 대장정이야. 그런데 변화가 가져다주는 성과가 금방 눈에 보이지 않으면 사람들이 체질개선을 포기하거나 변화를 저지하는 무리에 합류하기 쉽지.

반대로 단기목표 성취에 대한 압박이 있으면 긴박감을 유지할 수 있어. 그러니 품질 향상이건 시장점유율 개선이

건 신제품 개발이건, 변혁의 대장정 중간중간에 가시적 성과를 보여줄 수 있는 단기목표를 수립하고 성과를 입증해야 해.

　6단계까지 왔다면 아마 조직에 조금씩 성과가 나타나기 시작했을 거야. 그러나 성급하게 승리를 선언해서는 안 돼. 성과를 자축하는 것은 좋지만 잘못하면 실패를 자초하게 되거든. 변화가 기업문화에 깊이 뿌리내리기까지는 3~5년의 시간이 필요해. 그때까지 체질개선은 언제든 짓밟힐 수 있는 여린 싹일 뿐이야.

　마지못해 변화에 동참했던 이들은 진전의 조짐이 보이면 얼른 성공이라 결론짓고 싶어 하지. 그러면 아이러니하게도 변화를 중단시키고자 기회를 엿보던 세력이 재빨리 이 열광의 대열에 합류해. 승리의 축하연이 끝나고 나면 지친 병사들은 승리를 믿고 싶어 하고, 전선에 복귀하기를 망설여. 그렇게 변화는 중단되고, 여태 하던 대로 안주하게 돼.

　혁신에 성공하려면, 승리를 선언하는 대신에 단기적인 성공으로 얻은 신뢰를 활용해서 조금씩 더 큰 문제에 도전하도록 해야 해. 일반적으로 체질개선의 가시적인 첫 성과는 3년이 지나야 얻을 수 있고, 5년은 되어야 정점에 도달할 수 있어. 그러니 호흡을 길게 가지렴.

마지막 7단계는 변화가 기업문화에 뿌리내리도록 하는 거지. 변화가 기업의 혈맥에 스며들어 일상의 습성으로 자리잡는 단계야.

그러려면 새로운 접근법, 새로운 태도, 새로운 행동이 성과를 어떻게 향상시키는지 구성원들에게 보여줘야 해. 그렇지 않으면 성과를 변화와 연결하지 않고 리더의 개인적 역량이나 카리스마의 결과로 치부하는 등, 엉뚱한 해석을 하게 되거든.

스타트업을 벗어나 퀀텀 점프의 단계에 들어서면 구성원들은 너도나도 체질개선의 필요성을 외치지. 그러면서도 그들은 본능적으로 변화를 두려워한다는 사실을 리더는 직시해야 한단다. 사람들은 미지未知의 세계로 뛰어드느니 익숙해진 고통에 안주할 만큼 변화를 싫어하거든. 앞에 말한 단계를 염두에 두며 한 발자국씩 앞으로 나아가기 바란다.

7장

———

Complementarity

어떻게 하면
조직과 구성원이 함께 클까

조직이 커가면서 구성원들의 마음이
내 마음 같지 않아요.

'주인의식'이란 말이 구닥다리 용어 같지만, 막상 조직을 운영해보니 가장 아쉬운 요소지?

구성원들이 '주인의식'이라는 말을 들으면 뭐라고 생각할까? '주인처럼 밤낮없이 회사 생각하라는 거잖아. 월급은 쥐꼬리만큼 주면서…'라고 하지 않을까? 월급 받는 사람은 받은 만큼 일하면 된다고 생각하는데, 그런 마당에 주인의식을 가지라느니 주도적으로 일하라고 말하면 꼰대인 거지.

설령 그들이 솔선수범하려는 마음을 먹었다 해도 자기 마음대로 할 수 있는 게 거의 없고, 회사가 시킨 일을 하기에도 벅차다면 어떻게 '내가 주인이다'라는 생각을 하겠어?

이게 모두 주인의식이란 말에 대한 오해 때문인 것 같

아. 주인의식이란 '주인의 관점에서 업에 대한 컨셉을 가진다'는 뜻이야. 동네 작은 가게라도 주인은 전체적인 그림을 머릿속에 그리니까.

요새 자율경영, 수평조직, 워라밸 이런 말이 많이 나오는데, 이 좋은 것들도 구성원들의 주인의식이 없으면 백날 시도해봐야 소용없어.

무엇보다 조직이 성장할 때는 구성원 자신도 성장한다는 느낌이 들어야 해. 앞에서 미래의 비전에 구성원 모두가 공감해야 한다고 말했는데, 담대한 꿈이라면서 리더의 개인적 욕심이나 꿈을 비전으로 설정하면 자칫 구성원들의 공감을 얻지 못해. 그러다 보면 구성원들은 그 비전에 맞춰 일하긴 하지만, 자신보다는 조직을 위해 시간을 희생한다고 느끼기 쉬워.

배달의민족 김봉진 의장은 구성원들이 원하는 것을 알고 싶어 "여러분이 만들고 싶은 회사는 뭐냐"고 물었대. 그랬더니 의외로 굉장히 사소한 것들이었다지. '자율출근을 하고 싶다', '야근이 없으면 좋겠다', '바람을 쐴 수 있는 테라스가 있으면 좋겠다', '유명인사를 초청해서 강연을 듣고 싶다' 같은 것들.

이런 작은 꿈을 이루게 해준다면 큰 꿈을 이루도록 구

성원들의 능동적인 참여를 끌어낼 수 있겠다 싶었대. 자신을 희생하면서 회사 다닌다고 생각하는 것과, 자신의 말이 조금씩 실현되는 것을 실감하는 건 차원이 다른 얘기니까. 그래서 배민은 구성원들의 꿈을 모아 '버킷리스트'라는 포스터로 만들어 사무실 벽에 붙이고는 하나하나 이뤄지는 모습을 보여줬어.

많은 조직에서 창업자의 철학과 미래에 대한 비전을 강요하다시피 하지. 그런데 직원들이 자신의 작은 꿈도 이루어진다는 것을 체험하면, 큰 꿈도 함께 이룰 수 있다고 생각하게 되지 않을까?

조직이 돌아가는 전체적인 그림을 구성원들이 이해하게 하는 것도 주인의식을 갖게 하는 좋은 방법이야. 현대카드 임원들은 '포커스 미팅(Focused Meeting)'이란 것을 해. 회사의 특정 과제를 놓고 모든 임원이 참여해 난상토론을 벌이는 거야. 최적의 답을 찾는다기보다는 CEO의 관점에서 문제들을 보도록 훈련하는 자리에 가깝지.

그런가 하면 중간관리자와 직원들은 '홈 앤드 어웨이 (Home & Away)'라는 제도를 만들어서 한 달에 하루는 다른 부서의 업무를 해본다더라. 예를 들어 재무 본부와 마케팅 본부의 직원들이 서로 업무를 바꿔 하루 동안 책임지는 식이지. 이러한 훈련은 큰 그림을 가지고 자신의 업무를 바라보는 데 도움을 주는 것 같아. 업계를 선도하는 대기업에 다니면서도 큰 그림 없이 주어진 일만 잘하면 된다고 생각하는 사람들이 꽤 많거든.

스톡옵션이나 종업원지주제는 주인의식을 갖게 하는 직접적인 방법이 되겠지. 눈에 띄게 성장하고 있는 '대학내일'의 김영훈 대표는 최대 주주이지만 지분이 12%뿐이고, 88%는 220명의 구성원들에게 나눠줬대. 〈롱블랙〉과의 인터뷰에서 김 대표는 그 이유를 이렇게 설명하더라.

"구성원들이 주인의식을 가져야 회사가 잘된다고 하잖아요. 주인의식을 가지려면 진짜 주인이 되어야 한다고 생각했어요. 주인이 된다는 건 회사를 소유할 권리, 이익을 분배받을 권리, 정보를 공유받을 권리, 의사결정에 참여할 권리를 포함해요. 그 방법의 일환으로 사원주주제를 만든 것이고요." 나아가 주식만 나눈 게 아니라 직원평의회를 통해 조직의 중요한 의사결정을 내린다는군. 모양만의 종업원지주제가 아닌 적극적이고 투명한 시스템 같아.

준오헤어는 역사가 40년이나 되었고 직영점이 180개나 돼. 직원이 3,600명인데 그중에 10년 이상 근무한 직원이 250명이 넘고, 20년지기도 50명이 넘거든. 미용업계에서

장기근속자가 이렇게 많은 건 드문 경우지. 강윤선 대표 이야기는 더 흥미로워. "잘되는 매장에는 주인이 없어도 주인이 있어요"라더라. 모두가 주인의식을 갖고 있으면 따로 감독하거나 지시하지 않아도 주인처럼 일처리를 한다는 말이지.

준오헤어에서는 구성원들의 성장욕구도 끊임없이 자극해. 무엇보다도 견습생으로 시작해 점장이 된 사례를 수시로 눈앞에서 보니까, 나도 저렇게 될 수 있다는 희망이 구성원들에게 주인의식을 심어주는 것 같아. 주인의식 가지라고 말로만 하는 건 하나 마나 한 소리야. 언젠가 강윤선 대표에게 미용업의 본질이 뭐냐고 물으니까 '피플 비즈니스(People Business)'라고 답하더라. 구성원들의 스킬 훈련 못지않게 주인의식을 바탕으로 긍지를 높이는 교육에 엄청 심혈을 기울이더군.

토스에는 프로덕트오너(Product Owner), 즉 PO라 불리는 미니 CEO가 있더라. 그들은 각자 사일로(Silo)라고 하는 60여 개 담당 조직을 맡아 운영해. 말하자면 작은 스타트업 같은 건데, 철저한 자율성을 가지고 새로운 제품이나 서비스를 만들어 출시하지. 사업개발뿐 아니라 전략, 마케팅, 채용, 법률적 문제해결까지 독립적으로 의사결정하더군. 책임감이 크지만 주도적으로 업무를 할 수 있어 성취감도 크니 자연스레 주인의식이 생기는 것 같아.

하지만 PO가 하는 일이라고 다 성공하겠어? 실패하는 사일로도 아주 많대. 그런데 실패하면 파티(Failure Party)를 열어 축하해준다는 거야. 이런 이벤트를 거치면서 교훈도 되뇌고, 유사한 실패를 반복하지 않겠다는 다짐을 스스로 하게 되겠지. 자기 사업을 하는 주인들도 실패를 통해 책임감도 성취감도 쌓아가며 성장하는 거니까.

배달의민족 사옥 벽에 이런 글이 새겨져 있어.

"평생직장 따윈 없다. 최고가 되어 떠나라!"

이처럼 개인의 성장욕구를 건드릴 때 주인의식이 생긴다는 걸 기억하렴. 각자가 자기발전을 도모하다 보면, 회사도 발전하는 것 아니겠어.

주인의식은 내부브랜딩과도 통하는 의미인가요?

그렇지. 주인의식을 공유한다는 것은 업의 개념을 내재화 또는 체화한다는 거니까. 요즘 마케팅학계의 가장 큰 화두가 내부브랜딩(internal branding)이야. 외부브랜딩(external branding)에 상대되는 말이지.

나이키의 'Just do it'이나 애플의 'Think different'는 기업 외부의 고객들도 다 알잖아. 그러나 외부에서만 주창할 것이 아니라, 그 진정한 의미를 내부 구성원들이 동의하고 공감하여 먼저 체화해야 임팩트가 생겨. 우리 브랜드가 이러저러한 것을 추구한다는 브랜드 개념을 공유하는 과정을 자꾸 거치다 보면, 구성원들에게 개념이 체화되어 그 기업만의 색깔로 드러나게 되거든.

"Language is the house of being"이란 말이 있어. 언

어는 어떤 존재가 사는 집이라는 거지. 독일 철학자 하이데 거가 한 말이야. 이어서 "In its home, man dwells"라고 했어. 결국 인간은 언어라는 집 안에 살고 있다는 뜻 아닐까.

명절 때, 오랜만에 손주가 할아버지 댁에 놀러왔다고 해봐. 너덧 살 까불이한테 "할아버지께 배 깎은 거 갖다드려라" 하면 두 손으로 조심조심 들고 가서 "할아버지, 배 드세요" 그럴 거잖아. 그러면 할아버지는 뭐라 하셔? "아이고, 이 녀석 이제 다 컸구나. 점잖아졌어." 이 말을 들은 아이는 그 하루라도 점잖은 척하려고 해. '점잖다'는 말에 걸맞게 행동하려 하지.

기업에서는 브랜드 컨셉이 그런 언어의 역할을 해. 어떤 언어의 집을 짓느냐와 그 컨셉이 조직에 얼마나 잘 녹아들었느냐가 내부브랜딩의 성과를 좌우하지.

독일 태생의 미국 건축가 미스 반 데어 로에Mies van der Rohe가 "God is in detail(신은 디테일에 있다)"이라고 한 말은 들어봤을 거야. 이 말의 진정한 의미가 뭘까? 세세하게 살펴보라는 뜻일까?

내게는 컨셉이 싱크로나이즈(synchronize), 즉 구석구석에 녹아들어야 한다는 말로 들려. 회사의 입구에서부터 서비스와 지원 시스템에 이르기까지 자네 회사의 모든 곳에 브랜드가 가진 의미가 배어 있는지 점검해봐. 이걸 얼마나 꼼꼼히 잘하느냐에 따라 장기적 성패가 좌우되는 것 아닌가 싶더라.

군더더기는 과감하게 버리고 본질만 남긴다는 디자인 철학을 표방하며 시작한 무지는 화제를 불러일으키며 승승장구했지. 그런데 기업공개 이후 무리하게 사업을 확장하다 38억 엔이나 되는 적자를 내며 위기에 직면해. 이걸 턴어라운드시킨 인물이 타다미쓰 마쓰이Tadamitsu Matsui야.

프랜차이즈 중에는 인테리어나 고객응대 방법 등에 대한 세세한 지침 없이 각 매장이 알아서 하는 경우가 있는데, 무지도 그랬나 봐. 마쓰이 대표는 취임 이후 적자를 해결하는 건 '구조의 힘'이라며, 누가 점장이든 동일한 매장 분위기를 연출할 수 있도록 무지그램(Mujigram)이라는 매뉴얼을 만들었어.

무지그램은 13권의 두꺼운 파일로 이루어졌어. 매장에 서기 전 준비, 계산대 업무, 고객 응대, 배송, 매장 조성, 상품관리, 경리, 노무관리, 위기관리, 출점 준비, 점포관리, 점포 시스템, 파일 정리까지 2,000페이지에 걸쳐 정리한 상세한 지침서야. 일본은 매뉴얼 사회니 이게 아주 잘 먹힌 것 같아. 적자에 허덕이던 무인양품은 무지그램을 만들고 2년 만에 반등에 성공해 세계적인 브랜드가 되었거든. 이런 시스템뿐 아니라 마인드도 싱크로나이즈되어 구성원들이 컨셉을 공유한다면, 그게 바로 내부브랜딩 아니겠어?

《오래 가는 것들의 비밀》에서 이랑주 저자는 처음 매장을 열 때 한 개가 아니라 100개를 기준으로 생각하라고 하더라.

그래야 내가 아니라 고객 관점에서 사업을 생각하게 되고, 그래야 어떤 일을 하든 분명한 이유를 가지고 임하게 된다는 거야. 또 그래야 누가 하든 결과는 같아야 한다는 사실을 깨닫게 되고, 그래야 오늘의 일만이 아니라 미래의 일과도 연관 지어 생각하게 된다고 말하는데, 전적으로 동감이야.

내부브랜딩이 '자기다움'과는 어떻게 이어지나요?

브랜딩의 핵심은 자기다움 만들기라고 봐. 시간이 지나면서 조직도 커지기 마련인데, 조직이 커지면 회사의 생각이 내부적으로 공유되지 못하는 경우가 많아. 회사의 비전과 생각은 모든 조직원이 공유하고 체화되어야 하는데, 직원 교육에 아무리 신경써도 체화되지 않으면 소용없으니 더 어렵기도 하지. 그걸 가능케 하는 게 바로 내부브랜딩이야.

만약 도전정신과 열정을 강조하는 스포츠 브랜드가 내부적으로는 축 처져 있다면 어떻겠어? 아무리 그런 메시지를 소비자들에게 던져도 안 통해. 나이키가 사내에서 끊임없이 '도전' 문화를 만들려 노력하는 게 그런 이유겠지. 브랜드 본연의 '자기다움'을 내재화하기 위해 공을 들여야 해.

배달의민족은 내재화에 성공한 대표적인 케이스야. 스스로 표방하는 'B급 문화'를 내재화하기 위해 일상적으로 훈련을 많이 하더라. 그 아래에는 한결같이 흐르는 '맥'이 있어. 어설프게 하는 척하는 것은 의미가 없고, 자연스럽게 그 문화에 젖어들게 만드는 게 핵심이야.

자세한 것은 자네도 읽었을 《배민다움》을 보면 되고, 다양한 사례가 있지만 그중 한 가지만 소개해볼까?

잡지는 다른 인쇄매체보다 타깃이 분명하잖아. 배민은 타깃별로 광고를 만들기로 하고 매달 새로운 잡지에 광고를 게재해. 〈싱글생활연구소〉에 낸 광고는 "닭다리도 짝이 있는데…", 〈한경비즈니스〉에는 "주식 오르면 뭐하겠노, 치킨 사묵겠지." 〈굿모닝 팝스〉에는 "치킨 아니고 췌킨" 이런 식이야. 배민이 표방하는 B급스러움이 고스란히 담겨 있지. 이런 기막힌 광고문구를 누가 만들까? 브랜딩팀? 홍보팀?

배민의 직원이 다 모이는 단톡방이 있대. 거기에 "이번에는 소프트웨어 잡지입니다" 하고 공지하면 누구라도 단톡방에 광고문구를 올리기 시작해. 그중에 고르고 고르는 거지. 소프트웨어 잡지에는 '먹을 땐 개도 안 건드린다'를 패러디한 "먹을 땐 개발자도 안 건드린다" 같은 거. 다음 달에는 웨딩 잡지. "다이어트는 포샵으로." 웹 잡지는 "닭

java 먹자." 이런 카피를 구성원 전체가 참여해서 만들어.

이렇게 함으로써 무슨 효과가 있을까? 그들이 만들고자 하는 B급 문화를 외부의 잡지 독자뿐 아니라 구성원들에게도 체화시키는 거야. 해보니 직원들도 재밌거든. 이번에는 내 것이 채택됐으면 좋겠으니, 퇴근길 전철에서도 궁리한다니까.

배민을 얼핏 보면 자유롭게 노는 문화 같지만, 그들은 허투루 하는 일이 없어. 'B급 문화'에 초점을 맞추었으면 내부에서 먼저 내재화해야 외부에서도 B급 문화를 리드해 갈 수 있다는 걸 잘 알고 있는 거지.

직방에서 발행하는 매거진 〈디렉토리〉에서는 직방의 타깃인 MZ세대 1~2인 가구의 주거 라이프를 볼 수 있어. 넉넉지 않은 예산으로 원룸이나 오피스텔, 소형 아파트 등에 살지만 자기 생활을 의연하게 영위해가는 이야기를 담고 있지. '어디에 살든 나답게 살자'는 주제 아래, 각양각색 아름다운 삶을 이어가는 젊은이들의 모습을 직원들이 직접 취재하고 글로 써. 집 구하기 힘든 요즘 세대의 어려움과 라이프스타일을 우리 회사가 이해하지 못하면 어떻게 이 일을 잘하겠느냐는 거지. 이렇게 구성원들끼리 잡지를 만들다 보면 자기도 모르게 '직방다움'이라는 정체성이 생기겠지.

　브랜드가 진정성을 가지려면, 자신이 표방하는 메시지나 컨셉대로 살아야 해. 그게 자기다움을 만드는 지름길 아니겠어?

그 외에 구성원들이 능동적으로 참여토록 할 방법은 없을까요?

　구성원들을 적극 참여시키는 방법으로 아마존의 제프 베이조스가 창안한 PR/FAQ라는 방식이 무척 유용해. 마침 《순서파괴(Working Backwards)》라는 책에도 소개되어 있더라.

　아마존의 직원들은 누구나 태스크 포스Task Force 팀에 참여해 3~5년 뒤에 개발할 신제품이나 서비스 아이디어를 제출해야 한다는군. 이때 기자들에게 배포할 '보도자료 (PR: Press Release)'도 미리 써보게 한대. 그럼 기자들이 질문을 많이 할 것 아니니. 그 예상질문(FAQ: Frequently Asked Questions)에 명확한 답을 내놓을 수 있도록 처음부터 준비한다는 거야.

　즉 3~5년간 어떤 과정으로 신제품/서비스를 개발하고 문제를 해결해갈지 거꾸로 로드맵을 그려 일해 나가라는 의미에서 '거꾸로 일하기(Working Backwards)'라고 이름 붙인 것 같아.

내가 가상의 예를 곁들여 '보도자료' 작성요령을 설명해 볼게.

우리나라는 택배나 배달이 분실되는 경우가 많지 않지만, 그래도 불안하니 집앞에 비치할 '스마트박스'라는 택배함을 준비한다고 가정해보자.

① '제목'은 "[회사명]은 [타깃고객]의 [혜택]을 돕기 위해 개발한 [서비스/기술/도구]를 소개합니다"와 같은 식으로 시작하는 거지.

"세이프 파셀은 온라인으로 주문한 고객의 안전한 배송과 보냉보관을 돕기 위해 개발한 스마트박스를 소개합니다."

② 그다음 줄에 '부제'를 붙여 몇 가지 주요 세부정보를 제공하는 거야.

"스마트박스가 있으면 문앞에 배달된 상품이 분실되거나 식료품이 상할 것을 걱정할 필요가 없습니다."

③ 그리고 구체적인 '소개' 단락으로 넘어가야지. 미래의 고객에게 제목을 부연 설명하는 차원에서 간단명료하게 3~4개 문장을 제시하는 거야.

"분실 걱정을 덜고 신선함을 유지해주는 스마트박스는, 택배가 도착하자마자 문자로 알려주며, 가격은 25만 원 정도이고, 대여도 가능합니다."

④ 그다음에는 새로운 제품/서비스가 해결할 수 있는 문제를 서너 개를 나열해.

"온라인 쇼핑 고객 중 13%는 현관에서 물품도난을 경험했으며, 9%는 배달된 식품이 상해 폐기한 적이 있다고 합니다" 등등.

⑤ 그 문제에 대한 '솔루션'을 우리 제품/서비스가 어떻게 효과적으로 해결하는지 설명해야지.

"스마트 기술과 단열재로 제작된 스마트박스는 택배사 직원이 도착하여 바코드를 읽히면 문이 열립니다."

⑥ 그다음엔 신뢰감을 높이기 위해 회사의 리더가 등장할 차례야. 회사가 이 문제를 해결하기로 결정한 이유와 더 높은 차원에서 솔루션이 해결하는 원리를 회사 리더의 멘트로 '인용'하는 거야.

"세이프 파셀의 김영찬 상무는 '스마트박스는 수많은 최신기술을 결합해 저렴한 가격으로 이용할 수 있도록 만들었습니다. 이제 물품도난과 식료품 변질은 과거의 일이 되었습니다'라고 힘주어 말합니다."

⑦ 그다음엔 제품/서비스를 이용하기 위해 '고객이 해야

할 일'을 설명해야지. 그들이 실제로 문제를 해결할 수 있다는 확신을 주려면 자세히 설명하는 편이 좋아.

"백색, 검정, 회색 중 한 가지 색깔과 다섯 가지 크기 중에 고르시면 됩니다" 등등.

⑧ 마지막으로 '고객의 예상 반응'을 작성해봐. 육성으로 들리듯이 생생하게 표현해야 해. 가상고객은 자신의 고충이나 원하는 목표를 설명하고, 출시한 제품이 어떻게 그 바람을 충족시켜 주는지 설명하겠지.

"택배를 자주 이용하는 전하영 주부님은 '배달된 물건이 현관 앞에서 없어지면 정말 기분 나쁘죠. 이제 스마트박스에 안전하고 신선하게 보관하니 당연히 좋지 않겠어요?'라고 말합니다."

이렇게 보도자료를 배포하면 기자들이 많은 질문을 쏟아내겠지. 가령 "누가 실질 고객이 될까요?", "모델이 몇 종류나 있나요?", "수요가 충분할까요?", "앞으로 더 보완해야 할 점은 무엇이라고 생각하십니까?", "고객에게 이 제품을 어떻게 알릴 예정입니까?", "기존의 제품 기능과 통합될 수 있을까요?" 등등.

예상 질문은 구성원들과 함께 만들어. 실제로 해보면 금세 100개도 더 나올 거야. 그것들을 모두 나열한 다음, 이에 대한 답을 찾아가며 신제품/서비스를 개발하는 거야. 본인이 제안한 것이고 본인의 로드맵 일정에 따라 진행해야 하니 구성원들도 책임감을 가지고 임하게 되더라고.

처음에는 1~2년짜리 프로젝트에서 시작해봐도 좋아. 나도 여러 기업에서 이 방식을 적용해봤는데, 해보면 꽤 재밌어하며 적극 참여하니 팀워크도 좋아지더라.

8장

Differentiation

우리 브랜드를
어떻게 차별화할까

차별화가 중요한 건 알지만,
차별점 잡기가 너무 어려워요.

요즘 어린이들이 요요 다루는 솜씨나 루빅스큐브 맞추는 실력이 대단하다더라. 왜 그런지 알아? 유튜브를 보면서 한편으론 기법을 배우고 한편으론 경쟁심이 자극되어 날로 실력이 는다는 거야.

소셜미디어가 발달하고 정보교류가 활발하니 모든 분야, 예를 들어 베이커리의 빵맛 수준도 얼마나 높아졌는지 몰라. 뭔가 차별화된 제품을 만들면 남들도 곧 흉내 내어 점점 상향평준화되고 있어.

화장품만 하더라도 출원된 상표가 30만 건이 넘지만, 몇 군데 대기업을 빼고는 대부분 한국콜마와 코스맥스 두 곳에서 OEM/ODM 형태로 생산하잖아. 이런 마당에 브랜드의 성공과 실패가 차별화된 품질로 판가름 날까?

미국 스미소니언 박물관 연구팀의 자료를 보니 인간과 오랑우탄과의 게놈genome 차이는 3.1%, 고릴라와는 1.6%, 침팬지와는 1.2%밖에 안 된다더군. 그리고 인간이라는 동물 중에 남성과 여성의 게놈 차이는 겨우 0.1%라네. 뼈의 구조나 근육 형태, 내장기관 등에 근본적인 차이가 거의 없다는 거지. 하지만 우리가 보면 남자와 여자가 크게 다르잖아.

제품도 마찬가지 아닐까? 아주 조그만 차이를 각(edge)으로 만들어 커 보이게 함으로써 차별화를 이루는 것, 이게 마케터의 역할이야. 하수 마케터들은 제품의 차별성이 없어 못 팔겠다고 말하지만, 고수 마케터들은 0.1%의 작은 차이를 어떻게든 사람들에게 각인시켜 팔아내고야 말아.

몇 년 전에 상하이에 갔는데, 유즈 뮤지엄Yuz Museum이란 곳에 톰미 그뢴룬트Tommi Grönlund와 페테리 니수넨 Petteri Nisunen이라는 핀란드 작가의 작품이 전시되어 있더라. '물질의 흐름'이란 제목이었는데, 유튜브에서 'Flux of Matter'를 검색하면 볼 수 있어. 눈으로 봐야 이해될 테니, 노트북에서 지금 찾아보자.

옳지. 기다란 널빤지 같은 판 위에 작은 쇠구슬이 수천 개나 있네. 보다시피 판이 가운데를 중심으로 시소처럼 아래위로 한 5cm나 되려나, 아주 조금 움직이지? 그랬더니 구슬들이 하나둘 이렇게 스르륵 내려오잖니. 그러다 조금 더 있으면, 결국 수천 개가 와르르 다 내려오지?

나는 넋을 잃고 이 작품을 한참이나 보다가 무릎을 탁 쳤어. 시장의 원리! 시장에서 사람들이 몰리는 것도 다르지 않아. 요런 조그마한 차이로 와르르 몰리고 줄 서는 거야. 큰 차이가 아니야, 조그만 차이로 또 와르르 몰리지.

놀랍게도 사람들이 무언가를 택하는 이유는 대부분 아주 사소해. 그게 소문나기 시작하면 사람들이 와르르 몰려와. 그 사소해 보이는 작은 차이를 사람들에게 각인시키는 게 마케터의 일이야.

Grönlund-Nisunen, Flux of Matter, 2012

'보텀업 마케팅'이 차별화의 원리라고도 하던데요.

자네는 기업 전략과 마케팅 전략의 다른 점이 뭐라고 생각해? 많은 사람들이 마케팅 전략은 기업 전략의 하부 전략이라고 쉽게 답하는데, 두 전략은 철학과 원리가 전혀 달라.

기업 전략은 고도가 굉장히 높아. 높은 데서 멀리 보아야 하는 거야. 이건희 회장이 살아생전에 "올해 최대 이익을 냈습니다"라는 보고를 받으면 샴페인을 터뜨리는 게 아니라 "등에서 식은땀이 흐른다"고 했다잖아. 지금의 성장세를 5년, 10년 뒤까지 지속하지 않으면 큰 항공모함 같은 조직이 침몰하고 말 텐데, 무엇을 성장동력으로 삼을지 걱정하신 거지. 이런 큰 방향을 정하는 것은 원대한 비전을 가진 리더로부터 톱다운(top-down)되어야 해.

반대로 마케팅 전략은 어떤 한 사람의 마음을 흔들 '작은 한마디'를 찾는 거야. "이 재킷 사지 마세요(Don't buy this jacket)"라는 말이 수많은 아웃도어 의류 중에 파타고니아를 사람들 마음에 확실히 심어주었지. "흔들리지 않는 편안함"이라는 말은 시몬스 침대에 눈길을 주게 만들어 어떤 한 사람의 마음을 흔들고. 그 한 사람이 반응하는 포인트가 진동추처럼 이 사람 마음도 흔들고 저 사람 마음도 흔들어서 결과적으로 시장 전체를 뒤엎겠다는 게 마케팅 전략이야.

즉 마케팅은 전술적 접근이어서 한 명 소비자의 마음을 잡는 것으로부터 시작하는, 철저한 보텀업(bottom-up)이 되어야 해.

한번은 배민의 김봉진 의장이 이런 말을 하더라. "많은 사람을 감동시키려면 아무도 감동받지 못하지만, 단 한 사람을 제대로 감동시키면 그 사람의 이야기가 다른 사람에게 전파되어 많은 사람이 감동받는다는 걸 깨달았어요."

자네도 시장 전체를 욕심내지 말고, 타깃 한 사람을 머릿속에 그리며, 그 사람의 마음을 어떻게 흔들지 고심해봐.

차별점을 고객들에게 쉽게 이해시킬 방법이 있을까요?

서울에 와보지 않은 외국인에게 서울을 어떻게 설명하면 좋을까? 자네가 《나음보다 다름》 책을 읽었다니, 그 책에 나오는 사례로 시작해보자.

나는 이렇게 얘기해. 일단 "서울은 도쿄 같은 곳이에요." 도쿄에 가보지 않은 사람도 아시아의 이국적인 도시라는 생각은 다들 가지고 있거든. 그리고 이어서 "그런데 훨씬 활기차고 바이브가 느껴지는 곳이에요. 도쿄의 밤 11시는 사람들이 집에 돌아가는 시간이지만, 서울에서는 11시에 슬금슬금 모이죠. 밤새도록 안전하고 신나는 도시가 서울입니다." 그러면 서울이 어떤 곳인지 금세 설명되잖아.

차별점은 다른 점만 나열하기보다, 익숙한 것에 유니크한 걸 더해줄 때 더 빨리 이해돼. 이걸 마케팅 용어로 풀어보면 POP(Point of Parity), 즉 유사점을 먼저 말한 다음에

〈그림4〉 서울의 특징을 쉽게 알리는 POP와 POD

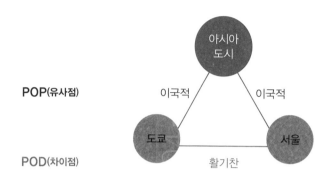

POD(Point of Difference), 즉 차이점을 얘기해주는 거지. 익숙한 것이 POP고, 유니크한 게 POD. 이 원리는 차별포인트를 인식시키는 데 매우 유용하단다.

아모레퍼시픽의 설화수는 여성이면 대부분 좋아하는 최상급 화장품이야. 중국에서도 한국 화장품 가운데 가장 인기가 좋았어. 설화수가 표방한 한방화장품 컨셉이 통한 거지.

2005년에 차석용 부회장이 엘지생건 CEO로 오면서 중국시장을 공략하고자 한방화장품 '후'의 디자인을 중국인 취향에 맞게 빨간색과 금색으로 바꾸고 아기자기한 디테일을 더했어. 이걸로 끝이 아니라 컨셉을 잡는 과정에 신의 한 수가 더해져.

후도 설화수와 같은 '한방(POP)'인데 '궁중한방(POD)' 이라는 거야. 일반인이 쓰는 게 아니고 궁에 사는 왕후 같은 사람이 쓰는 거래. 사람들은 한방화장품 하면 딱 설화수를 떠올렸거든. 그 익숙한 것(한방)에 유니크함(궁중)을 더하니까 품질의 차별성이 있어 보이잖아.

엘지생건은 컨셉만 이렇게 잡은 게 아니라 그에 걸맞게 마케팅 조율을 잘했어. 우선 타깃을 누구로 하면 좋을까? 바링허우(1980년대생)와 주링허우(1990년대생)로 잡았지. 이 세대는 중국 인구의 3분의 1을 차지하는 데다 소득수준이나 소비성향이 장년층보다 높거든.

이 젊은 소비자들에게 4P를 맞춰야 하겠지? 우선 제품 (product)의 유분을 좀 줄였어. 젊은 여성들은 끈적이는 느낌을 덜 좋아하니까. 가격(price)은 고가격을 유지하고, 유통(place)은 베이징이나 상하이 등 1선도시의 고급 백화점에서만 팔았지. 판촉(promotion) 또한 인기 최고인 한류배우 이영애를 모델로 광고하고 베이징의 최고급 호텔인 포시즌스에서 '베이징에서의 궁중연향'이라는 행사를 여는 등, 상위 5% 고객을 공략하며 '신비로운 최고급 브랜드'를 구축하는 전략을 구사했어.

저장성 당서기였던 시진핑이 2005년에 한국을 왔을 때 LG전자를 비롯한 그룹사를 방문했는데, 그 인연으로 엘지생건은 해마다 명절 때가 되면 그에게 후를 보냈다는군.

2014년, 시진핑이 이번엔 국가 주석 신분으로 부인 펑리위안과 한국을 다시 방문했어. 그때 기자들이 펑 여사에게 "즐겨 쓰는 한국 제품이 무엇인가"라고 묻자 '후'를 거명했다는 거 아냐. 안 그래도 '후'는 왕후가 쓴다는 '궁중' 컨셉이 차별점(POD)인데, 중국의 퍼스트레이디인 펑리위안이 쓴다니 컨셉이 기가 막히게 들어맞은 셈이지.

그때부터 더 잘 팔려서 4년 뒤인 2018년에는 단일 화장품 브랜드로 연간 2조 원 이상 팔리는 초대박 상품이 되었어.

어떤 제품 시장에 뛰어들지 어떻게 정하죠?

　제품을 소비자에게 '어떤 카테고리로 인식시킬까'는 매우 신중하게 결정해야 해. 우선은 진출하려는 카테고리의 시장 규모가 얼마나 큰지, 경쟁하는 브랜드의 파워가 얼마나 강한지 두루 고려해야지. 무엇보다도 어떤 카테고리에서 차별성이 더 두드러지게 보일지 생각해야 해.

　예컨대 자네가 '비타500' 마케터였다면, 경쟁 카테고리를 어떻게 정했겠나? 아마 이름 때문에 '비타민' 카테고리로 생각하기 쉬웠겠지. 만약 그렇게 해서 비타민이 더 많이 들었느니, 흡수가 더 잘되느니 했다면 특색 없는 제품이 되었을 거야.

　비타500은 피로회복(POP)의 '강장제' 카테고리로 잡은 게 기막힌 전략이었어. 사람들의 고착개념 중에 피로회복 강장제 하면 떠오르는 브랜드가? 맞아, 박카스. 박카스를 디딤돌(stepping stone)로 삼은 거야.

그렇다면 차이점(POD)은 뭘까? 박카스는 남성, 그중에서도 중장년층이 주로 마신다는 인식이 있잖아. 그러니 비타500은 젊은이와 여성도 즐겨 마시는 강장제라 인식시킴으로써 대박 상품이 되었어.

우리 학교의 대학원생 가운데 '우슈'라는 운동을 하는 학생이 있었어. 체구가 크지도 않은데 유단자라더라. 간혹 건물 뒤편 구석에서 연습하는 모습이 눈에 띄기도 했지. 그런데 도대체 연습이라는 것이 운동이라기보다는 무용 같기도 하고 팬터마임 같기도 해서 참 별짓 다한다는 생각을 했었어.

어느 토요일 오후, 꽤 어둑할 무렵에 퇴근을 했어. 가끔 저녁 늦게 불량 청소년들이 학교에 들어오기도 하는데, 그날도 지나가는 학생하고 시비가 붙었는지 곧 싸움이 벌어질 것 같은 거야. 그런데 얼핏 보니 불량배에 둘러싸인 사람이 우슈를 하는 바로 그 학생인 거라. 말릴 용기도 없었지만 우물쭈물하는 사이에 그 학생이 불량배들을 혼내주는데, 그야말로 눈앞에서 중국 무술영화를 보는 듯했어. 체격이 좋은 불량배가 서넛이나 쓰러지자 나머지는 부리나케 꽁무니를 빼더군. 어느새 주위에 모여든 사람들은 절로 박수를 치고.

나중에 그 학생과 마주친 적이 있어, 작은 체구 어디에서 그렇게 힘이 나오느냐고 물었지. 그 학생 대답이 "제 힘으로 싸우나요? 상대편 힘을 역이용해야죠" 하는 거야.

그 원리가 마케팅과도 같다는 생각이 들더라. 힘센 자가 이기는 것이 아니라 상대편 힘을 이용할 줄 아는 자가 이기는 거지. 디딤돌 삼으려는 브랜드에 대해 사람들이 가지고 있는 고착개념(고정관념)을 잘 활용하면 차별화 포인트를 어렵지 않게 인식시킬 수 있어.

고착개념을 디딤돌로 활용하면 차별점을 알리기 쉽겠군요.

　연습 삼아 디딤돌의 예를 한 가지 더 들어볼게. 유럽에 인시아드(INSEAD)라는 대학이 있어. 명문 경영대학인데, 실력에 비해 한국에는 덜 알려졌지. 어떻게 하면 사람들에게 쉽게 알릴까?

　이 대학으로 말할 것 같으면, 1957년에 클로드 잔센과 올리비에 지스카르 데스탱이 벤처 자본가인 조지 도리엇과 함께 설립했어. 개교기금은 파리 상공회의소에서 지원받았고, 프랑스 퐁텐블로라는 경치 좋은 지역에 자리했지. 1960년에 1기 MBA가 배출된 이래 1968년에는 최고경영자 과정을 개설했어. 1989년에는 박사과정도 시작했고, 2003년에는 Executive MBA 과정도 개설했지. 2012년부터는 각 전공을 특화해서 MBA 과정을 만들었어. 어떤 대학인지 알겠지?

알긴 뭘 알아? 기억이 하나도 안 나지, 하하. 과연 어떻게 해야 이 학교를 기억시킬 수 있을까?

'명문 경영대학(POP)'이라 하면 우리의 고착개념상 어느 대학이 딱 떠올라? 그렇지, 하버드. 그래서 여기는 하버드 대학을 디딤돌로 삼았어.

그럼 차이점, POD는 뭐라고 얘기하면 좋을까? 이 대학의 본교는 유럽에 있잖아. 그래서 이 학교를 소개할 때 '유럽의 하버드'라고 해. 이제 인시아드를 잘 모르는 분에게 "이 학교가 명문 경영대학으로서, 소위 '유럽의 하버드'라고 하지요"라고 하면 아마 잘 안 잊어버릴걸.

룰루레몬은 럭셔리 패션 요가복인데, 어떻게 말하면 더 깊이 인식될까? 사람들의 고착개념 속에 '럭셔리 패션' 하면 떠오르는 게 뭐가 있어? 샤넬. 그러니까 '요가복의 샤넬, 룰루레몬.' 이 별칭을 소비자가 지었든 기업이 지었든, 언론에서 이 말을 자꾸 쓰게 만드는 게 마케팅팀이 할 일이야.

우리나라에 좋은 카페가 좀 많아? 블루보틀이 깔끔하고 미니멀해서 시크하긴 하지만, 그렇다고 독보적인 건 아니지. LA나 도쿄에 갔던 트렌드에 민감한 사람들 덕에 소문이 조금 났지만, 대부분은 블루보틀의 특성을 잘 몰라. 매장도 많지 않아서 한국에 진출할 당시에는 미국과 일본에만 몇 개 있었어. 이걸 어떻게 쉽게 알리지?

사람들은 스타벅스가 마이크로소프트 같다면 블루보틀은 애플 같다고 하지. 미니멀하면서 시크한 감성디자인의 대명사 같은 애플! 그래서 '커피계의 애플, 블루보틀'이라고 알린 것이 큰 효과를 봤어.

자네도 사람들이 디딤돌에 대해 가지고 있는 익숙한 고착개념을 활용해 세상에 하나밖에 없는 유니크한 존재를 만들렴.

유니크함을 친숙함 위에 더하라는 개념이
아주 유용하네요.

그렇지? 유용한 개념이니 지금까지 한 이야기를 도표를 보며 함께 정리해보자.

외국인에게 서울을 설명하기 위해 누구나 알 법한 도쿄를 디딤돌로 삼았지. 사람들이 이미 가지고 있는 고착개념 속에 도쿄는 어떤 곳이지? 이국적인 아시아의 도시. 그래서 "서울은 도쿄(디딤돌)와 같이 이국적인(POP) 아시아의 도시(카테고리)인데, 훨씬 활기차고 생기가 넘칩니다(POD)"라고 말해주면, 서울에 대한 감을 잡을 거야.

"후는 설화수(디딤돌) 같은 거예요." 설화수의 고착개념은 뭐야? 한방(POP) 화장품(카테고리). 후는 뭐가 다르지? "한방화장품 중에서도 궁중(POD)에서 쓸 법한 고급 한방화장품이랍니다."

〈표4〉 디딤돌을 이용한 차별화

	디딤돌	POP	카테고리	POD
서울	도쿄	이국적	아시아 도시	활기찬
후	설화수	한방	화장품	궁중한방
비타500	박카스D	피로회복	강장제	젊은이, 여성
인시아드	하버드	명문	경영대학	유럽
룰루레몬	샤넬	럭셔리	패션	요가복
블루보틀	애플	시크	감성디자인	카페

〈표4〉를 보며, 얘기를 이어가 볼까?

"비타500은 박카스D 같은 거예요." 사람들 고착개념 속에 박카스D는 뭘까? 피로회복 강장제. 비타500은 뭐가 달라? "그런데 젊은이도 여성도 마셔요." 어때, 차별의 포인트가 쉽게 표출되지?

"인시아드는 하버드 대학 같은 곳이에요." 하버드는 어떤 대학이지? 최고의 경영대학. "인시아드는 하버드 같은 명문 경영대학인데, 본교가 유럽에 있어요."

"룰루레몬은 샤넬 같아요." 샤넬의 의미가 뭔데? 럭셔리 패션의 대명사. "그런데 룰루레몬은 요가복이죠."

"블루보틀은 애플 같아요." 애플의 감성적 특징이 뭔데? 미니멀하면서 시크하잖아. "그런데 우리는 카페예요."

POP와 POD를 잘 활용하면 우리 브랜드의 특징을 쉽게 부각시킬 수 있다는 걸 알겠지? 무조건 다르다고 주장하는 건 효과가 크지 않아. 사람들이 디딤돌 브랜드에 갖고 있는 고착개념을 활용하면 좋지.

여기서 유의할 점이 있어. 디딤돌을 설정할 때에는 대체적(substitutive)과 상징적(symbolic) 두 가지 용법이 있다는 거야.

도쿄 가지 말고 서울로 와, 박카스D가 아니라 이제는 비타500 마셔, 설화수 쓰지 말고 후, 하버드 갈 것 없고 인시아드로 와, 이런 게 '대체적 디딤돌'의 용도지.

반면 룰루레몬은 샤넬 대신이 아니잖아. 이런 건 '상징적 디딤돌'이야. '샤넬' 하면 떠오르는 상징을 활용하는 것. 블루보틀도 '애플' 하면 떠오르는 상징을 이용한 것이고.

이제 〈표4〉에 자네 회사 제품을 대입시켜서 디딤돌로 삼을 브랜드가 뭘까 곰곰이 생각해보렴. 아니면 다음의 예를 보며 빈칸을 채워봐도 좋고.

- 비타500은 박카스 같은 피로회복 강장제입니다. 다만 다
른 점은 젊은이와 여성도 즐겨 마셔요.

- 〔우리 브랜드〕는 〔디딤돌〕 같은 〔POP〕 〔카테고리〕입니다.
다만 다른 점은 〔POD〕예요.

어떻게 하면 경쟁상의 우위를 점할 수 있을까요?

전략 분야의 대부라 불리는 하버드 대학의 마이클 포터Michael Porter 교수를 대표하는 책 제목이 《경쟁우위(Competitive Advantage)》야. 그것만 봐도 경쟁우위가 얼마나 중요한 주제인지 짐작되지. 이 책의 요점 중의 하나는 가격 또는 품질 면에서의 차별화가 경쟁우위의 원천이라는 거야.

우선 소비자가 가격에서 차별화를 느끼는 경우를 보자. ① 일본에 놀러 가면 으레 잠깐이라도 돈키호테에 들르지. 무지 싸잖아. 가격이 엄청나게 싸면(low price) 나름의 경쟁우위가 생겨. 초저가에 반응하는 소비자는 언제나 있으니까. ② 하지만 가격경쟁을 버틸 원가경쟁력이나 박리다매를 유지할 매출규모 확대 능력이 없으면 오래 가기 힘들어.

그러면 가격 대비 괜찮은 품질로 경쟁우위를 쌓아야 해. 가성비(value for money)를 높일 수 있다면 이것도 가격 면에서의 경쟁우위야.

품질 면에서의 차별점은 어떻지?
③ 전반적인 품질수준이 높지는 않아도 아이디어와 신기술 개발력으로 독특한 기능(exclusive function)을 남들보다 한발 먼저 추가할 수 있다면, 그것도 경쟁우위야. ④ 그러다 탁월한 기술력과 경험이 점차 누적되면 우수한 제품(superior quality)을 만들어 글로벌 경쟁력을 갖추게 되겠지. 삼성을 비롯해 우리나라의 많은 기업이 이런 과정을 거쳐 성장했어. ⑤ 여기서 나아가 높은 품질수준을 오래 유지할 뿐 아니라 나름의 문화까지 창출하면 탁월한 명성(outstanding reputation)을 갖는 단계에 이르게 돼.

상위 단계로 올라가기는 힘들지만 그만큼 경쟁에서 유리해지니 과거에는 이런 진입장벽(entry barrier) 쌓는 과정을 차별화의 본질로 생각했어. 그러나 이런 실제적 차별점은 언젠가는 따라잡혀. 더 좋은 가성비가 제시되고, 더 좋은 기능이 추가되고… 예컨대 중국 제품이 품질도 급속히 따라오잖아. 대등해지는 건 시간문제야.

실제적 차별점은 반드시 갖고 있어야 하는 필요조건이지만 그것만으로는 충분하지 않아. 그렇다면 어떻게 해야 할까? 인식상의 차별화로 복선(double track)을 깔아줘야 해. 양날의 검을 만드는 거지.

사람들은 실제적 차별점 때문에 구매하긴 하지만, 그걸 고른 이유, 즉 명분을 찾아. 누군가에게 자라Zara 옷을 왜 사냐고 물으면 "가성비가 좋아서"(실제적 차별점)라고 말하지 않고, "최신 유행이니까"(인식상 차별점)라고 대답하지. 그런 명분을 줘야 해.

가성비만으로 경쟁자를 이겨서 시장을 장악하면 언젠가 더 좋은 가성비를 내세운 경쟁자에게 잡혀. 반면 고객의 머릿속에 어떤 인식이 한번 자리하면 방어력이 훨씬 높아지지.

카드업계 하위이던 현대카드의 위상을 높인 건 금융공학(financial engineering)이야. 이게 사실 고도의 기술이자 실제적 차별점이거든. 그래서 카드의 갖가지 혜택 중에 내게 딱 맞는 혜택을 잘도 추천해주잖아. 내가 시간별, 요일별, 날짜별로 언제 카드를 많이 쓰는지, 어느 지역이나 업종에 많이 쓰는지 분석자료도 보내주고.

그런데 이런 장점은 카드를 써봐야 실감할 수 있잖아.

현대카드가 이걸 드러내서 광고나 홍보를 하지도 않고. 사람들에게 현대카드에 대해 물으면 디자인이라든지 다양한 라이브러리라든지 슈퍼콘서트나 슈퍼토크 같은 것들을 장점으로 말해. 문화적인 카드로 인식하는 거지.

금융공학이라는 실제적 차별점은 경쟁사가 얼추 흉내 낼 수 있을지도 몰라. 하지만 현대카드를 쓰면 '있어 보이는 그 무엇!'이라는 인식상의 차별점은 쫓아가기 힘들걸.

안타깝게도 대부분의 스타트업이 기술의 우위만 내세워. 대기업도 그러기 십상이고. 마케팅이 다뤄야 할 최상의 무기는 외날도가 아니라 양날검임을 잊지 말렴.

인식상의 차별점은 어떻게 차지할 수 있나요?

 그동안 나의 경험을 요약하면 인식상의 차별점을 만드는 아홉 가지 방법이 있는데, 이 가운데 하나라도 선점해야 해. 아홉 가지는 크게 세 가지씩 묶어볼 수 있어. 최초인 (first) 것으로 인식시키거나, 유일한 (only) 것으로 인식시키거나, 최고인(best) 것으로 인식시키는 거지. F.O.B.라고 기억하렴.

 한번은 추석 무렵이었는데, 출판사 편집자가 전화해서 물어보더라. "교수님, 추석 선물 여기저기서 받으시죠?" "뭐, 어느 정도 받죠.""그런데 나중에 누가 뭘 선물했는지 기억 다 안 나시죠?"
 이야기를 들으면서 찔렸어. 솔직히 지인들이나 자문했던 기업들에서 이것저것 보내오면 누구에게 뭘 받았는지 모두 기억나지는 않거든.

"저희가 저자분들에게 추석 선물을 보내려 하는데, 어떤 선물을 보내야 저희가 보낸 것을 잊지 않을까요?"

그래서 F.O.B.를 떠올려줬지.

"9월 말이 추석이면 9월 초순쯤 가장 먼저(first) 보내세요. 그러면 받으시는 분이 '어, 이게 웬 선물? 벌써 추석이야? 올해는 추석이 빠르네' 하시면서 출판사를 기억할 거예요.

아니면 편지를 동봉해 '완도의 어떤 할머니가 지난 40년간 이 게장을 담그셨는데, 어디서도 찾아볼 수 없는 특별한 맛이에요'라며 세상에 하나밖에 없는(only) 스토리를 함께 보내시든지요.

아니면 요즘 책 판매가 좋아 돈을 많이 버셨다던데, 몽블랑 볼펜이나 에르메스 넥타이 같은 명품(best)을 선물하시면 기억하실 겁니다"라며 웃었어.

보렴, F.O.B.의 원리가 금세 적용되잖아.

최초이거나 유일하거나 최고인 것으로 인식시키라고요?

맞아. 차별화를 신경쓰다 보면 자칫 소비자의 관점을 잊고 자꾸 기술적인 실력을 과시하기 쉬운데, 그럴 때마다 F.O.B.를 떠올리면 소비자의 관점을 놓치지 않을 거야.

F.O.B.는 말한 대로 아홉 가지 전술로 이루어지지. 아홉 가지 전술이 무엇이며, 왜 효과가 있는지 소비자 심리의 관점에서 생각해보자.

우선 최초임(The First)을 인식시키는 전술 세 가지를 볼까?

'남보다 먼저 시작했다(the first)'는 인식을 심기. 소비자들은 늘 새로운 것을 추구하기 때문에 '최초'라거나, '처음'이라거나, '원조'라거나 'Original'이라고 하면 본능적으로 좋아하거든.

'최신(the latest)'이라는 인식을 심기. 사람들은 사회적 동물이다 보니 자신이 속한 집단에서 유행이나 트렌드에 앞서가는 것처럼 보이기를 좋아해.

'시대사조에 발맞추고 있다(the hottest)'는 인식을 심기. 사람들은 단순히 시대의 유행을 좇는 데 그치지 않고 친환경이나 공정무역 같은 '시대의 철학'에 발맞추고 싶어 해. 그래야 진정으로 앞서간다는 인상을 줄 수 있거든.

다음으로, 유일함(The Only)을 인식시키는 전술 세 가지를 보자.

'독특한 디자인(unique design)'이라는 인식을 심기. 사람들은 기회만 되면 남다름을 나타내고 싶어 하지. 그중 가장 쉬운 방법이 눈에 띄는 디자인의 제품을 쓰는 거야.

'특정 분야의 전문업체(unique specialty)'라는 인식을 심기. 사람들은 위험을 회피하려 들잖아. 동네 의원보다 전문병원을 더 신뢰하듯이 제품에 대해서도 전문성이 인정되면 위험이 적다고 생각해.

'소비자가 생산과정에 동참(unique manufacturing)'한다는 인식을 심기. 사람들은 작은 일에도 성취감을 느끼거든. 브롬턴Brompton 자전거처럼 본인이 선택한 부품들로 조립과정에라도 참여했다 싶으면 더 애착을 갖더라.

끝으로 최고임(The Best)을 인식시키는 전술 세 가지를
보자.

'점유율 1위(market leadership)'라는 인식을 심기. 작은
세분시장이어도 상관없어. 판매 1등이라 하면 뭐가 나아도
낫다고 믿거든. 잘 팔리는 제품에는 그럴 만한 이유가 있다
고 생각한단 말이야. 그러고는 점차 시장을 넓혀가는 거지.

'특정 유명인사가 좋아한다(celebrity preference)'는 인
식을 심기. 사람들은 후광효과를 즐기는데, 유명인사가 쓰
는 제품을 자기도 갖고 있다고 알림으로써 자신의 사회적
지위와 소속감을 간접적으로 자랑하고 싶어 해.

'전통 있는 회사 또는 제품(heritage)'이라는 인식을 심
기. 사람들은 시간이 주는 가치를 경험적으로 알아. 오래
도록 팔리는 제품이라면 그럴 이유가 있다고 생각하잖아.
그리고 오랜 기간 쌓아온 명성도 즐기려 하고.

상세한 설명과 사례는 《나음보다 다름》 책을 읽어보렴.
다만 한 가지 짚고 넘어가야 할 게 있어. 눈치챘는지 모르
겠지만, 아홉 가지 항목에 '인식을 심기'라는 말이 꼬리표
처럼 붙어 있잖아. 이게 포인트인데, 사실관계 못지않게 인
식을 심는 게 중요하다는 거야.

'남보다 먼저 시작했다(the first)는 인식을 심기'를 예로

들어볼까?

방송인 이영자가 광고해 히트친 '60계 치킨' 알지? 매일 깨끗한 새 기름으로 60마리만 조리하며 기름을 재사용하지 않는다잖아. 얼마 전에 치킨 사업하는 분을 만났는데, 그분이 억울하다는 듯 "교수님, 치킨은 어차피 60마리밖에 못 튀겨요. 저희는 진작부터 걸러낸 기름은 사용하지 않아요" 그러시더라.

그런데 중요한 건 뭐야? 먼저 말하는 게 임자거든. 업계 최초로 60마리만 조리한다는 '사실'이 중요한 게 아니라, 그렇게 한다고 최초로 '인식'시키는 게 중요하단 말이지.

한 가지 예를 더 들어보마. '소비자가 생산과정에 동참(unique manufacturing)한다는 인식을 심기.'

가구를 직접 설계하고 톱질해서 만들지 않고 이케아에서 산 가구를 조립만 했어도 내가 만든 것 같은 느낌을 준단 말이지. 조립할 때는 귀찮지만 만들고 나면 절로 애정이 생겨. 다만, 조립 과정이 너무 어려우면 짜증나지만 너무 쉬워도 동참의식을 느끼기 어려워. 요즘 유행하는 밀키트도 마찬가지 아니겠어? 성가실 정도로 어렵지는 않지만 내가 만들었다는 자부심은 줄 정도의 난이도. 그런 걸 잘 조절하는 게 마케터의 역량이야.

이번에는 점유율 1위(market leadership)라는 인식을 심는 것 말이야. 마켓리더가 아닌데 어떻게 1위라고 그래?

《목어》라는 책에 재미있는 이야기가 나와. 예컨대 '비듬 샴푸' 시장에서 1위가 아닌데, 마켓리더라고 말하려면 어떻게 해야 할까? 일단 '고등학생 비듬샴푸' 시장에 침투해서 기 쓰고 1등을 하래. 만약 그것도 힘들면 어떻게 하지? '남자 고등학생 비듬샴푸' 시장에서 1등이라는 인식을 심으래.

이게 비유이긴 한데, 원리는 이런 거야. '남자 고등학생 비듬샴푸' 시장을 집중 공략해서 1등 하면, 그다음엔 '남자' 빼고 '고등학생 비듬샴푸' 시장을 공략, 그 시장도 장악하면 그다음엔 '고등학생'을 빼는 거지. 점차 시장을 키워가는 거야. 찾아보면 어디서든 범위에 따라 1등 할 수 있다는 거지. 물론 시장 규모가 너무 작아서 못 버틸 정도면 안 되겠지. 자립 및 성공할 수 있는 최소 규모의 시장에서 일단 시작을 하란 말이거든. 이걸 최소 자립 가능 시장(minimum viable market)이라고 해. 하여간 요점은 시장이 크든 작든, 1위라는 인식을 심는 게 중요하다는 거야.

한마디로 차별화는 '어떻게 다른 점을 인정받는가' 하는 게임이야. 반복해서 말하지만, 실제 차별화된 제품을 만드는 것 못지않게 소비자들에게 인식상의 차별점을 널리 알리는 게 중요하단다.

여기서 대단히 중요한 포인트가 있어. 아까 차별화에 신경쓰다 보면 소비자의 관점을 잊고 자꾸 기술적인 실력을 과시하기 쉽다고 했잖아? 반대로 인식상의 차별점이 사람들에게 먹혀든다 싶으면 자칫 '본질'인 실제적 차별점을 소홀히 하게 돼.

예컨대 탐스슈즈는 1대 1 기부 방식을 차별화 포인트로 삼았잖아. 시대사조에 발맞춘 데다 유명인사들이 동참하여 인식상 차별점은 확실했어. 그렇지만 본질은 좋은 신발을 부지런히 선보이는 거야. 그런데 탐스는 판매제품 절반 이상이 끈 없이 편하게 신는 알파르가타Alpargata 단일 모델이거든. 신제품이 받쳐주지 못하다 보니 한때 5억 달러에 이르던 연매출이 하향세로 돌아서서 반토막을 향해 갔지. 2021년에는 급기야 채권단 관리절차에 들어갔단다.

차별화를 위한 차별화를 하면 안 돼. 실제적 우위성이 받쳐주지 않는 인식상의 차별은 수명이 길지 못하다는 걸 유념하렴.

브랜드의 체험

의미에 재미를 더하다

9장

Extrinsic Elements

고객의 원츠를
어떻게 자극할 수 있을까

스승의 날이 다가와서 조그만 선물 하나 준비했습니다.

어이쿠, 이게 뭐야? 몽블랑 볼펜? 사업한다고 돈 들어갈 데가 많을 텐데 왜 쓸데없이 이런 데 돈을 써? 하여간 대단히 고맙다. 나도 자네와 대화하는 걸 즐기고 있어.

얘기 나온 김에, 오늘은 '쓸데없음의 경제학'에 대해 말해볼까?

요즘 항간에 수많은 마케팅 화두들이 있지. 스토리 마케팅, 감성 마케팅, 엔터테인먼트 마케팅, 미학적 마케팅, 페르소나 마케팅, 소셜 마케팅… 이런 용어들이 난무하는데, 이것들의 공통점이 뭐라고 생각해?

바로 본질 외적(extrinsic)인 요소라는 거야. 생각해봐. '스토리가 제품 자체와 무슨 상관이 있지?', '감성적으로 어필해야 팔린다고?', '엔터테인먼트하고 우리 제품은 안 어울리는데…' 이렇게 생각할 수 있잖아.

이런 마케팅은 본질 아닌 껍데기만 건드리는 것 같지만, 이제는 중심속성(central elements) 못지않게 주변속성(peripheral elements)이 중요해지고 있다는 걸 일깨워줘. 중심속성은 니즈(needs)를 충족시키지만, 주변속성은 원츠(wants)를 충족시키거든. 20세기 마케팅의 키워드는 고객의 '니즈'였지만, 지금의 키워드는 '원츠'라는 걸 염두에 두어야 해.

그럼 니즈와 원츠는 어떻게 다를까.

기능적 필요(functional needs)의 줄임말이 니즈고, 비기능적 욕구(non-functional wants)의 줄임말이 원츠라고 보면 쉬워. 한마디로 '있으면 좋으나 없어도 되는' 게 원츠인데, 이게 왜 점점 더 중요해지지?

배고플 때 누가 사과를 줘서 하나 먹으면 맛있지. 만족감이 10점 만점에 10점! 그러다가 얼추 배고픔은 면했는데 사과 하나를 더 권해서 먹으면 맛있기야 하지만 처음만큼은 아니야. 만족도, 즉 효용이 점점 줄어든다는 의미야. 이런 현상을 한계효용 체감의 법칙이라고 하는 거, 기억하지?

내가 교수이다 보니 필기구를 좋아해서 이미 꽤 가지고 있거든. 그럼에도 자네에게 볼펜 선물을 받으니까 기분이 너무 좋아. 이미 많이 갖고 있는데도 왜 '효용'이 줄지 않는 걸까?

한계효용 체감의 법칙은 물질적 필요라는 '니즈'의 관점에는 들어맞지만, 심리적 '원츠'의 관점에는 적용되지 않기 때문이지. 다시 말해 원츠의 관점에서는 제품의 수요나 판매 가격에 제한이 없어져. 원츠를 어떻게 요리하느냐에 따라 얼마든지 수요를 창출하고 가격을 올릴 수 있다는 말이지.

잠시 논리적으로 볼까? 니즈의 시대에선 수요량이 일정해. 쌀을 예로 들면, 가끔 늘어날 수는 있지만 수요가 비교적 일정해. 수요가 일정하니 결국 공급량의 많고 적음에 따라 가격이 결정되겠지.

그런데 원츠의 시장에는 하기 나름으로 수요가 얼마든지 창출돼. 가격도 공급량이 아니라 고객이 얼마나 원하는지, 그들의 욕구에 따라 결정되고.

원츠 장악을 가장 잘하는 사람이 명품 브랜드를 75개나 갖고 있는 LVMH의 베르나르 아르노Bernard Arnault 회장 아닐까. 그가 하는 말을 귀담아 들어봐. "세계의 부는 점점 더 커질 것이고, 원츠에 대한 수요는 갈수록 높아질 것이다. 이 거대한 파도의 흐름에 올라타련다."

원츠에 대한 수요는 명품에만 국한되는 얘기가 아니야. 젠틀몬스터와 블랙핑크의 제니가 콜라보해서 가로수길에 젠틀 홈(Jentle Home)이라는 팝업스토어 전시를 했었어. 구경하고 나올 때 인형이나 각종 굿즈를 판매했는데, 딱히 쓸모 있는 건 아니지만 예쁘니까 사게 돼. 집에 가져와 진열하지만, 얼마 지나면 십중팔구 치우게 될걸. 이런 걸 뭐라 하는 줄 알지? 예쁜 쓰레기.

그런데 집에 가서 잘 봐봐. 주변에 널린 게 예쁜 쓰레기야.

이기준이라는 그래픽 디자이너가 〈채널예스〉 웹진에 쓴 글을 볼까? '아름다움에는 쓸데없음에'가 제목이야. 그가 절친인 노바에게 이렇게 물었대.

"넌 쓸데없이 무슨 돈을 옷 사는 데 그렇게 쓰냐?"

"쓸데없이? 인간이 만든 쓸 만한 것들은 다 쓸데없는 일인데? 책, 영화, 음악, 미식, 패션 다 쓸데없는 일이라고. 문화란 그런 거야. 삶을 풍성하게 해주는 것들인데 쓸데없다니! 쓸데없는 일에 정성을 들이는 행태야말로 인간다운 특성이지."

수만 년 전 인류의 조상들도 그저 먹고 쉴 틈만 나면 동굴에 벽화를 그리지 않나, 별별 장신구를 만들었잖아. 인간은 조금만 여유가 생기면 예쁜 쓰레기를 즐기는 존재야.

얼마 전에 빈필 오케스트라가 내한공연을 했어. 입장료가 43만 원이야. 두 사람이 가면 86만 원. 가장 아끼는 좋은 옷 입고는 나란히 앉아서 두세 시간 동안 말도 안 하고 앞만 쳐다봐. 어찌 보면 세상에 이런 멍청한 일이 어딨겠어?

음악이야 당연히 좋았겠지만, 정말 그 가치를 느끼는 사람이 2,000명 관객 중에 몇 명이나 될까? 드문 기회라니 그냥 한번 가본 것 아닐까?

안 해도 되는 걸 사람들은 참 많이도 해. 그런데 그 수요를 발굴하면, 그게 더 큰돈을 벌어줘. 이게 '쓸데없음의 경제학'이야.

사람들이 쓸데없는 것에 돈을 더 쓰긴 하네요.

생각을 확 바꿔 '쓸데없음'이라는 것에 대해 잘 생각해보자.

쓸데없음을 다른 말로 '잉여'라고 하지. 요즘 잉여라는 단어를 여기저기 붙이던데, 예를 들어 가끔 우울해지면 스스로 잉여인간이라고 자조하기도 하잖아. 세상에 꼭 필요한 사람이 아니라는 거지.

하지만 잉여인간이라 해서 가만히 있지는 않거든. 쓸모는 없더라도 자기 방식대로 열정과 에너지를 쏟아붓고, 나름의 만족을 느낄 수 있는 행위를 하려 들지. 이걸 '잉여짓'이라고 하잖아. 세상엔 실로 온갖 잉여짓이 있어. 길거리 낙서, 그라피티를 하는가 하면 길바닥에 눌어붙은 껌딱지에 그림을 그리는 걸로 유명해진 벤 윌슨Ben Wilson 같은 사람도 있어. 아무 보상 없는 잉여짓이지만 당사자는 행복해.

그 사람뿐이겠어? 성실히 하루하루를 살아가는 보통 사람들도 잉여짓에 솔깃하고 공감하곤 해. 예능 〈놀면 뭐하니?〉도 어찌 보면 매번 쓸데없는 일에 도전하곤 하잖아. 그런데 재밌어. 왜 재미있을까? 부캐의 케릭터가 도전을 이겨내는 성장 스토리가 대리만족을 주거든. 〈미스터 빈〉은 또 어떻고? 바보 같은 짓만 하잖아. 그치만 '나도 어쩔 땐 저러는데, 뭐' 이런 생각이 드니까 재밌지.

그 공감 요소, 즉 잉여코드가 오늘날 중요한 시대사조 중 하나야. 잉여코드가 주는 '뜻밖의 재미'에 사람들이 반응해.

배달의민족에서 멀쩡히 일 잘하던 이승희와 김규림이라는 두 마케터가 "평생 회사를 위해서만 일할 거야? 내 청춘을 이렇게 보낼 수 없다!" 하고는 사표를 던지고 나왔네. 그렇게 신나게 한 달 놀고 나니 노는 것에 죄책감이 들더래. 구체적 목표는 없더라도, 뭔가 열심히 하고 싶다는 생각이 들었다는군.

그런 취지로 두낫띵클럽(Do Nothing Club)을 만들고, 그냥 하고 싶은 일들을 마구 했어. 인스타그램에 사진과 글을 올리고, 굿즈도 만들어 팔고, 모베러웍스와 콜라보해서 파티도 열고 했더니 사람들이 엄청나게 호응하더래. 이게 요즘 코드라니까. 별 의미가 없더라도 새로운 도전이 주는 뜻밖의 재미!

프릳츠커피에 가봤지? 늘 고객이 가득하잖아. 커피도 진지하게 만들고 빵도 물론 맛있어. 그런데 커피 회사 로고에 웬 물개? 프릳츠(Fritz)란 말의 의미도 모르겠고, 한글 맞춤법에 맞는지도 애매해. '매일을 소풍처럼 살자(Live everyday like a picnic)'가 슬로건인데, 막상 가보면 오래된 한옥이 카페?

이런 모순적인 것들이 뜻밖의 재미를 주니 프릳츠커피의 인기가 좋은 거지. 뭔가 재밌는 일을 벌이는구나 싶어 호기심을 자아내잖아. 메뉴의 커피 이름도 '잘 되어 가시나', '서울 시네마', '올드독' 등 기존 커피 브랜드와 차원이 달라.

그래서 어떻게 됐어? 요새 가장 핫하다는 방탄소년단 소속사 건물에도 입점했지. 방탄소년단도 프릳츠커피를 마시는 거 아닐까? 같은 물에서 놀잖아.

자네 브랜드에는 쓸데없어 보이는 잉여짓에서 나오는 '뜻밖의 재미'로 고객에게 행복을 더해줄 게 없는지 생각해보시게. 그게 이 시대의 성공 코드야.

젠틀몬스터는 안경과 상관없는 전시를 왜 하는 건가요?

하하, 그렇게 생각할 수 있지. 그런데 내가 보기에, 젠틀
몬스터를 만든 김한국 대표는 감성적인 것 같으면서도 매
우 논리적인 스타일이야. 전시물에도 당연히 의도가 있어.

김한국 대표는 원래 영어교육업체에서 신규 사업을 담
당했는데, 이런저런 신사업 아이디어를 내다가 안경사업을
시작했대. 그런데 나름대로 정성껏 만들었는데 시장에 나
오니 수많은 안경과 차별점이 없는 거라. 잘 아는 인플루언
서 형에게 부탁해도 인스타그램에 안 올려주더래, 안 예쁘
다고. 빅 브랜드도 아니고 1년이면 수십 개씩 나오는 수많
은 안경 브랜드 중 하나이니, 인플루언서의 영향력으로도
잘되기는 어려웠겠지.

매출이 부진을 면치 못하자 김한국 대표는 '인간은 왜

그렇게 행동하는가?'에 대한 답을 찾기 위해 석 달 동안 경제학, 마케팅, 심리학, 사회학 책을 100권이나 읽었다더라. 속독이 아니라 정독을 하려니 마음이 흔들릴까 봐 옆에다 칼을 놔두고, 하루에 한 권씩 읽지 못하면 그 칼로 팔을 자른다는 독한 마음으로 읽었대.

느낀 바가 많았겠지만 한마디로 정리하면, 사람은 누구나 자기 안에 지금과 다르게 살고자 하는 욕망이 있고, 자신에게도 그런 욕망이 가득하더라는 거야. 자기 안에 뭔가 몬스터적인 욕망이 있기는 한데, 겉으로의 삶은 젠틀해야 하잖아. 젠틀하게 살긴 해도 내면에 감춰진 몬스터적 욕망을 표출하게 하자고 만든 게 '젠틀몬스터'라는 거지.

참 멋진 혜안이야. 이걸 심리적으로 해석해보면, 프로이트는 사람의 정신을 세 가지 층위로 구분했잖아. 인간의 가장 깊은 내면에 있는 것이 이드(id). 이것은 생존본능으로, 공격본능(aggressive motive)과 성욕본능(libidinal motive)을 뜻해. 먹고 살려면 공격적이어야 하고, 종족을 존속시키려니 성적충동을 갖고 있다는 거지.

그런 본능을 함부로 표출하면 안 되니 현실과 조화를 이루도록 자아(ego)가 이드를 통제해 원만한 사회생활로 이끌어. 더 나아가 현실적 통제가 없더라도 본능적 행동을 억제하는 윤리적 규범인 초자아(superego)가 작동한다는 것이고. 그렇지만 사람들은 자아와 초자아에 억눌린 이드를 어디선가 발산하고 싶어 해. 현실에서는 그러기 어려우니 깨부수거나 섹슈얼한 장면을 넣은 할리우드 영화를 보거나 게임을 하며 대리발산을 하는 거겠지.

김한국 대표가 얘기하는 '몬스터'가 말하자면 이드이고, '젠틀'이라는 게 자아와 초자아의 영역 아니겠어?

김 대표는 인간의 몬스터적인 면을 어떻게 표현해서 사람들에게 대리만족을 줄지 고민한 것 같아. 그 결과 젠틀몬스터의 정신을 '세상과 사람을 놀라게 하자'로 삼고, 이를 실현하는 활동을 '퀀텀 프로젝트'라 이름 지었어. 놀랄 정도의 강렬한 감정을 느끼게 하지 못하면 그 마케팅은 하나 마나 하다고 생각한 것 같아.

그리고 이 기획을 구체화하기 위해 다섯 가지를 추구해. 기술, 생산, 문화, 공간, 스타일. 앞서 말한 TED와도 일맥상통하지 않아? 기술과 생산이 'Technology'이고 문화가 'Entertainment', 공간과 스타일은 'Design'이라 볼 수 있어.

김 대표는 테크놀로지를 '과학', 엔터테인먼트는 '상상', 디자인은 '구현'이라고 정의했더군. 그러고는 이를 예술을 통해 보여주는 거야. 2주마다 전시물을 바꾸었는데, 얼마나 숨 막히게 힘들었으면 '영혼을 갈아 넣었다'고 표현하더

라. 혼신의 힘을 다해 브랜드가 추구하는 컨셉을 보여준 거지. 왜 그렇게 했을까? 김 대표의 대답이 기가 막혀.

"소비자는 필요해서 사는 게 아니라, 필요하다고 느끼면 삽니다. 이 구매욕을 이끌어내는 것이 중요하죠."

이 말을 잘 곱씹어봐. 내가 들은 판매에 대한 정의 중 가장 적확한 말 같아.

자네가 이해하기 쉽지 않다는 젠틀몬스터의 전시는, 특별한 구매 이유가 없어도 사람들이 매장에 들르게 만들고, 구매욕을 이끌어내는 장치 같지 않아?

'흔들리지 않는 편안함'을 내세우던 시몬스 침대는 '침대 없는 침대 광고'로 화제를 불러일으키더니, 최근엔 하드웨어 스토어, 그로서리 스토어 등의 팝업스토어를 연이어 선보였어. 그로서리 스토어에서는 정육점을 연상시키는 붉은 조명 아래 삼겹살처럼 생긴 수세미, 카세트테이프 모양의 USB, 달걀 포장 폼박스에 소주잔을 넣어 판매하는가 하면, 멍때리며 힐링하게 해주는 '이상하게 편안함을 주는 비디오(Oddly Satisfying Video)'를 보여줘.

침대회사가 이런 행사로 뭘 하려는 걸까? 안정호 대표의 대답은 "침대 매트리스는 일생에 몇 번 구매하지 않습니다. 하지만 침대를 구매할 때 가장 먼저 '시몬스'가 떠오르게 하고 싶습니다. 일련의 이벤트들은 소비자들에게 브랜드를 각인시키기 위한 프로그램입니다."

침대 매장 근처에도 가지 않을 것 같은 젊은이들의 마음속 어딘가에 침대의 고려상표군(consideration set)으로 미리 자리잡아서, 언젠가 구매할 때가 되면 기억의 최상단(top of mind)에 떠오르게끔 준비한다는 거지.

안경이든 침대든 주변에 흔히 보니 마케팅 방식도 뻔할 것 같은데, 주의를 끌게 만들었잖아. 자네도 익숙하거나 당연한 것을 생소하게 만드는 반전 매력으로 어떤 색다른 경험을 줄 수 있는지 고심해보렴. 쉽진 않지만, 사람들의 호기심과 관심을 이끌어내는 최고의 방법이야.

덕질이야말로 쓸데없는 짓 아닐까요?

건담 덕후, 게임 덕후, 애니메이션 덕후… 일반인들이 보기엔 그런 데다 시간과 돈을 왜 그리 많이 쓰나 싶지. 뭔가에 광적으로 몰입하는 사람을 마니아(mania), 우리말로는 덕후라고 하잖아.

덕후가 되고 싶다는 사람은 많지 않아. 웬만한 노력으로는 덕후가 되기 어렵기도 하고. 하지만 덕후적 경험(maniac experience)은 다들 해보고 싶어 해. 더구나 예전엔 덕후가 부정적인 의미로 들렸는데, 요즘은 취향을 중시하다 보니 덕후에 '취향 전문가'라는 인식도 생기는 것 같아.

그러니 '덕후적 경험' 선사하기에 주목해야겠지? "나도 해봤어"라는 경험은 자기 취향이 있는 사람처럼 보이게 해주거든.

예전에 집에서 커피 마시려면 커피가루와 프림, 설탕에 더운물을 부어 먹었는데, 요즘은 포트에 물을 끓여서 드립용 주전자에 옮긴 다음, 저울에 서버와 드리퍼를 올리고, 필터를 접어 끼운 후, 원두를 적정 굵기로 갈아서, 물온도를 섭씨 92도에 맞춰 핸드드립해서 마시잖아. 이런다고 정말 커피 덕후가 되는 건 아니지만 덕후 비슷한 경험은 해볼 수 있지.

라파Rapha는 통풍이 잘되고 공기의 저항을 최소화한 사이클 선수용 옷이야. 일반인이 입기엔 몸에 딱 달라붙어서 남사스러운 면이 있지. 하지만 요즘 사이클 타는 사람들은 아마추어라도 라파를 입어야 제대로 된 복장으로 여겨. 초보라면 클래식 저지에 빕숏, 조금 탄다는 사람이면 반팔 저지에 팔토시와 바람막이 질렛, 하의는 빕숏에 니워머. 쌀쌀한 날씨엔 긴팔 융저지와 질렛, 하의는 겨울용 빕 혹은 동계용 빕숏, 그리고 니워머 또는 레그워머, 신발은 토커버와 슈즈커버를 덮어야지. 이 정도는 시작에 불과해. 덕후의 세계에 빠져드는 재미가 쏠쏠하겠다만, 그게 다 돈이야.

덕후적 경험을 갖게 해서 충성심을 높이는 제품을 컬트 브랜드(cult brand)라고 해. 말 그대로 사람들에게 종교적 숭배에 가까운 열광적인 지지를 받는 브랜드라는 뜻이지.

매거진 〈B〉는 컬트브랜드들을 세세하게 소개하고 있어서 마케팅에 관심 있으면 반드시 구독할 필요가 있어. 매거진 〈B〉에서 그간 다룬 브랜드를 일부 보면 여행가방 리모와Rimowa, 가구 비트라Vitra, 음료수 산펠레그리노San Pellegrino, 자동차 미니Mini, 잡지 〈모노클Monocle〉, 수첩 몰스킨Moleskin, 조리기구 조셉조셉Joseph Joseph, 자동차 루프톱 툴레Thule, 흑맥주 기네스Guinness, 만년필 라미Lamy 등 하나같이 컬트브랜드야.

벤치마킹하기 좋은 브랜드들이니 혹 익숙지 않은 브랜드가 있거든 찾아 공부하렴. 우리나라 브랜드 중에는 그 반열에 오른 브랜드가 아직 많지 않지. 소주 브랜드 화요가 다뤄진 적이 있지만, 훨씬 많아지면 좋겠어.

컬트브랜드가 되려면 무엇이 필요할까? 크게 세 가지 체크리스트로 나눠볼 수 있어. 비단 컬트브랜드뿐 아니라 어떤 브랜드라도 다음 문항에 대답해보면서 자신의 독창성을 점검해보면 좋을 거야.

첫째, 제품 면에서 정녕 차별화되었는가?

• 제품 및 서비스에 확실하게 '유니크한 점'이 있는가?
• 조직 내부에 제품 카테고리의 '덕후급 마니아'가 있는가?
• 철학이 뚜렷하고, 생각이 '디자인에 녹아' 있는가?

둘째, 고객 면에서 정녕 라이프스타일을 파고드는가?

• 우리 브랜드의 '타깃을 명확히' 설정하였는가?

• 타깃의 '라이프스타일'을 깊이 이해하고 있는가?

• 제품을 사용하는 고객이 어떤 형태로든 '각별한 체험'이라
  고 느끼는가?

셋째, 교류 면에서 정녕 고객에 귀 기울이는가?

• 고객의 반응에 촉각을 세울 '시스템'이 구축되어 있는가?

• 고객 커뮤니티나 팬덤을 '적극적으로 관리'하고 있는가?

• '안티를 각오'하며, 당당하게 대처할 용기가 있는가?

하나하나 설명하지 않아도 알겠지. 컬트브랜드가 되면
안티도 생겨. 그만큼 각(edge)이 있다는 뜻이니 안티가 꼭
나쁜 것만은 아니야.

모쪼록 자네 브랜드도 열광적인 지지를 받는, 컬트브랜
드의 대열에 꼭 끼겠다는 목표를 가져보렴.

반짝 컬트브랜드가 됐다가 사라지는 경우도 많던데요.

그렇지. 컬트브랜드의 존폐 여부를 결정하는 핵심은 지지고객(supportive customers)이야. 제품만 잘 만든다고 컬트브랜드가 되는 게 아니고, 고객 간에 '체험을 공유한다는 느낌(sense of shared experience)'과 '소속감(sense of belongingness)'을 느끼게 해줘야 수명이 오래 가.

나는 운동을 아주 좋아하진 않지만, 얼마 전부터는 나이키 런 클럽(NRC) 덕분에 달리기를 시작했어. NRC와 운동하면 '함께'란 느낌이 들거든.

예를 들어 앱 하단의 GNB(Global Navigation Bar)에는 러닝을 기록하는 탭부터 다양하게 구성된 챌린지 탭들이 러닝을 지속하게 해줘. 트레드밀에서 러닝할 프로그램 종류도 많고, '목표거리 달리기의 시작', '힘들었던 날에는 편한 러닝(Tough day, Easy run)' 등 컨디션에 따라 달리기 모드를 선택할 수 있지. 러닝 가이드는 마치 옆에서 코치가 전문적으로 도와주고 격려해주는 것 같아. 주별, 월별, 연간 기록이 쌓여가는 재미도 쏠쏠해. 달성 기록에 따라 배지badge를 수여받고, 러닝 레벨에 따라 색깔별 등급도 주어지거든. 한마디로 운동을 지속하게 해주는 앱이야. 물론 어떤 러닝화를 신느냐에 따라 기록이 어떻게 달라지는지 체험할 수 있고.

나이키에서 제공하는 다양한 스티커로 나의 기록 이미지를 만들 수도 있는데, 이 이미지를 SNS에 공유할 때면 새삼 나이키의 일원이라는 소속감이 생긴다니까. 가끔은 오프라인에서 다른 러너들을 만날 때가 있는데, 서로 모르는 사이인데도 행사에서 만나면 금세 유대감이 생겨. '와서 우리와 함께 뛰자(Come run with us)'라면서 '소속감'을 만들어주는 장치야.

나이키만큼 잘하지는 못하더라도 자네도 지지고객을 묶어줘야 하지 않겠어? 고객에게 이야깃거리를 제공하고, 긍정적인 경험을 제품 후기 등으로 기꺼이 올리게끔 정성껏 독려하는 게 지지고객 형성의 시작이야. 우선은 대중적으로 큰 성공을 거두려는 욕심을 누르고, 소수의 마니아층이나 지지하는 팬을 발굴해야 해. 그것이 기반이고, 기반이 튼튼해야 더 안정된 지지고객층을 만들 수 있겠지.

국제적으로 유명한 이지윤 큐레이터가 그러더라. 경제여건이 힘든 미술가들이 많지만, 그 미술가의 작품을 좋아하고 가끔 구매도 하는 후원자가 20명만 있어도 성공의 씨앗은 뿌려진 셈이라고. 발굴한 지지자들과 브랜드, 지지자와 지지자를 연결해 점차 판을 키워가면서, 많은 이들에게 삶의 일부가 되고 생활에 깊숙이 자리잡은 라이프스타일 브랜드가 되는 게 모든 기업의 궁극적 목표 아니겠어?

내가 사진찍기를 좋아하니까 디지털로 된 라이카 카메라가 처음 나왔을 때 아내가 덜컥 생일선물로 사주더라고. 라이카는 사진 한 장 찍으려면 초점, 조리개, 타이밍, ISO 다 따로 맞춰야 해서 아주 귀찮아. 그래도 찍어 버릇하니 내가 모든 걸 통제한다는 재미와 독특한 색감이 점차 흥미로웠어. 이제 오토매틱 카메라는 싱거워서 못 찍겠어.

지인들 만나는 자리에서 사진을 찍어주면 색감과 느낌이 아무래도 다르니까 다들 놀라. 그러면서 한 명 두 명 라이카의 매력에 빠지더니 이제는 조그만 동호회가 형성되었지. '공유하는 체험'의 기쁨은 전염된다니까.

이제 사람들은 나이나 소득, 지역, 성별, 직업 등 인구통계적 기준으로 묶이기보다는 브랜드를 통해 취미나 관심, 감성 등을 공유하는 트라이브(tribe, 부족)의 일원이 되고자 해.

트라이브와 함께 나누는 체험을 통해 소속감이 생기면, 그들이 자진해서 친구들에게 브랜드에 대해 얘기할 거야. SNS에도 열심히 반응해줄걸? 소속감을 느끼는 브랜드에 대한 글을 보게 되면 댓글을 달거나 좋아요를 눌러줄 거라고. 이벤트에 참여하고, 자신을 지지자이자 앰버서더라고 자랑스럽게 말할 거고. 물론 그들 누구도 그 대가를 바라진 않아. 돈 받고 하는 게 아니라 좋아서 하는 일이니까. 어쩌면 그들이야말로 브랜드의 고객이자 진정한 소유자인 셈이지.

체험을 나누는 즐거움으로 소속감이 창출된 트라이브들이 모이면 팬덤fandom이 생긴단다. 자연스레 형성되든 인위적으로 구축하든, 팬덤은 컬트브랜드가 오래 지속되기 위한 필수요건이야.

팬덤을 구축하는 과정은 팬덤마케팅 전문가 박찬우 님이 쓴 《스노우볼 팬더밍》에 단계별로 잘 설명되어 있어. 간단히 보면, 자연스레 생긴 지지자들이 활동할 바탕을 만드는 저변 만들기(basing)를 시작으로, 지지자들을 적극적으로 찾아내는 발굴하기(digging), 발굴한 지지자들을 브랜드 및 다른 지지자와 연결하기(connecting), 연결된 지지세력을 팬으로 육성하기(nurturing), 마지막으로 업그레이드 등급으로 보상하는 승급(promoting)의 다섯 단계야.

팬덤 구축은 설명이 길어지니, 소개한 책을 보며 작은 그룹에서부터라도 시작해보렴. 팬덤은 하루아침에 형성되지 않고 온라인 매체도 점점 다양해지기 때문에 그저 자꾸 해보는 수밖에 없어.

SNS에 우리 브랜드가 자주 언급되면 좋겠어요.

학교를 졸업하고 자네처럼 스타트업을 하는 제자가 있는데, 가끔 인스타그램에 글을 올리더라고. 한번은 멋진 신발을 신은 사진이 올라왔기에 뭔가 하고 읽어보았지.

일이 있어 백화점에 간 김에 구경삼아 둘러보는데 보테가 베네타Bottega Veneta 신발이 눈길을 끌더래. 형광그린색의 스트라이드라는 부츠인데, 내가 보기엔 영락없는 장화야. 그런데 89만 원! 망설이다가 결국 플렉스flex해버렸다더군.

그런데 점원이 정성껏 포장해주면서 그러더래. "손님, 이 부츠는 물이 닿으면 안 돼요. 물티슈로 닦아도 안 되고요." "왜요?" "가죽이 오그라들거나 천연염료이기 때문에 물빠짐이 생길 수 있어요." 잉, 그래도 사? 비 올 때 신을 수 없는 장화 같은 신발이 과연 상품가치가 있을까?

물론 있어. 왜냐, 천하의 보테가 베네타니까. 설령 신지 않고 장식장 위에 모셔만 놓더라도 '나는 보테가 스트라이드 신는 사람이야' 하고 SNS에 올리면 자기만족감이 한껏 충족되겠지.

자기만족감은 아이러니하게도 남에게 인정받을 때 높아져. 소위 '관종'이 아니더라도, 사람에게는 부러움과 선망의 대상이 되고 싶은 욕구가 있으니까. 그런데 현실에서 부러움의 대상이 되는 경우는 흔치 않잖아. 안타깝지만 앞으로도 선망의 대상이 될 것 같지도 않고. 그렇다면 자기만족감을 포기해야 해? 아냐, SNS에서는 선망의 대상이 될 수 있어. 그 몇 가지 코드를 볼까?

현실에서는 샤넬을 입거나 루이비통 가방을 마구 살 수 없지만, SNS에서는 가능해. 제페토에서는 1만 원 이하로도 살 수 있거든. 멋진 집을 지을 수도 있고, 스포츠카도 살 수 있어. 가상공간에서 사람들의 '있어빌리티' 욕구를 충족시키면서 우리 브랜드를 홍보할 만한 아이템이 혹시 있을지 생각해보렴.

프라모델을 멋지게 만들어서 인스타그램에 올리면 탄성의 대상이 될 수 있지. 이것도 단계가 있다더라. 조립만 하면 끝나는 수준부터 일일이 색칠까지 해야 하는 수준까지. 공을 들여 뭔가 잘 만드는 재주도 선망의 대상이야. '덕질' 거리를 보여주는 것도 방법이 되겠지.

뭔가 '수집'하는 걸 자랑하는 사람들도 있어. 우표나 LP는 물론 추억의 장난감만 SNS에 올리는 사람도 있고, 지포 라이터, 앱솔루트 술병, 멋진 광고 포스터를 모으는 사람도 있지. 온갖 굿즈나 캐릭터를 개발하는 것도 수집욕구를 자극하려는 이유 아닐까.

얼마 전에 여동생이 오랜만에 전화를 했어. 조카가 띠부 띠부씰 수집 때문에 포켓몬빵을 사야 하는데, 도무지 구할 길이 없다면서 혹시 발 넓은 오빠가 구해줄 수 있냐고 연락 온 거야. 1996년에 나온 포켓몬스터가 30년 가까이 인기 있는 이유는 처음 캐릭터를 만들 때부터 서로 교환하고 자랑하고 싶게시리 다양하고 귀엽게 디자인했기 때문이지. 이처럼 우리 브랜드에 수집할 아이템을 제공할 거리가 있는지도 생각해봐.

쓸데없어 보이는 소셜미디어 활동을 같이하며 소비자들이 놀 만한 판을 펼쳐주거나 해시태그(#)에 자네 브랜드를 붙일 계기를 만들어주는 게 곧 현대판 홍보겠지. 있어빌리티든 덕질이든 수집할 거리든, 고객이 사람들에게 은근히 자랑하고픈 것을 제공해 '선망의 대상'이 되도록 도울 방안을 생각해보렴.

쓸데없음의 경제학이 매출로 직접 연결되기도 하나요?

도쿄 긴자에 가면 멜론 하나에 3만 엔, 우리 돈으로 30만 원이 넘는 가게가 있어. 잘못 적었나 싶어서 망고의 가격을 보면 이것도 3만 엔 안팎이야. 센비키야千疋屋라는 과일 가게인데, 1833년에 개점했다니 얼추 200년 된 곳이지.

어떻게 이런 터무니없이 비싼 가격을 받고도 200년을 버텼을까? 맛있어서? 맛있어봐야 얼마나 특출나기에? 과일 키운 농부 이름과 스토리가 있어서? 그런 곳은 요즘 많아.

포인트는 과일매대 옆에 있어. 거기엔 멋진 포장코너가 있는데, 담당 할아버지는 이 가게에서 과일 포장만 40년을 했대. 여기 과일은 거의 선물용이거든. 본인이 먹겠다고 3만 엔짜리 망고 살 사람이 몇 명이나 되겠어. 그러나 선물 받는 사람은 센비키야 과일을 보냈다는 것에서 선물한 사람의 마음을 가늠하는 거지. '쓸데없이 비싼' 과일을 구매하는 것은 상대방에게 기쁨을 주고 싶은 원츠 때문이야.

원츠를 자극하는 선물시장이라고 해서 비싼 제품에만 기회가 있는 건 아냐. 카카오톡의 '선물하기'에는 생일선물, 결혼선물, 집들이선물 등 12개 카테고리가 그때그때 바뀌는데, 그중에는 '쓸모없는 선물'도 있더라. 나는 카톡에서 선물할 때 이 카테고리에 들어가 살피곤 해. 눈길을 끄는 독특한 아이템이 많아 재밌거든. 선물이란 게 갖고는 싶은데, 내 돈 주고 사기엔 아까운 물건을 받을 때 가장 좋잖아.

한번은 템버린즈 매장에 갔는데, 크지도 않은 핸드크림이 3만 원이 넘어. 튜브에 금줄도 달리고 예쁘지만 그래도 비싼 편이잖아. 성큼 사기가 망설여져. 그런데 위층에 가니 고급스런 포장지가 진열되어 있더군. 박스 포장하려면 2,000원이고 직접 포장하면 무료야. 내가 사서 쓰기엔 비싸지만, 누군가에게 선물하기엔 안성맞춤이더라.

이런 사례야 끝도 없어. 남에게 기쁨을 주고 싶은 욕구를 자극하는 선물시장을 눈여겨보면 새로운 수요를 더 비싼 가격에 창출할 수 있단다.

쓸모없는 일에 이렇게 수요가 클지 몰랐어요.

오늘 '쓸데없음의 경제학'에 대한 주제로 여러 가지 얘기를 했는데, 자네 스스로에게 질문해보렴.

프린츠커피처럼 얼핏 쓸데없어 보이는 '잉여짓거리'를 통해, 뜻밖의 재미를 갖게 하는가?

젠틀몬스터처럼 '묘한 궁금증'을 자아내어, 색다른 호기심을 유발하는 재미를 만드는가?

라이카처럼 '컬트브랜드'가 되어, 덕후적 경험을 선사하는 재미를 만드는가?

앱솔루트처럼 '수집거리'를 제공해, 선망의 대상이 되는 재미를 돕고 있는가?

센비키야의 '선물거리'처럼, 남에게 기쁨을 주는 재미를 생성하는가?

이걸 다 할 수는 없지만, 자네 브랜드에 어떤 재미코드가 있는지 잘 생각해보렴. 요새는 제품만으로 성공하는 세상이 아니고 광고를 마구 할 수도 없으니 이런 재미를 통해 사람들에게 다가가야 해.

다시 정리하자면, 하루 세 끼 밥을 먹는 니즈(필요)라는 것은 모든 사람에게 동일한 공통분모야. 하지만 어떤 음식을 먹을까 하는 원츠(욕구)라는 건 분자야. 분자의 크기에 따라 행복을 얼마든지 키울 수 있고 시장의 크기도 달라진단다.

예전에는 욕구의 넓이나 깊이가 비슷했잖아? 반면 오늘날은 개성을 추구하려는 선택의 폭과 취향의 깊이가 넓고 깊어진다는 사실에 눈을 돌리면 더 큰 시장이 보일 거야.

성수동을 중심으로 재즈 라운지, 미술 전시장, 카페, 음식점, 맥주펍 등을 다양하게 운영하는 TPZ라는 크리에이티브 기획사가 있어. 회사명 TPZ는 'Team Positive Zero'의 줄임말인데, 생산성은 제로, 그렇지만 삶의 행복을 더해주는 사업이므로 포지티브라는 의미야. 이 시대의 철학을 반영하는 말 아닐까?

오늘은 돌아가는 길에 '쓸모없는 것의 쓸모'에 대해 진지하게 생각해보렴.

10장

Entertainment

어떻게 타깃고객의 삶에 파고들까

요즘은 왜 모든 사업에 엔터테인먼트가 강조되나요?

　우리가 처음 만나 얘기할 때 기억나지? 슬픈 일이 있는 고객을 위로해 드렸다면, 그것도 넓은 의미의 엔터테인먼트 라고. 엔터테인먼트란 재미만을 의미하는 게 아니고, 고객 과 희로애락을 함께하는 거라고 했잖아. 그러니 무슨 사업 을 하든 '어떻게 하면 고객이 우리 제품과 함께 호흡한다고 느낄까'를 고심해야 해. 엔터테인먼트를 강조하는 건 고객의 삶, 즉 라이프스타일에 파고드는 마케팅을 하라는 뜻이야.

　라이프스타일 마케팅의 첫 단계는 타깃고객을 소비자 (consumer)가 아니라 한 명의 사람(person)으로 보는 거야.
　예전엔 고객의 구매행동을 연구한다면서 '백화점에 들 어와서 왼쪽으로 가는 사람은 60%이고, 오른쪽으로 가는 사람은 40%네', '플래카드 만들 때는 무슨 색 바탕에 어떤 색 글씨가 눈에 잘 띄나?', '물건을 어느 높이에 배치하는 게 눈길을 더 많이 끌어?' 등등, 구매하는 순간의 소비자 심리와 행동을 조사하고 연구했지.

그런데 요즘엔 '우리 고객들이 출퇴근길에 무슨 SNS 콘텐츠를 봐?', '주말에 외식한다면 어떤 종류의 식당에 가지?', '여름 휴가철에 어디로 놀러가는 사람들이야?'를 조사해. 즉 그들의 구매행동뿐 아니라 일상을 살아가는 모습, 라이프스타일을 뒤져야 한다는 거야. 물건 파는 대상으로만이 아니라 한 명의 개인으로서 그들의 성향과 취향을 잘 파악해야 해. 왜냐? 사는(live) 방식이 다른 사람은 사는(buy) 브랜드도 다르기 때문이지.

고객의 일상을 아는 것이 '라이프스타일 마케팅'의 첫 걸음이야. 마케팅 용어로는 AIO를 파악해야 한다는 거고. Activities, 타깃고객이 하루 24시간을 어떻게 보내지? Interest, 그들의 관심과 취향은 뭐지? Opinion, 그들은 사회·교육·문화·정치 등 세상에 대해 어떤 관점을 가지고 있지? 이런 정보들을 알아야 그 사람의 삶에 파고들 수 있어.

이건 마케팅 방식 면에서 결코 작지 않은 변화야. 과거에는 제품을 만들고 그걸 필요로 하는 사람들을 찾아 공략했잖아. 이제는 내가 자신 있는 카테고리로 사업을 시작한 다음, 그 제품에 가장 잘 반응하는 타깃의 AIO를 이해해서, 그들이 선호할 만한 다양한 아이템을 제공하는 방향으로 바뀌고 있어. 타깃의 취향과 라이프스타일을 알아내면 그에 맞는 제품을 OEM으로 생산하거나 조달하는 해결방식을 택하는 거지. 이미 이런 전략으로 자리잡은 라이프스타일 브랜드가 많아.

MZ세대 여성의 취향을 가장 잘 저격하는 브랜드는? 위글위글. 화려한 색감과 위트 있는 디자인으로 이제는 패션 소품만이 아니라 일상생활 곳곳에 필요한 제품들을 모두 다루고 있지.

힙한 젊은이들의 관심사를 잘 이해하는 브랜드는? CNP. 아우어 베이커리로 유명해졌지만, 힙한 젊은이들이 좋아할 도산분식 같은 음식점, 나이스웨더 같은 라이프스타일 숍 등으로 확산해가잖아.

30대 소비자의 일상을 잘 아는 브랜드는? 29CM. 패션 사업으로 시작했지만, 지금은 조리도구나 욕실용품, 가전, 운동기구 등 30대에 맞는 생활용품까지 다 취급하거든.

아마존의 제프 베이조스가 왜 책을 사업 아이템으로 선택했을까?

그는 헤지펀드(hedge fund) 매니저를 꽤 잘하고 있어서 수입도 좋았거든. 그런데 90년대 초반에 인터넷 세상이 열리니까 미래가 여기 있다 싶어, 일단 무조건 박차고 나왔대. 그리곤 무슨 온라인 사업을 할까 조사도 하고 고심하는 중에 머리를 때리는 지표를 본 거야.

"자산가나 고액 소득자들은 그렇지 않은 사람들보다 책을 더 자주 구매하는 경향이 있구나. 책을 많이 사는 사람들의 연락처를 알아낸다면, 무한한 양질의 시장을 손에 넣을 수 있겠다" 싶었다는 거지.

돈 쓸 수 있는 타깃의 데이터를 갖게 되니, 이제 별의별 물건을 다 팔잖아. 제프 베이조스는 처음부터 책 판매가 종국적인 목표가 아니라 타깃 데이터 갖는 것을 목적으로 삼았던 거야.

요즘은 내 제품을 필요로 하는 고객시장을 넓혀가는 마케팅이 아니라, 내가 공략할 고객층을 먼저 선정한 다음 제품의 다양한 구색을 넓혀가는 것이 새로운 추세야. 그런 관점에서 본다면 타깃에 맞춰 큐레이션된 제품을 파는 라이프스타일 편집숍도 그런 추세를 반영한 비즈니스라 볼 수 있지. 어느 기업이나 편집숍을 할 필요는 없지만, 큐레이터의 관점으로 고객이 선망하는 라이프스타일에 초점을 맞추는 것은 필요해.

뉴욕의 유명 그로서런트grocerant인 이탈리Eataly는 여타 이탈리와 달리 싱글들의 라이프에 더 확실하게 방점을 찍어. 매장 규모가 엄청난 데다 인테리어가 모던해서, 서로 모르는 멋쟁이 싱글들끼리도 삼삼오오 모여 치즈와 햄, 파스타 등을 안주 삼아 와인 한잔하기에도 안성맞춤이더라. 혼자 사는 사람들은 혼자 먹을 저녁을 매일 준비하는 게 여간 성가신 일이 아닐 테니까.

나아가 거기서 먹을거리 쇼핑도 해. 특이한 메뉴를 구비하고 고급 식재료를 소량으로 판매하는 등 싱글에 걸맞은 라이프스타일을 선도해 인기를 얻고 있지. 1인 가구 시장이 급성장하고 있는 이 시점에 우리도 눈여겨볼 대목이야.

스타벅스는 집이나 일터와는 또 다른 제3의 공간을 마련하는 데 성공했지만, 비슷한 후발업체들이 생겨나자 매력도가 차츰 떨어졌어. 그러자 하워드 슐츠는 사람들의 라이프스타일을 리드해가는 방식에 골몰했어.

그가 살펴보니 고객들이 카페에서 커피만 마시는 게 아니라 아침을 해결하거나 비즈니스 미팅을 하는 거야. 여기에 착안해 스낵과 샐러드, 건강 주스, 베이커리 등을 적극적으로 판매하기 시작했지. 스타벅스는 이제 커피전문점이라기보다 베이커리 카페처럼 느껴질 정도 아니니. 실제로 슐츠도 "사람들이 스타벅스를 커피전문점으로만 기억하지 않기를 바란다"고 했어. 라이프스타일에 따라 제공하는 제품은 얼마든지 변주할 수 있으니, 스타벅스의 의미가 커피에 고착되지 않기를 바라는 것이지.

애플은 또 어떻고. 반도체 칩이나 액정화면 같은 기술력으로 앞서가는 회사가 아니잖아. 그들이 세상을 지배하는 것은 기술을 편집하는 능력으로 새로운 라이프스타일을 창출하기 때문이지. 라이프스타일을 창출하지 않는 기술은 단순한 테크놀로지 그 이상도 이하도 아니라고 봐. 샤프나 도시바와 같은 일본 전자업체들의 추락에서 보듯이, 이제 기술력이나 품질만으로 세계를 지배하는 시대는 지났어. 시대를 대표할 만한 문화적 현상을 주도하지 않으면 앞서가기 힘든 것이 현실이야.

신용카드별 혜택(benefit)을 꼼꼼히 비교하는 사람도 드물어. 그런데도 신용카드 회사들이 혜택을 강조하는 것과 달리, 현대카드는 금융회사를 넘어 라이프스타일 회사로 어필하여 약진을 이루었지.

뛰어난 품질의 제품을 만드는 것도 중요하지만, 궁극적으로 자네 브랜드가 사람들에게 어떠한 라이프스타일을 제안할 것인지 곰곰이 생각해보렴. 그것이 가장 훌륭한 스펙이자 경쟁력이니까.

교수님이 오늘은 '타깃고객'이란 용어를 많이 쓰시네요.

관찰력이 제법인걸. 고객의 일상에 들어가려면 막연히 '고객'이 아니라 '타깃'이 구체적으로 누구인지 알아야 해. 의외로 많은 브랜드가 자사 제품을 사는 타깃이 누군지, 왜 사는지 잘 몰라. 타깃이 누군지 모르니 마케팅도 흔들리지.

무알코올 맥주는 맥주 애호가가 타깃일까, 원래 술을 안 마시는 사람이 타깃일까? 애호가는 '상황에 따라' 선택 여부가 달라질 것이고, 원래 술 안 마시는 사람에게는 무알코올이 선택 가능 '음료 중 하나'일 테니 누구를 타깃으로 하느냐에 따라 마케팅에서 뭘 강조할지가 다르겠지? 그럼 디카페인 커피는? 전기 자동차는?

실제로 내가 조사한 사례 중에 포장김치를 살펴볼게. 지금은 김치 사 먹는 게 일반화됐지만, 8~9년 전만 해도 이 시장이 커지지 않아서 해당 업체들이 애를 먹었어. 그래서 마케팅으로 이 문제를 해결할 방법을 내게 의뢰하더라고.

나는 시장조사에 들어가기 전에 전반적인 감을 키우기 위해 내부 구성원들을 대상으로 워크숍을 하거든. 수년간 김치 사업을 해온 그들에게 김치를 주로 누가 사느냐고 물어봤어. 김치는 누구나 아는 상품이니 자네도 생각해봐. 누가 사먹을까?

그들이 말하기를 혼자 사는 싱글이나 맞벌이 부부, 신혼주부 등이 사 먹는다고 그러더라. 정말 그럴 것 같잖아. 그런데 내가 실제 조사를 해보니까 싱글들은 사 먹는 양도 적은 데다 주기적이지 않아서 마케팅을 해도 반응이 미미해.

맞벌이 부부는 어머니가 됐든 도우미가 됐든, 대부분 아이를 돌봐주는 분이 김치 문제도 해결해줘.

신혼주부는 친정어머니와 시어머니가 가끔 전화하며 잘 지내는지 안부를 물으시지. 그러면서 으레 하는 질문이 "너희 김치 안 떨어졌니?"래. 나중에 1,000가구를 대상으로 시장조사를 해보니, 김치에 대한 질문이 끊어지는 시기는 결혼하고 평균 7.2년 후더라고. 그전에는 어쩌다 사 먹긴 하지만, 정기적으로 사지는 않아. 그러니까 그들도 타깃이 아니지.

그럼 대체 누가 김치를 사 먹을까? 조사해보니 40~45세

주부들이더라. 보렴, 그분들 남편은 보통 40~50세야. 사회에서 가장 바쁠 때지. 집에서 남편들 저녁밥 먹는 날이 일주일에 두세 번도 안 돼. 자녀들은 중고등학교 다닐 나이인데, 공부 뒷바라지하느라 죽겠거든. 모르긴 해도 주부의 일생에서 가장 스트레스가 많을 시기 아닐까. 그런데 김치 담글 맛이 나겠니? 그냥 사 먹고 말지.

내가 이 이야기를 왜 길게 하는지 알아? 여태까지 이런저런 시장조사를 많이 했는데, 타깃이 누군지 제대로 아는 회사가 많지 않다는 말을 하려는 거야. 대부분 막연하게 짐작하거나 잘못 알고 있어. 고객이 누군지 뻔할 것 같은 김치조차 정작 누가 사 먹는지 잘 모르더라니까.

문제는 또 있어. 그 40대 주부들만 김치를 사 먹어도 시장이 꽤 될 텐데, 당시 매출규모가 200억 원밖에 안 됐어. 내가 김치 회사에 또 물었지. 그들마저 왜 다들 안 살까요? 그랬더니 답이 세 가지. 남편 눈치 보여서, 비싸서 또는 맛이 없어서래.

이것도 나중에 조사해보니 맞는 답이 아니더라고. 가족 눈치 보여서 사지 않는 가구는 무척 적을뿐더러, 그나마 가장 눈치 보이는 게 누구였게? 딸이더라. 참고로 남편 눈치 보여서 안 산다는 응답은 1,000가구 중에 단 한 가구도 없었어.

가격이 비싸다고? 요새 김치값이 4~5kg에 3만 5,000~4만 5,000원 정도인데, 4인 가구라도 2주 이상 너끈히 먹어. 더 저렴한 김치도 많아. 재료비나 수고비 따지면 그리 비싼 것도 아니고, 직장이 있거나 어차피 사 먹어야 할 사람에게 그리 부담스러운 가격은 아니야.

맛이 없다고? 김치라는 게 적어도 10~20포기 정도는 담가야 제맛이 나지, 한두 포기 갖고는 맛이 안 나. 그래서 사 먹는 게 외려 맛이 나을 때도 많아. 그럼에도 맛이 없어서라든지 가격이 비싸서 안 사 먹는다는 사람들은 '어차피' 사지 않을 사람들이야.

잠재고객 중, 사 먹지 않는 진짜 이유는 위생 문제가 가장 크더라. 예를 들어 고추 말리면 일일이 마른 헝겊으로 닦아야 하거든. 이걸 공장에서 잘 닦을까 하는 염려지. 지금은 김치공장이 반도체 공장처럼 깨끗하고, 소비자들이 견학하며 청결을 눈으로 확인할 수도 있어. 그 덕분인지 이제는 전체 김치 시장규모가 2조 원 이상으로 급성장하고 있어.

김치를 사지 않는 이유를 왜 잘못 알고 있었을까? 누가 타깃인지 모르니, 어차피 사지 않을 사람들을 포함해 무작위로 물어봐서 그래.

영국 가면 잊지 않고 사오는 퍼시피그Percy Pig 젤리가 있어. 귀여운 돼지 모양에 과일향의 풍선껌맛. 소프트타입 젤리라 많이 먹어도 턱이 아프지 않아. 한번은 배우 김희선 씨가 공항에서 출국하는 사진에 이 젤리 봉지를 들고 있는 모습이 찍혀 '김희선 젤리'라고도 불렸지.

이 회사가 2011년부터는 더 이상 돼지 젤라틴을 사용하지 않겠다며, 벌집에서 채취한 밀랍과 콩단백질 원료를 쓰기 시작했어. 그랬더니 오리지널 맛과 질감을 훼손한다며 여기저기서 반발이 들려오는 거라. 부정적 소문은 더 크게 들리는 법이거든. 그래서 진정한 여론을 알아보려고 조사를 했어. 이때 막연하게 무작위추출 조사를 한 게 아니라 퍼시피그 돼지 모습을 몸에 문신할 정도의 충성고객들을 찾아 조사했지. 그랬더니 웬걸, 대다수가 식물성 원료를 환영하더라는 거야. 그래서 2019년부터 전 제품에 젤라틴 프리를 선언했는데, 외려 더 잘 팔려.

상품 김치의 사례도 보았지만, 어차피 사지 않을 사람이나 어쩌다 한두 번 사는 사람들에게 사지 않는 이유를 묻는 것은 헛발질이야. 누가 진정한 잠재 또는 실질고객인지 먼저 파악하고, 그들의 생각과 생활을 얼마나 깊이 이해하느냐가 마케팅의 성패를 좌우하는 초석이 되겠지.

잠재고객의 일상에 마케팅이 언제 어떻게 끼어들죠?

사람들이 휴대폰 카메라를 들고 다니지만, 매 순간을 사진으로 찍는 것은 아니잖아. 화면을 보고 셔터를 누르는 잠깐의 순간에만 사진이 찍히지.

소비자 또한 늘 귀를 쫑긋 세워 광고를 보고 듣는 것이 아니라 마음의 조리개가 열리는 순간(aperture opening)에만 정보를 받아들여. 소비자들은 정보의 홍수 속에 살아가지만, 두뇌의 셔터를 자주 누르지 않아.

경제활동이 활발한 뉴요커 중에는 행정수도인 워싱턴에 자주 가는 사람들이 많아. 보통 I-95라는 고속도로를 운전해서 가는데, 네 시간도 넘게 걸린다는군. 기차를 타고 가면 좋으련만 미국인들은 습관상 차를 운전하는 데 익숙하지.

철도회사 앰트랙Amtrak은 이 사람들에게 운전하는 대신 편리하게 기차를 이용하라고 홍보하고 싶었어. 그래서 뉴욕과 워싱턴의 고속도로 초입에 'I-95의 대안'이라는 옥외 광고판을 크게 세웠지. 그런데 효과는 미미했어. 하는 수 없이 광고대행사 오길비앤매더Ogilvy & Mather에 해결책을 의뢰했는데, 그들의 답은 간단했어. 고속도로 입구의 광고판을 출구 쪽으로 옮긴 거야.

고속도로에 막 들어선 운전자에겐 앰트랙 타라는 광고가 눈에 들어오지도, 공감되지도 않아. 하지만 네 시간 동안 운전하느라 지친 사람 눈에, 피곤에 절어 폭발 직전인 운전자 모습과 함께 보이는 '앰트랙을 타시면 좀 더 인간처럼 느껴지실 거예요(You'll feel more like a human being on Amtrak)'라는 문구와 광고는 뇌리에 확 박히는 거지.

이처럼 동일한 메시지의 광고라도 '열린 틈'에 찔러 넣어야 해.

적절한 타이밍(timing)과 접점(touch point)에 정보를 전하려면 타깃의 행동을 속속들이 분석해야겠지. 이 용도로 오늘날 가장 각광받는 것이 바로 빅데이터 아니겠어. 인터넷과 유튜브, 페이스북 등에 인터넷 쇼핑, 검색기록, 위치정보 등 사용자에 관한 엄청난 양의 정보가 쌓이고 있잖아.

이 무궁무진한 데이터를 바탕으로 소비자들의 일상을 분석하고 예측할 수 있는 제반 기술과 서비스가 발달하면서 마케팅은 점점 치밀한 과학으로 변모하는 중이야.

만약 그런 도움을 받을 기술적, 재정적 능력이 없다면 간단히 다음과 같은 방법을 써볼 수도 있어. 흔히들 고객여정지도(customer journey map)란 걸 작성해보잖아. 예를 들어 카페에서 일할 생각을 가진 어떤 고객의 여정을 상상해보자. 일단, 집을 나서기 전에 뭔가 기대도 되고 염려도 되겠지. 그리고 운전하고 가서 주차를 하고, 카페 문을 열고 들어서며, 줄 서 기다린 후에, 주문하고, 결제하고, 앉아서, 커피 마시며, 일하다가, 짐 싸서, 문을 나서고, 다시 주차장에 가서 차를 빼고 도로로 나오기까지의 여정 중에 어디서 좋고 나쁜 체험을 할지 파악해서, 어떻게 좋은 체험을 증대시키고 나쁜 체험을 감소시킬지 궁리하는 거야.

지도를 그려보면 예상보다 많은 '부정적 체험요소(사전염려 또는 사후실망)'를 발견해 디테일하게 수정할 것들을 찾을 수 있어 좋아. 만약 자네가 목표한 바를 모두 충족했다면? 그렇다면 그 목표가 너무 소극적인 것이었을지도 몰라. 그럴 땐 부정적 체험요소를 해결하는 것에 만족하지 말고 '긍정적 체험요소(사전기대 또는 사후만족)'를 더욱 강화해야겠지.

〈표5〉 고객여정지도

	준비		임장		서비스					퇴장		
	사무실	이동	들어감	훑어보기	주문	지불	받기	딱기	즐기기	진째기	나오기	이동
접점			커피 향 좋네		바리스타 예의 바름	신속한 결제 방식		커피맛 참 고를 것 같이	충전 콘센트 달리 있음	9시반에 콘센트 시고갑다	화장실 비교적 깨끗	커피는 그런 대로 맛있음
사전기대 모드	주차장 여유 있을까?		인테리어 치뮤		형식적 미소		받자리 찾기 아려욹		오타피이 무료군	아직 있는데 시고갑게 테이블 정리		
행동 모드			음악이 내 취향 그런데 좀 크군	내가 좋아 응대하는 사람들과 부딪힘	준비된 음료 반호 부르는 고함소리 불편		의자가 딱딱	하지만 다른 맛 먹어볼걸	가방들 바닥에 내려놓아야 함	마신 컵 수거네 한참 찾음		
사전열망 모드	새로 생긴 카페 어떨까?			왜 이리 느려?			테이블이 직고 낮아					
사후심인 심인	사람이 많지 않을까?								케이크가 너무 듬다	음악이 볼세 문내?	그런데 음악도 콘센트도 좋아서 언라라도 오진 않을 것 같다	주차장 아쉽다

T.E.D. 기억나? 업그레이드된 기술(Technology)로 편의성을 증진하거나 즐거움을 더하는 엔터테인먼트(Entertainment), 감도 높은 디자인(Design), 이 세 가지가 고객의 만족감을 더욱 고취시켜 차별적 우위를 느끼게 하는 키워드이니 참고하여 구체적인 방안을 잘 생각해봐.

이번에는 동일한 방식을 사용해 타깃고객의 24시간 일과로 늘려보자고. 그들의 일상을 시간대별로 상상해보는 거야. 6~7시 기상 및 샤워, 7~8시 식사 및 출근 준비… 이런 식이지. 그리고 그 시간대에 어떤 매체에 노출될지 짐작해보렴. 그 매체들 어디에 우리 브랜드의 광고나 홍보를 노출할 수 있는 '열린 틈'이 있는지 파악하고, 시간과 매체를 고려해 적절한 메시지를 노출하는 거지.

이걸 워크시트처럼 만들어 다양한 세분집단에도 적용해보고, 주중/주말로도 나눠서 해봐. 간단하지만 많은 인사이트를 얻을 수 있을 거야. 연습 삼아 화장품 브랜드라고 가정하고 〈표 6〉을 채워보자.

염두에 둬야 할 점은 IT기술의 발달로 열린 틈에 시간과 공간의 제약이 적어졌다는 사실이야. 언제건 어디서건 열린 틈을 발견해야 한다는 뜻이지. 열린 틈의 순간에 타깃이 어디서 뭘 하고 있을지 떠올려보렴.

〈표6〉 타깃고객의 시간대별 활동과 마케팅 기회

시간	일상적 일과	매체 노출 (분)	열린 틈 (분)
06:00~ 07:00	기상 및 샤워	카카오톡(5), 인스타그램(10)	
07:00~ 08:00	식사 및 출근 준비	모바일 뉴스(10), 유튜브 뮤직(15)	
08:00~ 09:00	출근	대중교통 광고(5), 웹툰(10), 인스타그램(10), 카카오톡(10), 패션 사이트(15)	카톡 선물하기(5), 29CM(5)
09:00~ 12:00	오전 업무	온라인 기사(15), 주식(5), PC 카카오톡(10), 네이버/구글(20)	
12:00~ 13:00	점심 식사	전단지(5), 야외간판(10), 주식(10), 카카오톡(10), 인스타그램(5)	전단지 광고(2)
13:00~ 18:00	오후 업무	패션몰(10), PC 카카오톡(10), 네이버/구글(15)	
18:00~ 19:00	퇴근	유튜브 뮤직(20), 넷플릭스 (20), 대중교통 광고(5), 인스타그램(5), 쇼핑 앱(15)	올리브영(10), 마켓컬리(15), 오프라인 광고(5)
19:00~ 20:00	저녁 식사	TV 뉴스(20), 유튜브(20)	TV 광고(5)
20:00~ 21:00	운동 또는 산책	스트리밍 뮤직(30), 운동 어플(5), 헬스장 TV(20)	Vlog PPL(5)
21:00~ 22:00	취미생활, 드라마 시청	OTT 또는 전자책(30), 브런치 어플 등(10), 유튜브(20)	브런치 글(5) 유튜브 광고(5)
22:00~ 23:00	취침 준비	카카오톡(5), 인스타그램(10)	인스타그램(5)

사람들의 생각과 생활을 깊이 파악할 방법이 있을까요?

만약 사자란 동물의 특성을 알고 싶으면 어떻게 해야 할까? 야생에 가서 사자를 봐야겠지. 사자의 진짜 행동은 동물원이 아니라 초원에 가야 알 수 있으니까.

마찬가지로 소비자 보고서나 트렌드 책을 읽는 것만으로는 잠재 또는 실질고객의 심리를 알기 어려워. 시장 상황이나 타깃이 무슨 생각을 하는지 알려면 ① 내가 바로 그 소비자 그룹이거나 ② 현장판매 경험이 무척 많이 쌓였거나 ③ 자기 자신이 제품에 푹 빠진 마니아거나 ④ 발병이 나도록 발품 팔고 다니며 보았거나 ⑤ 데이터베이스와 알고리즘으로 탐색해야겠지.

그런데 중요한 건, 머리로 이해하는 것을 넘어 고객과 시장에 대한 '느낌'을 갖는 거야. 그 방법 중 하나가 바로

FGI(Focus Group Interview)지. FGI 무용론을 말하는 사람도 더러 있는데, 그건 제대로 진행하지 않아서 그래. 대규모 시장조사를 할 게 아니라면 이것만큼 유용한 방법이 없어.

참고로 FGI 참여자는 시장을 대표하는 게 아니야. FGI의 목적은 대중의 전반적인 의견을 알려는 게 아니라 인사이트(insight), 즉 영감을 얻거나 특이한 생각(idiosyncratic idea)을 찾아내는 데 있어. 회사에서 매일 제품/서비스를 접하는 내부 구성원들이 오히려 고정관념이 많거든. FGI를 해보면 소비자들은 제품을 전혀 다른 용도로 사용하고 있거나, 엉뚱하지만 기발한 아이디어를 들려줄 때가 많아. 그런 걸 캐치해야지.

"저는 소화에 문제가 없지만, 평소에도 죽을 자주 먹어요. 이것저것 넣고 잘 끓이면 맛있거든요." "침대는 프레임보다 매트리스가 중요해요. 그야말로 가구가 아니라 수면과학이랄까요?" "저희는 아이들이 어려서 냉장고용 탈취제는 안 써요. 왠지 화학제품 같거든요, 대신 베이킹소다를 넣어둬요. 탈취 효과도 더 좋고요." "저희 집은 김치를 보관하는 별도의 냉장고를 써요. 냄새보다도 익을 때와 보관할 때 온도가 달라야 해서요." 이런 생각지도 못한 이야기들에서 신제품 아이디어나 마케팅 포인트가 나온다니까.

일례로 내가 얼마 전에 20대 말~30대 초반 여성들을 대상으로 FGI를 했는데, 가장 벤치마킹하고 싶은 여성이 누구냐고 물었어. 요즘 잘나가는 멋진 연예인이나 젊은 스타트업 창업가, 전문분야의 여성도 많잖아. 그런 분들을 언급할 거라 예상했는데, 이구동성으로 70대 윤여정 님이라는 거야. 의외잖아. 그러고 보니 "니 맘대로 사세요"라는 카피와 함께 윤여정 님을 모델로 모셔간 지그재그의 촉이 대단하다 싶더라.

이제 FGI의 요령을 좀 알아볼까? FGI의 참가 인원은 8~12명 정도가 적당해. 인원이 너무 적으면 역동감이 생기지 않고, 너무 많으면 산만해져. 개별적으로 묻지 않고 사람들을 그룹으로 모아놓고 묻는 이유는, 어떤 사람의 의견을 듣고 다른 사람의 기억과 생각이 자극되어 점점 두뇌선풍(brain storming)을 일으키는 집단역동(group dynamics) 효과를 의도하기 때문이지. 한 사람에게만 물어보면 대답에 한계가 생기는데, 옆 사람이 반응하거나 맞장구쳐주면 이야기의 폭이 굉장히 넓어져. 이런 그룹을 지역이나 연령, 소득수준, 사용빈도 등을 고려해 4~8그룹으로 나누어 의견을 다양하게 들어봐.

각 그룹의 참가자들은 비슷한 사람끼리 모아야 해. 연령이나 소득 차이가 크면 서로 조심해서 말을 잘 안 하거든. 아는 사람이 있어도 솔직하게 말하기 어려우니 서로 모르는 사람들을 모아. 물론 각자의 익명성은 철저히 보장되어야 하고.

나는 프로젝트를 할 때면 모더레이터(moderator, 진행자) 역할을 직접 해. 소비자들이 말하는 목소리를 현장에서 듣고 표정을 보면, 조사하는 제품에 대한 시장의 '느낌'이라는 게 오거든. 그래서 나는 회사 임원이나 담당자들에게도 FGI 현장에 와서 꼭 보라고 말해. FGI 내용을 보고 서로 읽는 것과 직접 와서 듣는 건 천양지차야.

모더레이터는 대화를 편하게 만드는 촉매 역할이므로 훈련과 기교가 필요해. 하지만 몇 번 해보면서 적절한 공감력과 '순진한 왜(innocent why)'라는 질문으로 파고드는 탐색력을 키우면 자네도 충분히 할 수 있어. 내 경험으로는 90분 정도가 적당한데, 시의적절한 위트나 돌발 상황에 대처하는 융통성을 곁들이면 지루하지 않고 재미있어해. 여하튼 진행의 핵심은 앞서 말한 집단역동을 유발하는 거야.

거창하게 FGI라는 이름을 붙일 것도 없어. 인스타그램이나 페이스북에 "간담회나 담소회를 가질 테니 오세요"라고 하고 간단한 답례품을 준비하면, 의외로 적지 않은 사람들이 호응을 해줘.

특별한 장소도 필요 없어. 일방경(one-way mirror)이 있는 FGI 전용룸을 빌릴 수도 있지만, 그냥 응접실처럼 꾸며놓고 CCTV로 중계해 다른 방에서 참관해도 괜찮아. 참가자들이 마이크나 카메라를 신경쓰기도 하지만 처음에만 그렇지 곧 익숙해져.

요즘은 제품들이 다 비슷하게 좋아서 차별점을 찾기 쉽지 않잖아. 막연하게 생각해서는 그 차이가 뭔지 도무지 생각나지 않지. 그럴수록 주기적으로 소비자들을 모셔놓고 간담회를 해봐. 생각보다 많은 정보와 아이디어를 얻을 수 있을 거야.

정형화된 리서치는 평범한 아이디어만 남기고 정말 좋은 아이디어는 오히려 없애버리기 십상이야. 응답자가 지금 리서치 중이라는 사실을 망각할 정도로 흥미롭게 대화를 리드해야지.

마케터는 소비자 심리와 행동의 연관관계를 추적하는 프로파일러가 되어야 한단다.

수많은 소비자 가운데 누가 타깃인지 어떻게 구분하죠?

자네의 질문을 다른 말로 표현하면 '시장세분화'가 되는데, 세분화에 대한 이해부터 제대로 해보자.

흔히 세분화라 하면 헤비유저(heavy user, 다량사용자)부터 찾으려 해. 예를 들어 맥주 시장을 세분화한다면, 맥주를 조금 마시는 사람보다 많이 마시는 사람을 찾아내 그 시장을 공략하면 된다고 당연한 듯이 생각하잖아.

그런데 잘 생각해봐. 헤비유저를 공략하는 게 상식적인 것 같지만 그게 아니라니까. 왜 아닐 것 같아?

우선 헤비유저는 자기가 사용하는 제품에 대해 뚜렷한 선호나 로열티가 있어서 그들의 마음을 바꾸기가 힘들어. 맥주를 자주 마시는 사람들은 '맥주란 이런 것'이란 자기 고집이 있어서 웬만한 마케팅으로는 흔들리지 않거든.

또한 헤비유저 시장은 너도나도 다 공략하려 해서 경쟁

이 굉장히 심해. 비용 대비 효과가 작아서 점유율을 높이기 어렵지.

시장의 취향과 크기가 변화한다는 것도 고려해야 해. 몇 년 전부터 젊은이들을 중심으로 라거보다 수제맥주 좋아하는 소비자가 급속히 늘고 있어. 절대적인 시장규모는 여전히 라거가 훨씬 크지만, 트렌드를 이끄는 건 수제맥주지. 이러한 라이트 유저(light user, 소량사용자) 시장의 잠재력을 무시하면 안 돼. 더욱이 후발주자라면 단순히 수요수준(demand level)만 보고 헤비유저를 좇는 세분화가 불리해.

그럼 어떻게 해야 할까?

수요탄력성(demand elasticity)에 따른 세분화가 대안이야. 수요탄력성이란 말, 오랜만에 듣지? 경제학 수업의 기억을 잠시 더듬어볼까?

가령 피자 한 판에 2만 원일 때 월간 매출이 1,600판이었는데, 가격을 1만 8,000원으로 10% 낮췄더니 2,100판으로 31% 더 팔리는 것처럼, 가격변화에 얼마나 민감하게 수요가 반응했는지를 수요의 가격탄력성이라고 하잖아.

그런데 말이야. 경제학에서는 시장 전체를 보지만, 마케팅에서는 한 사람 한 사람의 탄력성을 봐. 앞의 예처럼 피자 가격을 낮추니 김영수는 1.3배 더 많이 사 먹고, 이형

철은 2.1배나 더 사 먹는가 하면, 변화가 없는 박영애 같은 사람도 있어. 사람마다 반응, 즉 탄력성이 다 다르다고. 마케팅에서 말하는 수요탄력성이란 쉽게 보자면 '가격(P) 변화'에 대한 '수요(Q) 민감도'인 거지.

세상의 모든 사람은 민감도가 다 달라. 그중 가격에 민감하게 반응하는 사람들을 찾아 묶어서 공략하는 게 바로 '수요탄력성에 의한 시장세분화'야. '세분'이라는 용어 때문에 시장을 자른다고 생각하면 시장이 보이지 않아. 세분화는 시장을 나누는(disaggregate) 관점이 아니라 모으는 전략, 즉 가격민감도가 각기 다른 소비자를 몇 개의 동질적인 집단으로 묶는(aggregate) 관점으로 이해하면 시장을 보는 눈이 달라질 거야.

게다가 경제학에서 Q는 수량(quantity), P는 가격(price)을 지칭하잖아. 그런데 마케팅에서의 P는 가격뿐 아니라 4P, 즉 광고를 포함한 판매촉진(promotion)의 내용, 제품(product)의 품질, 판매장소(place) 등 다양한 '마케팅 도구(marketing tools)'를 의미하거든. 그러니 '가격변화'에 반응할 소비자는 누구일까에 그치지 말고 '판촉, 광고, 소셜미디어 활동, 품질, 매장 분위기 등의 변화'에 반응할 소비자가 누구인지 찾아내어 그들과 소통할 방법을 모색해보렴.

영화 〈올드보이〉의 명대사 기억해? "당신의 진짜 실수는 대답을 못 찾은 게 아니야. 자꾸 틀린 질문만 하니까 맞는 대답이 나올 리가 없잖아."

'누가 더 많이 구매하느냐(heavy users)'가 아니라 '누가 마케팅 활동에 더 반응하느냐(marketing sensitive users)'를 곰곰이 생각해봐.

마케팅 활동에 반응할 소비자를 어떻게 찾아요?

자네, 마인드맵(mind map) 그려본 적 있지?

비슷한 방식으로 세분화 나무(segmentation tree)를 그려보면 좋아. 요즘은 구글폼(Google Forms) 등 서베이 툴이 많아져 설문조사하기가 참 수월해졌잖아. 안 해봤어도 아주 쉬우니 그냥 시도해봐.

코로나 시대에 '혼술'하는 분위기다 보니 와인 외에도 전통주나 수제맥주가 새롭게 각광받는 것 같아. 수제맥주를 가상의 예로 세분화 나무를 만들어보자.

"요즘 즐겨 마시는 맥주 종류는 무엇입니까? ① 수제 에일맥주입니다. ② 전통 라거맥주입니다."

이렇게 물었더니 수제맥주를 마신다는 응답이 9.1%, 라거맥주 마신다는 응답이 90.9%야. 그럼 라거맥주 마신다는 응답자의 답을 더 분해해 보는 거지.

"수제맥주에 대해 들어본 적이 있습니까? ① 있다. ② 없다." 들어본 적 있다는 응답이 78.3%, 없다는 응답이 12.6%야.

이런 식으로 질문해보면 〈그림5〉처럼 세분화 나무가 작성되겠지. 예를 들어 여기서 '세분시장1'은 수제맥주에 대해 들어본 적 있지만 라거에 만족하고 있으며, 신제품에 비호의적인 소비자이므로 마케팅을 해도 시간낭비일 것 같아.

'세분시장3'은 현재 라거에도 만족하지만 신제품에도 호의적이야. 단, 품질이 중요하므로 수제맥주를 만드는 원료와 정성을 어필해보면 어떨까?

'세분시장5'는 지금 마시는 라거에 불만이 있는데 가격에 민감하므로 병당 3,500원짜리 수제맥주를 4병에 1만원 패키지로 묶어 시음을 유도해볼 수 있겠네.

'세분시장7'은 수제맥주를 선호하는 소비자이니, 수제맥주 중에도 우리 브랜드를 선택하도록 유도해야겠군.

이런 식으로 전략 아이디어가 생기잖아. 그리고 설문지에서 연령이나 소득, 직업 등 인구통계 정보를 기입하게 하면 세분시장별 특성도 알 수 있어. 그럼으로써 세분시장별로 마케팅믹스(4P), 말하자면 매체습관, 가격민감도, 자주

〈그림5〉 수제맥주의 세분화 나무

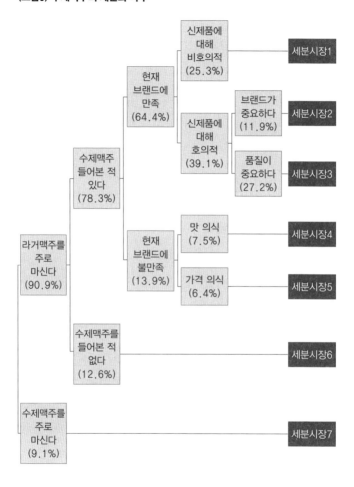

접하는 유통망, 제품선정 기준 등을 고려하면서 전략 아이디어를 짜보는 거야.

그런 다음, 각 세분시장의 가치와 바람직한 정도를 판단해 해당 가지에 대한 마케팅 노력을 증대할지, 유지할지, 방치할지, 회피할지 정할 수 있어. 그 기준은 각 세분시장의 브랜드 충성도, 구매 가능성, 수익성 등이 되겠지.

가지가 많아진다고 염려할 필요는 없어. 시장을 세분화하다 보면 어떤 세분시장은 너무 작아(예컨대 5% 이내) 무시할 수 있고, 어떤 세분시장은 다른 세분시장과 동일한 마케팅믹스에 반응할 테니까. 유사한 믹스에 반응하는 세분시장끼리는 모아야 해. 마케팅믹스의 수가 늘어날수록 소비자의 선택도 증가하겠지만 그만큼 재고 수준, 사무비용, 판촉비용 및 생산비용 등도 올라가니까.

잘 그려진 세분화 나무는 전체 시장의 구성을 이해하는 데 도움이 되고, 남을 설득하는 데에도 유용하단다. 무엇보다도 세분화 나무를 작성하는 과정 자체가 전략수립할 때 생각거리를 준다는 점에서 크게 도움이 돼.

좁게 타깃팅하라던데, 매출이 충분할까요?

브랜드가 노려야 할 궁극의 타깃은 스티브 잡스의 표현을 빌리자면 '의식 있는 소수'야. 그 소수가 형성하는 파급력은 결코 작지 않아. 의식 있는 소수를 지향한다는 건 구체적으로 무슨 뜻일까? 바로 선망의 대상을 좇는다는 것이지.

선망의 대상을 마케팅에서는 '뮤즈(Muse)'라 일컬어. 원래 뮤즈란 작가나 예술가 등에게 영감을 주는 여신을 지칭하는데, 마케팅에서는 '마케터에게 영감을 주는 타깃'을 뜻해. 이 뮤즈 타깃에 좁게 초점(pinpoint)을 맞춰야 마케팅의 그림이 선명해져.

세상에 없던 룰루레몬이 느닷없이 나타나 요가복을 필두로 에슬레저 시장의 선두가 된 것은 누가 이 요가복을 입는지 이상적인 타깃, 즉 뮤즈를 칼같이 설정한 덕분이야. 오션(Ocean)이라 이름 붙인 가상의 뮤즈를 정하고 '연봉 10만 달러를 버는 32세 전문직 싱글 여성(32-year-old professional single woman who makes $100,000 a year)'이라고 설정했지.

30대 초반에 이만큼 성공한 여성이 많을까? 그렇진 않잖아. 다시 말하지만, 뮤즈라 함은 '선망의 대상'이 되는 타깃이야. 비록 지금은 그렇지 않더라도 그렇게 되고 싶은 사람들로 하여금 이 브랜드를 사고 싶게 만드는 거지.

룰루레몬은 뮤즈의 라이프스타일을, 유행에 민감하고 여행을 즐기며 매일 한 시간 반씩 운동하고 자신을 표현하는 패션이나 제품, 그리고 건강과 행복을 위해 큰 망설임 없이 돈을 쓰는 사람들이라고 구체적으로 설명했어. 그리고 'This is yoga'란 시리즈 광고를 통해 성취감을 중요시하기에 요가로 생활에 균형을 잡는 사람들이 입는 옷이라고 상상하게 했지. 그 결과 트렌드에 밝은 소비자, 즉 '의식 있는 소수'가 먼저 사고, 뚜렷한 생각 없이 유행을 좇는 대중이 그 뒤를 따르게 되면서 매출이 성장한 거야.

이렇게 핀포인트할 작은 시장을 《마케팅 불변의 법칙》에서는 '고지'라 표현해. 전쟁터에서 고지를 점령하면 밑에서 올라오는 공격을 방어하기 좋잖아.

그런데 깃발을 꽂고자 하는 고지를 설정할 때도 이름 짓기가 중요해. '운동복'이라든지 '요가복'처럼 고지를 너무 넓게 잡으면 우리가 오롯이 점령하기 어려워. 룰루레몬은 선점할 고지를 새로운 이름, 즉 '에슬레저 룩(Athleisure Look)'이라 명명하고 점령했지.

일단 자네 제품의 실제 타깃이 누구일지 파악해보렴. 그리고 그 타깃 고객들이 선망하는 삶이 무얼까 생각해봐. 〈행복이 가득한 집〉이 창간 35주년 기념으로, 독자들에게 이 잡지를 왜 구독하는지 써보시라 했더니 "내가 살아갈 내일을 먼저 살아가는, 닮고 싶은 언니"라고 대답한 분이 있더군. 한마디로 선망하는 삶의 모습을 보여주는 잡지란 거지. 실제 그런 삶을 살고 있을 만한 사람을 뮤즈로 설정하는 거야. 꽤 구체적으로 잡아야 해. 영화나 드라마의 가상인물도 좋아.

명품 수영복으로 유명해지기 시작한 비치웨어 브랜드 올레바 브라운Orlebar Brown은 007 제임스 본드를 뮤즈로 삼았어. 멋진 영국신사가 놀러가서 입을 만한 레저복이 이들의 기준인 거야. 나는 제임스 본드 역할 중에는 숀 코너리를 가장 좋아하는데, 올레바 브라운을 입으면 마치 그가 된 듯한 느낌이 들어. 내겐 다소 비싸긴 해도 그런 이유로 가끔 눈 딱 감고 플렉스하지.

골프의류 브랜드 로저나인은 2018년에 시작했는데, 불과 3년 만에 매출 1000억 원을 돌파하며 프리미엄 골프웨어 시장에서 두각을 나타내고 있어. 신재호 대표는 출범하면서 직원들에게 "우리의 타깃 연령은 딱 34세입니다. 3040처럼 모호한 말은 쓰지 맙시다"라고 했대. 33세냐, 34세냐, 35세냐는 것은 사실 크게 의미가 없어. 팀원들과 공동으로 마음속에 그려둬야 할 구체적 대상이 필요해서 정한 것일 뿐.

다시 말하지만, 타깃을 핀포인트해야 마케팅을 어떻게 할지 그림이 선명해져. 만들고자 하는 그림, 즉 이미지나 문화가 어떤 모습인지를 뮤즈 타깃으로 설정해야 하는 이유야.

내가 가장 좋아하는 미술가는 장 미셸 바스키아야. 27세 한창 나이에 죽어서 안타까운데, 이 젊은 천재가 한 말이 뭉클해.

"난 그림 그릴 때 예술이 뭔지는 생각하지 않아요. 삶이란 무엇인가에 대해 생각하려 하죠(When I'm working, I don't think about art. I try to think about life)."

마케팅을 기획할 때도 매출에 앞서 고객의 삶에 대해 진지하게 생각해보렴.

11장

Esthetics

디자인을 어떻게
마케팅에 활용할 수 있을까

겉모습으로 끌어들이는 게 디자인의 본질은 아니잖나요?

얼마 전에 생전 처음 미슐랭 3스타 레스토랑에 갔어, 대기업 회장님의 초대로.

리넨 식탁보 위 우아한 본차이나 접시에 담긴 음식들이 먹기 아깝도록 아름답더라. 고상한 음악과 깔끔하게 차려 입은 웨이터… 분위기에 압도당해 음식은 편안하게 맛보지 못했지. 하지만 그저 눈으로만 보아도 최상의 맛이 느껴지는 것 같더라니까. 우리는 디자인이라는 마법 아래 사는 것 같아.

비즈니스는 고객의 영혼을 고양하는 것이어야 해. 그것을 위해 마케터가 할 수 있는 방법은 많아. 그중 하나가 미적 감도를 높이는 거지. 특징이나 기능, 좋은 가격을 내세우는 것도 좋지만, 궁극적으로는 미적 감도가 기업의 가장 큰 차별화 요소라 생각해.

고객에게 내밀 수 있는 디자인을 넓게 보면 우리의 오감이 모두 해당되지만, 보통은 시각적 디자인을 말해. '아름다움의 과학'이란 주제의 책들이 꽤 있는데, 요점은 사람들이 선천적으로 아름다움을 갈망한다는 거야. 모양으로 자동차를, 얼굴로 사람의 성격을 판단하려는 경향을 선천적으로 지니고 있다는 거지.

책을 겉표지로 판단해서는 안 된다는 것을 알면서도, 내게는 여전히 표지가 판단의 중요한 잣대라는 점을 숨길 수 없네. 디자인 때문에 내용이 달라지지 않지만, 아무리 덧없고 인공적인 치장이라도 아름다움은 우월함을 지니지. 인정하지 않으려 해도 우리를 사로잡아. 도망칠 수 없다니까.

잠재고객 역시 마찬가지라고 봐. 고객의 편견, 즉 더 아름다운 쪽이 더 낫다는 무의식적인 믿음을 인정해야 해. 오죽하면 《보이지 않는 손길(Invisible Touch)》의 저자 해리 백위드Harry Beckwith는 '더 예쁜 쥐덫'을 만들라잖아. 그게 고객을 즐겁게 해주는 일이라며.

하여간 아름다움은 사람들을 더 행복하게 해주는 것 같아. 그러니 보다 좋은 비즈니스를 하려면 아름답게 보이렴. 자네 제품이 훌륭하다면, 그 훌륭함을 눈으로 보게 해쥐. 그림 한 점이 천 마디의 말을 할 수 있다는 것을 알잖아. 단어를 기억시키기보다 이미지를 각인시키는 편이 훨씬 더 효과적이니까.

이미지는 고객에게 많은 말을 하지. 하지만 자네가 말을 하게끔 했을 때만 말한단다. 디자인 부서가 알아서 실행하겠지만, 대신 자네에게는 느낌이 좋은 디자인을 알아보는 심미안이 필요해.

디자인이 마케팅의 성패를 좌우한다고요?

맞아, 마케팅과 디자인은 손바닥 앞뒷면처럼 불가분의 관계야.

특히 패션에서는 디자인이 마케팅 역량에 오롯이 반영되니 패션 사례부터 살펴보자. 누구나 잘 아는 것 같지만, 사실은 잘 모르는 버버리Burberry 얘기부터 해볼게.

버버리가 1, 2차 세계대전 전장에서 쓰던 방호복을 패션으로 만든 것인 줄은 누구나 알지. 인기가 워낙 좋다 보니 별별 짝퉁이 다 나왔잖아. 짝퉁만 생긴 게 아니라, 영국의 비행 청소년인 차브chav들이 버버리를 유니폼처럼 입는 바람에 버버리의 이미지가 말도 못하게 망가졌지.

그렇게 해서 버버리가 끝나는가 싶을 때, 미국의 고급 백화점인 색스 피프스 에비뉴Saks Fifth Avenue 사장이었던 로즈 마리 브라보Rose Marie Bravo를 영입하거든. 일단 문제점을 파악해보는데, 사실 살려낼 길이 막막했을 거야.

전략 면에서는 단기수익에 눈이 멀어 라이선스를 마구 남발하는 상황이었어. 타깃은 누구? 아시아, 특히 중국의 졸부였지. 판촉(promotion)은 40~60대 기성세대 위주였고, 가격(price)은 라이선스를 남발하는 바람에 저렴한 제품들이 판쳤지. 판매장소(place)는 시장을 비롯해 낡고 허접한 매장에서도 팔았고, 제품(product)은 식상한 체크무늬와 짝퉁들. 이걸 어떻게 해결할 거야?

브라보는 이 모든 문제를 '디자인'으로 해결할 수 있겠다 싶었어. 그래서 구찌의 헤드 디자이너 톰 포드 밑에서 일하던 서른 살의 젊은 디자이너 크리스토퍼 베일리Christopher Bailey를 영입했지.

내성적인 그는 버버리를 조용히 하나하나 바꿔나갔어. 옷의 안감에는 체크무늬 헤리티지를 유지하되, 겉에는 드러나지 않게 했지. 디자인 자체를 젊되 고급스럽게 해서 '버버리는 버버리인데 많이 바뀌었네'라고 느끼게 했어. 그사이 브라보는 제값을 받도록 라이선스 사업을 다 잘라버림과 동시에 허접한 매장들도 다 닫고, 주요 도시의 고급 백화점에 있던 매장들만 멋진 인테리어의 플래그십 스토어로 변신시켜 남겼지.

이 모든 것은 디자인이 받쳐주지 않으면 안 돼. 어떻게 보면 뻔한 얘기인데, 마케터와 디자이너가 만나 리브랜딩 rebranding을 해서 문제를 해결한 거야.

마케팅의 성패를 좌우하는 핵심요소는 결국 디자인이야. 비단 패션만 그런 것도 아니야.

타다미쓰 마쓰이가 무지 사장이 됐을 때, 무지도 바닥을 치고 있었거든. 그러자 무지그램이란 매뉴얼을 만들어 이 난관을 턴어라운드했다고 했잖아? 원칙을 만드는 건 다른 회사도 할 수 있지만, 마쓰이 사장은 이 변화를 비주얼로 풀 수 있어야 한다는 것까지 안 사람이지. 그래서 영입한 사람이 바로 디자이너 하라 켄야Hara Kenya야.

하라 켄야가 쓴 《디자인의 디자인(Designing Design)》은 웬만하면 읽어봐. 그리 쉽지는 않은데, 중간중간 읽어도 무지의 '더도 말고 덜도 말고 심플한' 디자인이 나온 배경과 철학을 이해할 수 있어. 결국 무지가 회생한 것은 마쓰이라는 출중한 마케터의 개념적인(conceptual) 생각을 디자이너 하라 켄야가 일반인들이 오감으로 느낄 수 있도록 인식 가능하게(perceptual) 풀어준 덕분이야.

그런가 하면 구시대의 명품 같던 구찌를 살려낸 것은 CEO 마르코 비자리Marco Bizzarri야. 구찌의 G 모양 로고가 한때는 명품의 대명사였지만, 언젠가부터 그 로고가 들어가면 촌스러워 보이기 시작한 걸 자네도 느끼지 않았어? 비자리는 보테가 베네타를 비롯해 손대기만 하면 매출을 폭발적으로 늘려 '두 자릿수의 사나이(double-digit man)'라는 별칭이 있다는데, 이 미다스의 손이 구찌를 어떻게 살려냈을까?

그가 관찰한 것은 소비의 주체가 기존 고객층인 4050에서 밀레니얼로 넘어가고 있다는 것이었어. 이에 어떻게 대처할지 고심했지. 일반 대중에게는 관심 없다는 듯 우월감의 장벽을 높이는 게 럭셔리 사업의 통념이었는데 지금의 세대에서는 그게 통하지 않게 됐으니까.

그는 스타 디자이너들도 나이 들면 시장을 읽기 어려우니, 젊은 세대와 호흡할 수 있는 디자이너로 교체하는 게 답이라는 결론을 내렸어. 그래서 30대 미만의 젊은 직원들로 구성된 모임을 만들어 토의를 시작했지. 그 자리에서 회사의 무명 디자이너였던 알레산드로 미켈레Alessandro Michele라는 이름이 나오고, 차나 한잔하자고 불렀다가 다섯 시간이나 얘기를 나누었다고 해. 그의 생각과 감성, 고객에게 전하고 싶은 이미지 등에 대해 듣고는 즉각 그를 수석 크리에이티브 디렉터로 발탁했지. 그다음에 구찌의 매출이 수직상승한 것은 모두가 아는 얘기이고.

내가 하고 싶은 말은 디자이너도 훌륭하지만, 그런 디자이너를 알아보는 마케터의 눈이 중요하다는 거야.

자네가 예술가가 될 필요도 될 수도 없지만, 마케팅을 잘하려면 예술에 대한 안목을 키워야 해. 안목은 타고나기도 하지만, 자꾸 봐야 하지. 특히 시각이 중요한데, 요즘은 우리나라에도 좋은 전시가 많으니 가능한 많이 보러 다니렴.

예술기획자 신수진 교수는 전시회 작품들을 보면서 어떤 감정과 생각을 새롭게 경험하게 되는지 느껴보라던데, 좋은 감상 태도 같아. 어쨌든 자꾸 봐야 해. 많이 볼수록 눈이 떠지고, 감도가 깊어지고, 상상력이 높아지거든. 고대나 중세 미술공부도 중요하지만, 특히 근현대 미술에 좀 더 관심을 가져보려무나.

어떻게 하면 디자인의 효과를 십분 살릴 수 있을까요?

보드카 가끔 마시나? 그 술이 독하기만 하지 별 특징은 없어. 술에 관한 미국연방규범(27 CFR 5.22)에 의하면 보드카는 뚜렷한 향이나 맛, 색이 없는 알코올(alcohol without distinctive aroma, taste or color)이어야 하거든.

보드카의 원조가 러시아잖아. 모스크바의 슈퍼마켓에 가봤더니 큰 병이 120~220루블이더라. 환율에 따라 다르지만 1,800~3,200원, 좌우간 싸구려 술이야. 도수는 40도 이상이니 한잔하면 온몸에서 열이 훅 나지. 한마디로 보드카 벨트Vodka Belt라고 북위 43도 위의 추운 지방에서나 팔리는 그저 그런 술이야.

이런 술을 앱솔루트Absolut가 어떻게 세계적인 히트 상품으로 만들었을까? 그들이 교과서적으로 잘했으니, 그 과정을 찬찬히 살펴보자.

보드카는 맛이나 향에 특색이 없으니, 무엇과 섞어도 칵테일로 마시기 좋다는 점에 착안했어.

1단계는 타깃팅이야. 타깃을 누구로 잡느냐와 아울러 T.P.O. 즉 언제(time) 어디(place) 어떤 상황(occasion)에서 소비하느냐를 봐야겠지. 이 맥락을 잡아주는 게 중요해.

위스키나 브랜디는 어떤 T.P.O.에서 마실까? 보통은 여성들보다 40대 이상의 남성이, 저녁 식사 후에, 술집이나 바에서, 이런저런 대화를 나누며 스트레이트나 온더락으로 마시겠지.

보드카로는 어떤 그림을 그릴 수 있겠니? 여성을 포함한 20대가 칵테일로, 간혹 점심에도, 또는 클럽에서 파티를 즐기며 마시는 그림은 어때? 가격은 위스키의 3분의 1 정도.

2단계에서는 만들어가고자 하는 문화를 라이프스타일의 형태로 구체화하는 거야. 앱솔루트는 힙한 분위기를 조성했어. 팝 아티스트 앤디 워홀이나 제프 쿤스 등에게 병모양을 주제로 아트 작품을 만들게 하여 전시회도 여러 차례 열며 화제를 불러일으켰지. 마침 톰 크루즈가 바텐더로 나오는 〈칵테일〉이라는 영화도 개봉한 덕에, 트렌드세터 급의 젊은이들 사이에 점심 식사에 보드카 칵테일 한잔 곁들이는 게 멋이라고 소문나기 시작한 거라.

〈표7〉 디자인을 통한 포지셔닝

전략의 수립	Targeting	뮤즈 타깃이 누구인가?
	⇩	
	Lifestyling	그들을 겨냥해 어떤 새로운 라이프스타일을 만들 것인가?
	⇩	
디자인	Designing	그 라이프스타일 분위기를 디자인으로 어떻게 시각화할까?
	⇩	
마케팅에 활용	Issue making	디자인을 활용해서 어떤 방식으로 화제를 불러일으킬까?
	⇩	
	Engaging	어떻게 소비자들의 관심을 끌어 참여시킬 것인가?

3단계에서는 디자인이 본격적인 역할을 하지. 형성하고자 하는 문화나 분위기가 일반 소비자에게는 아직 막연하거든. 이를 시각적으로 비주얼라이즈(visualize)하는 게 정말 중요해. 앱솔루트는 병모양을 핵심요소로 정하고, 디자인 목표를 '전형적인 보드카 같지 않은 힙한 모습'으로 잡았어.

그리고 '결코 달라지지 않겠지만, 늘 변화합니다(Never different, but always changing)'라는 슬로건 아래, 동일한 병모양을 유지한 채 각양각색의 포스트모던한 디자인을 이어나갔지. 디자인이 멋있으니 클럽이나 바에서도 앱솔루트 술병들을 진열하기 시작했고.

디자인이 멋있게 나오면 괜히 마음이 급해져서 얼른 시장에 선보여 돈 벌고 싶어지잖아. 그런데 디자인이 색다르다거나 눈에 띈다고 무조건 성공이 보장되지는 않아. 좋은 디자인 못지않게 이야깃거리가 되는 게 핵심이므로 다음 두 단계가 중요해. 4단계는 디자인을 통한 이슈 메이킹(issue making)이야.

전에 젠틀몬스터가 세상과 사람들을 놀라게 하고자 '퀀텀 프로젝트'를 진행한다고 했잖아. 김한국 대표는 매장이 반드시 물건을 팔기 위한 공간이어야만 하는지 의문을 품고, 목적 없이 방문해도 재미난 공간을 만들었어. 매장을 돌아다니는 것만으로도 색다른 경험을 할 수 있도록 말이야. 매장에 와서 제품을 사는 것은 둘째고, 그전에 사진 찍고 이야기 나눌 거리를 만들어주자는 취지. "저거 뭐야? 왜 저런 걸 매달아놨어? 나무를 왜 저렇게 자른 걸까?" 친구와 이런 대화를 나누거나 스스로 질문하도록 만든 거지. 그러면서 자기 의견을 사진과 함께 SNS에 올리잖아. 어떤 공간이든 궁금증은 기록을 남기게 하니까.

젠틀몬스터 말고도 그가 경영하는 탬버린즈 핸드크림이

나 누데이크 케이크 매장에도 제품 자체와 상관없이 사람들을 끌어당기는 이슈거리를 계속 제공하고 있어.

이슈 메이킹은 대개 스토리를 통해 시도하지만, 디자인으로 하면 눈에 잘 띄어 효과가 좋아. 특히 당대의 관심사(contemporary issue)를 활용하면 생각 있어 보이기도 하고. 예컨대 오늘날에는 전 세계 공통의 관심사인 환경보호 흐름에 동참해 입소문을 만들 수 있겠지. 화장품 용기 외부에 플라스틱 대신 종이 패키지를 사용한 로레알L'Oréal이나, 200년 넘는 역사를 지닌 조니워커Johnnie Walker가 위스키를 종이병에 담아 판매하려는 디자인 시도도 이슈가 되었어.

앱솔루트는 술병 레이블에 푸틴, 김정은, 트럼프, 차베스 등 사회적 소음을 만드는 인물들의 캐리커처를 그려넣어 풍자함으로써 이슈메이킹을 했지. 그런가 하면 무지개색 LGBTQ 라벨을 두르는 등 주요 이슈를 담아 부지런히 바이럴 소재를 만들고 있어. '우리는 이토록 포용적'이라는 의미를 전달하고, 또 의식 있어 보이잖아.

5단계에서는 소비자에게 연관성을 부여함으로써 스스로 참여하게(engage) 해야 해. 캔디 창Candy Chang이라는 작가가 있어. '내가 죽기 전에(Before I die)'라는 프로젝트로도 유명하지. 그녀는 사랑하는 사람이 사망하자, 뉴올리언스 지역의 버려진 집 외벽에 페인트를 검게 칠하고 "내가 죽기 전에 ___하고 싶어요(Before I die, I want to ___)"라는 메시지를 스텐실stencil 기법으로 수십 개 프린트해 놓았어. 지나가는 사람 누구나 분필을 들고 빈칸을 채울 수 있도록 말야.

놀랍게도 벽면은 하루 만에 완전히 채워졌고, 빈칸을 채우는 글은 계속 늘어갔어. 죽기 전에 '딸이 졸업하는 것을 보고 싶어요', '아내를 되찾고 싶어요', '어머니에게 사랑한다고 전하고 싶어요', '내 어린 시절의 꿈을 좇고 싶어요', '중퇴한 학생들이 돌아와서 배움이 중요하다고 말하는 걸 듣고 싶어요', '한 번만 더 그녀를 안고 싶어요', '온전히 나 자신이 되고 싶어요' 등등.

그런 낙서벽을 만들고 싶은 전 세계의 열정적인 사람들 덕분에 75개국 이상의 커뮤니티에서 5,000개가 넘는 'Before I die' 벽이 만들어졌어. 웹사이트에 누구나 직접 만들 수 있도록 온라인 리소스도 공개했지. 자네도 '나와 관련된 그 무엇'을 사람들이 기꺼이 나누고 싶게끔 '놀이'로 만들어봐.

앱솔루트의 광고 중에는 병모양으로 각 도시의 특징을 담은 시티 시리즈 광고가 있어. 우리 도시는 뭘까 궁금하

지 않을까? 서울 버전은 연을 이용한 병모양이 인상적이더
군. 매달 다른 잡지에 광고를 게재하는데, 일반잡지뿐 아니
라 의학잡지나 군사잡지 같은 전문지에도 광고가 실려. 그
러면 평소 그 잡지를 읽지 않던 사람도 광고 포스터를 수
집하는 맛에 잡지를 산다는 거야. 그래서 앱솔루트 광고가
실리면 평소보다 3~10배까지 더 팔린다는군. 그 광고들이
이베이 등에서 거래되고, 우표 수집하듯 모으는 사람도 많
아.

하여간 다양한 아이디어가 담긴 디자인으로 소비자들을
끌어당겨야 해. 마케팅과 관련하여 디자인의 중요한 포인트
는 디자인을 잘했나 못했나 그 자체보다 디자인을 '마케팅
에 얼마나 잘 활용하고 있는가'임을 잊지 마.

지금 설명한 프로세스를 앞에서 언급한 〈표 7〉을 바탕
으로 점검하며 자네의 마케팅 활동에도 적용해보렴.

브랜드 컨셉을 디자인과 어떻게 엮어야 하죠?

모든 제품은 어쨌거나 소비자의 욕구를 채워주지. 그럼 편의점에서 사먹는 식품은 어떤 욕구를 충족시키겠어? 뭐, 간단히 배고픔을 면하기 위해서니 '기능성(function)' 욕구일 거라고 생각되지.

그런데 한때 인기 좋았던 해태 허니버터칩처럼 삼립 포켓몬빵이나 노티드 몽쉘, 천마표 시멘트 팝콘 같은 인기상품은 품절되기 일쑤여서 편의점마다 찾아다니며 사는 사람들도 있어. 왜? 자기 인스타그램에 올리려고. 이런 건 효능하고는 별 관계가 없어. 그냥 친구들에게 '나도 이거 구했지. 내가 좀 앞서간다'고 자랑하려는 '과시성(face)' 욕구에서 구매하는 거야.

편의점 음식도 나름대로 맛있는 건 맛있다니까. 그런 걸 찾아다니는 사람은 '유희성(fun)' 욕구도 강하다고 볼 수 있겠지.

이처럼 통념이나 고착개념을 깨고 조금 더 들여다보면 어느 제품 카테고리, 다양한 편의점에서도 욕구의 포지셔닝 기회가 보이곤 해.

물론 브랜드마다 브랜드 컨셉은 달라. 하지만 결국 브랜드로 충족시키려는 욕구는 크게 세 종류가 있을 뿐이야.

하나는 '기능성', 즉 실용적 효능(practical utility)을 충족하려는 욕구. 예컨대 출퇴근용으로만 쓰려고 비싸지 않은 아반떼를 사는 경우겠지.

그런데 아반떼가 얼마야? 대략 2,500만 원. 그러면 제네시스 G90는? 옵션마다 다르지만 대략 1억 원? 4배나 비싸네. 그럼 바퀴가 16개야? 내부가 4배 커? 뭐가 4배이기에 가격을 4배나 받는 거지?

자네가 아반떼 타고 특급호텔 정문에 가잖아? 그럼 도어맨이 어서 주차장으로 가시라고 손짓을 하지. 그런데 제네시스 타고 가면 점잖게 문을 열어주거든. 이걸 하차감이라고 하더라. 제네시스의 성능이 아반떼보다 물론 좋지만 4배나 좋은 건 아닐 텐데, 자기 지위를 과시하거나 사회적 신분을 나타내기 때문에 기꺼이 그 값을 내고 사는 거야. 이런 브랜드는 '과시성', 즉 긍지(prestige)를 추구하려는 욕구를 충족시키는 것 아닐까.

또한 비싼 스포츠카를 산 사람은 돈이 아무리 많아도 기사가 대신 운전하지 않잖아. 본인이 직접 몰고 다니고 튜닝도 하는 맛에 타는 거지. 실제 경험하고 느끼며(sensory experience), 자신을 만족시키고자(ego-satisfaction) 하는 '유희성' 욕구를 충족하는 거야.

결국 세상의 모든 브랜드는 이 세 가지 욕구를 채워주는 것이라 할 수 있지. 여기서 유의해야 할 포인트가 있어. 세 가지 욕구 가운데 하나를 추구해야 마케팅 방향이 뚜렷해진다는 거야. 어떤 한 가지를 꾸준히 추구하다 보면 나머지는 자연스럽게 따라와. 예를 들어 포르쉐는 아마도 유희성 요소를 강조하겠지만, 기능성도 좋고 과시성 관점에서도 좋지. 벤츠는 과시성 요소로 어필하겠지만, 기능성도 좋고 유희성도 좋잖아.

한 가지 컨셉을 밀고 나가면 나머지가 자동으로 따라오지만, 반대로 이것저것 왔다갔다 쫓아다니면 죽도 밥도 아무것도 안 돼.

또 하나 염두에 두어야 할 포인트는 어떤 욕구를 충족시킬지는 '제품'에 따라 다른 게 아니라 '브랜드'에 따라 다를 수 있다는 점이야. 예를 들어 진공청소기는 대부분 기능성을 내세우려 하겠지만, 다이슨은 유독 과시성도 강조하거든. 응접실 한편에 놓여도 손색없게 만드는 거지.

그러니까 브랜드의 개념을 통념적인 제품의 속성으로 나누지 말고, 남들과 다른 욕구를 충족시킨다는 관점에서 생각해봐.

이때 디자인이 좋으면 어떤 효과가 생길까? 기능성 제품부터 생각해보자. 요즘은 청소기나 냉장고 성능은 다들 좋고 가격도 비슷해. 그럴 때는 어떤 걸 사지? 디자인이 좋은 걸 사지. 디자인이 좋으면 '경쟁사 것 대신 우리 것을 사게' 만들 수 있어.

과시성 제품인 경우는? 에르메스 매장에 구경 갔더니 머플러 디자인이 너무 예뻐. 그럼 '사지 않을 것을 사게' 되지. 또 '비싸도 사게' 되고.

유희성 제품인 경우엔? 레고라면 '또 다른 모형을 사게' 만들고, 바비돌이라면 인형에 입힐 옷이라든지 장신구 등 '관련 제품을 사게' 만들지.

예컨대 쓰레기통을 판다고 치자. 뚜껑을 기울여서 쓰레기 버리기 편리하게 디자인해서 사게 만들 것(기능성)인지, 거실에 놓기에 예뻐서 사지 않아도 될 걸 사게 만들 것(과시성)인지, 쓰레기통과 세트로 나온 흥미로운 청소도구들도 사게 만들 것(유희성)인지 등을 점검해보면, 거꾸로 어떤 욕구를 충족시키는 브랜드로 포지셔닝할지도 알 수 있어.

궁극적으로는 기대치 않았던 탄성, '와우(Wow)'를 자아내는 게 디자인의 목적이야.

저도 나이 드니 트렌드를 반영하는 일이 쉽지 않네요.

자네 윈드서핑 해봤어? 나는 한강쯤이야 왔다갔다 건널 수 있지, 하하.

윈드서핑은 바람과 물결의 흐름을 타는 거잖아. 그런데 그 흐름을 거슬러야 할 때도 있어서, 내가 가고 싶은 방향으로 갈 수 있도록 조정하는 법을 배워야 해. 이건 책으로 배울 수 있는 게 아니더라고. 물에 몇 번 빠지면서 몸으로 익혀야 해.

오래전, 지금처럼 청바지 브랜드가 많지 않았던 1990년대에 '닉스'라는 국내 브랜드가 외국 유명 브랜드들을 수년간 제압해서 주목받은 적이 있어. 홍선표라는 분이 시작한 브랜드인데, 이분이 매일 아침 2km씩 수영을 한다는 거야. 국제 풀 길이가 25m이니 왕복이면 50m잖아. 그러니까 40

번을 쉬지 않고 왕복하는 거지.

그래서 내가 힘들지 않냐고 물었더니 "교수님, 물을 탈 줄만 알면 네 바퀴나 40바퀴나 큰 차이 없어요" 그러시더라.

내가 닉스 청바지의 성공 비결이 뭐냐고 물었어. 그랬더니, 한번은 청소년의 고민이 '어떻게 하면 롱다리로 보일까'라는 점에 착안해서 청바지 뒷단을 길게 했는데, 그 시즌의 해외 유명 브랜드가 같은 디자인을 유행시키는 바람에 닉스도 덩달아 히트를 쳤대.

그다음 시즌에는 슬림해 보이면 좋을 것 같아서 무릎 부분을 조붓하게 만들었더니, 그게 마침 글로벌 유행이어서 또 대박. 하여간 홍 대표는 자기가 보고 베낀 것도 아닌데 자신도 모르게 수년간 세계적 유행과 발맞추고 있더라는 거지.

그래서 내가 "어떻게 그렇게 되었죠?"라고 물었더니 뭐라 하시는지 알아?

"아마 제가 트렌드의 물을 탈 줄 아는 것 같아요. 제가 막 쫓아가려는 게 아니라 그 흐름 속에 있으면 자연스럽게 생각이 비슷해지잖아요."

이 오래전 얘기를 왜 하냐면, 트렌드는 물처럼 탈 줄 알아야 하는 것이지 책 읽고 공부하는 게 아니라는 말을 하고 싶어서야. 연말 되면 쏟아져 나오는 트렌드 관련 책들도 물론 읽어야 해, 세상 돌아가는 흐름을 놓치지 않으려면. 하지만 그것만 읽고 사업하려고 하지는 마. 책 내용을 이해하고 쫓아가면서 사업하려면 이미 늦어.

스타일쉐어 이야기는 앞에서 들려줬지? 윤자영 대표가 옷 잘 입은 젊은 여성들의 SNS 사진을 모아 포털사이트를 만든 것에서 비즈니스가 시작됐다고 했잖아. 그런데 윤 대표도 나이 서른이 넘으니까 그러더라. "교수님, 제가 이 트렌드 속에 있었는데도 이제는 10대나 20대 초반 친구들 감성 쫓아가기가 버거워요."

그럼 어떡하지? 그래서 29CM를 인수했지. 29CM는 타깃이 윤 대표 나이대인 30대거든.

내가 무슨 말 하려는 건지 알겠지? 홍선표 대표도 3~5년 동안은 자기도 모르게 트렌드의 물을 타고 있었다가 물에서 빠져나오면서 사업을 떠났고, 윤 대표는 아주 슬기롭게 29CM로 옮겨 탔어. 한번 내리고 나면 같은 기차에 다시 올라타기 어렵듯이, 트렌드를 한번 놓치면 같이 가기 쉽지 않아.

그렇다면 트렌드를 어렵사리 쫓아가며 어설프게 출렁거릴 게 아니라, 트렌드의 맥락을 자네 사업과 어떻게 자연스레 연결하느냐가 과제겠지.

자네 셀프사진관 가봤나? 휴대폰 카메라로 셀카 찍으면 충분한데 왜 돈 내고 기다렸다가 박스에 들어가 사진을 찍지? 셀프사진관이 눈에 많이 띄지만, 그중에도 '인생네컷'의 인기가 좋더라. 이호익 대표가 〈롱블랙〉과 대담한 인터뷰 글이 있는데 같이 읽어보자.

"전 지금도 고객 마음을 다 이해하지는 못합니다. 저도 '아재'잖아요. 그런데 자판기를 운영해보니 보이더군요. 친구들과 함께 와서 사진을 찍기 전에 다양한 의상과 소품으로 치장하면서, 그리고 찍으면서 얼마나 즐거워들 하는지. 자판기가 아니라 매장 중심으로 사업을 확 바꾼 건 그래서입니다. 자판기 부스에서 사진만 찍고 가는 게 아니라, 친구들과 어울려 놀 수 있는 공간을 만든 거죠."

사실 인생네컷도 선발주자가 아니고, 이후에 후발주자들도 많이 나왔거든. 그런데 MZ세대 직원들이 제안한 기념일 한정판 프레임이라든지 사진 찍는 모습을 동영상으로 제공하는 서비스 같은 아이디어가 인생네컷만의 차별화 포인트가 된 거지. 이곳 직원의 평균 연령이 20대 후반이라는군. 고객 감성을 이해하는 MZ세대들을 뽑아 조직을 확장하고 있대.

마케터에게 반드시 필요한 능력인 결(trend)을 따라 맥

(context)을 읽고 감(feeling)으로 촉(intuition)을 갖게 되는 것은, 책으로 공부해서는 얻을 수 없는 그 무엇이야. 자네의 촉이 부족하다 느껴지면 후배들의 감을 믿어보렴.

나온 지 거의 50년이 되어 빛이 바랠 만도 한 바나나맛 우유. 그런데 새로운 마케팅 캠페인이 5~6년 전부터 화제가 꽤 됐고, 여전히 잘 팔려. 비결이 뭘까?

빙그레의 백전노장들이 잘한 게, 젊은 직원들에게 "너희 맘대로 해봐"라고 했다잖아. 경영진은 경험이 많다는 장점이 있지만, 젊은 감성에 공감하기는 어려운 게 당연하지 않겠어. 다행히 마케팅팀의 젊은 실무자들이 펼친 2016년 캠페인이 성공하면서 조직의 신뢰를 얻었고, 이후로는 믿고 맡겨주는 분위기가 되면서 줄줄이 좋은 아이디어가 나오고 실적으로도 연결된 거지.

트렌드 타기에 대해 길게 얘기했지만, 너무 트렌드에 집착하는 것도 브랜드가 흔들리는 요인이 돼. '자기다움'과 '트렌드'는 씨실과 날실 같은 관계라고 봐. 자기다움이 확고하게 지탱하고 있으면 어떤 물이 들어와도 자기 나름대로 해석하고 그 흐름을 관통할 수 있는데, 자기다움이 없으면 출렁거림에 휩쓸리다가 어딘지도 모르는 지점에 표류하게 되니 조심해야 해.

트렌드를 캐치하는 좋은 방법이 있을까요?

제법 나이 많은 나에게 주변 사람들이 어떻게 세상 트렌드에 그리 밝냐고 묻곤 한다. 글쎄, 나도 잘 모르겠는데, 하여간 내가 하는 몇 가지 방식은 이래.

우선 잡지를 많이 봐. 세상에 앞서가는 걸 다 모아놓은 게 잡지잖아? 간접경험을 가장 폭넓게 하는 방법이 잡지를 읽는 것 같아.

뛰어난 경영자 중에는 밖에 나다니지 않고 은둔하듯 사는 분들이 적지 않아. 사교하는 시간을 줄이고 사업에 집중하려는 거지. 내가 만나본 경영자 중에는 오리온의 이화경 부회장이나 엘지생건의 차석용 부회장이 그래서. 신기한 건 그렇게 은둔하는데도 세상의 흐름을 아주 잘 파악하시거든. 그분들의 공통점 하나가 잡지를 많이 보시는 거더

라. 사람들을 덜 만나는 대신 잡지를 샅샅이 읽는 거야.

차 부회장께 여성 고객을 잘 이해할 수 있도록 잡지 하나만 추천해달라고 여쭈니 〈코스모폴리탄〉을 말씀하셨어. 그때부터 나도 〈코스모폴리탄〉을 구독하는데, 요즘 여성들의 라이프스타일 변화와 관심사를 잘 보여주더라고. 아무래도 싱글 라이프에 관한 얘기가 많고, 커리어에 대해서도 뻔한 얘기가 아니라 에디터와 기자들의 생각을 진솔하게 담아내더라. 에디터의 체험을 담은 기사도 흥미로워. 독자들이 '독립적 삶과 각자의 미래'를 궁금해할 것이라 간파한 거겠지.

또 우먼파워를 담백하게 대변하고, 뷰티에 대해서도 날씬하고 예쁜 것만 추종하는 게 아니라 뚱뚱하건 말랐건, 키가 크면 큰 대로 작으면 작은 대로 친근하게 설명해줘. 섹스 라이프에 대해서는 노골적인데, 거북할 정도는 아니고 그냥 편하게 읽히더라고. 셀럽에 대한 기사도 꽤 깊이 있어서 삶을 벤치마킹할 롤모델에 관심이 많다는 걸 느꼈어. 여성으로서뿐 아니라 '한 인간으로서 잘 사는 법'을 보고 배우려는 거지.

한마디로, '당당한 삶을 사는 여성'을 추구한다는 걸 새삼 느끼게 돼. 자네나 나나 남성이니 이런 정보들을 보면서 트렌드를 이끌어가는 여성들의 생각 변화와 라이프스타일

그리고 새로운 가치관을 조금이나마 알 수 있겠지. 기자들이 요즘 가장 앞서가는 것들을 취재해서 만드는 것이 잡지이니, 자네 관심사에 맞는 다른 잡지들도 구독해봐. SNS나 유튜브 정보도 도움 되지만, 잡지 기사들이 더 정선되지 않았나 싶어.

잡지나 SNS를 통해 트렌드를 읽었으면 트렌드를 몸소 체험해봐야겠지. 말하기 조심스럽지만, 돈을 좀 써봐. 마켓오, 비비고, 계절밥상, 호면당, 제일제면소 등 수많은 신제품과 색다른 식당들의 성공을 이끈 노희영 대표에게 어떻게 새로운 생각을 계속 해내냐고 물었더니, 유행하는 제품을 직접 체험해보래.

"돈 아껴서 뭐 하려고 그래요? 마케팅하는 사람들은 비싼 거면 '왜 비싸지?' 하면서 사서 써봐야 해요." 맞는 말 같아. 비싸든 싸든 내 돈 내고 사서 자꾸 경험해봐야 감각이 늘어.

성수동에 오르에르, 자그마치, LCDC 등 이름난 핫플레이스를 여러 개 기획한 김재원 대표는 〈롱블랙〉과의 인터뷰에서 "제 감도의 비결은 어릴 때부터 물건을 많이 사봤다는 겁니다. 한마디로 수업료를 많이 지불한 거죠. 우선 경험을 많이 해봐야 내 취향을 알 수 있습니다"라고 하던데, 마케터들도 감도를 높이기 위한 투자가 필요해. 제니 홀저Jenny Holzer라는 유명 작가의 미술작품 중에는 "Money Creates Taste", 이 세 단어만 덩그러니 쓰여 있는 게 있어. 돈이 취향을 창출한다는 말이지.

물론 내 말은 돈을 함부로 쓰라는 게 아니라, 허락하는 범위에서 새로운 체험을 많이 하라는 거야. 돈을 써본 마케터와 그렇지 않은 마케터는 체감이 다르거든. 눈으로만 하는 소비가 아니라 내 돈으로 해보는 소비가 필요하다네.

예술을 많이 접하라는 말은 이미 여러 번 했어. 한국에 좋은 전시회, 훌륭한 공연이 얼마나 많니. 기왕이면 그 분야에 밝은 친구와 함께 가든지, 도슨트가 해설하는 시간에 예약해서 설명을 듣든지, 하다못해 작품 옆에 쓰여 있는 설명문이라도 꼭 읽어. 그냥 가서 휙 보면 발전이 없어.

한 분야의 덕후가 되어보는 것도 추천하네. 게임을 하든지, 사진을 찍든지, 프라모델 조립을 즐기든지, 음악에 심취하든지 뭐라도 좋으니 어떤 분야의 덕후가 되어보렴. 덕후 수준까지 경험을 극대화해볼 필요가 있어.

나는 사진 찍는 걸 정말 즐겨. 자네도 딱히 취미가 없다면 요새 DSLR 카메라들이 그런대로 가격도 나쁘지 않으니 사진을 한번 찍어봐. 그냥 막 찍지 말고 기왕이면 예술적으로 찍으려고 애써보는 거야. 그러면 각도나 색감에 눈을 뜨면서 감각이 더 예민해지더라고. 사람 얼굴 찍을 때도 무심코 찍는 게 아니라 빛도 보고 그림자도 보면서 찍으면 감도가 깊어져. 그러면 다른 사진이나 그림이나 디자인도 새롭게 눈에 들어올 거야.

그리고 길거리의 변화를 눈여겨보렴. 서울이라면 성수동, 홍대 앞, 망원동, 익선동, 가로수길, 서래마을, 용리단길, 해방촌… 길거리가 그냥 전시장이잖아.

유럽이나 일본에 여행을 가면 골목길의 스몰 브랜드를 구경하는 재미가 쏠쏠한 것처럼, 우리나라도 취향이 다양해지고 있는 것 같아. 이러한 흐름은 소비자가 브랜드를 찾아내고 즐기는 방식이 바뀌었기 때문 아닐까. 이 또한 크게 보면 일종의 트렌드겠지.

이때도 바깥에서 구경만 하지 말고 매장에 들어가서 체험해봐. 소문난 음식도 한 번 가서는 괜찮긴 한데 뭐가 좋은지 딱히 모르는 경우가 있잖아. 서너 번은 가야 진짜 왜 좋은지 아는 것처럼, 뭐든지 한 번만 구경해선 몰라.

차석용 부회장은 오후 4시에 칼퇴하는데, 곧장 집으로 가는 게 아니라 여기저기 상점을 많이 다니신대. 올리브영 같은 데서 화장품 사는 여성이 있으면 그걸 왜 사는지, 용도가 뭔지 물어본대. 그러면 사람들이 의외로 대답을 잘해 준다는 거야. 자네도 틈날 때마다 발품을 팔아야 트렌드를 피부로 느끼겠지.

트렌드는 하나의 점이 아니라 흐름이야. 윈드서핑할 때 물을 타듯이 흐름을 탈 줄 알아야 해. 지금의 트렌드 이전 에 무엇이 있었고, 이 트렌드 다음에 무엇이 올지 캐치해 야 하지. 내가 경험한 것들을 서로 연결할 수 있어야 한다 는 뜻이야. 일반인이라면 신기하다고 구경하고 인스타그램 에 올리면 그만이지만, 마케터는 거기서 영감을 얻어야 하 니까.

두낫띵클럽을 만든 이승희를 지난번에도 언급한 적 있 지? 배민에 근무할 때부터 꽤 오래 지켜봤는데, 처음에는 그야말로 '마케팅의 마'도 잘 모르는 친구였어. 그런데 뭐 든 스스럼없이 잘 물어봐. 또 마케터의 일을 잘하고 싶어 서 기록을 시작했다는데 SNS에서 꾸준히 공유하더니, 이 걸 《별게 다 영감》이란 제목의 책으로 엮었더라. 이 책 강 추야. 별것 아닌 일상에서 의미를 찾아내고, 사소한 것에서 영감을 얻어내는 방식을 익힐 수 있어.

오스카 와일드가 "Before Turner, there was no fog in London"이라는 말을 했어. 영국이 자랑하는 미술가 윌

리엄 터너William Turner는 안갯속 풍경을 그리는 화가로 유명해. 앞의 말을 해석하자면 터너가 그리기 전까지 런던의 안개가 그렇게 아름다운 줄 몰랐다는 것 아니겠어. 평소의 일상도 어떻게 보느냐에 따라 특별한 것이 되고 가치가 달라진단다. 남들의 눈에 보이지 않는 것을 깨우쳐주는 사람이 되어보렴.

더 많은 것을 창조하려면 끊임없이 새로운 것을 배워야해. 우리가 싫어도 시간은 세상을 변화시키거든. 오늘의 우리가 내일의 우리로 지속될 수 없어. 그래서 위기가 오고, 기회도 동시에 주어지지. 단, 시간은 우리에게 여유를 주지는 않아. 오늘 더 많은 성과를 거두려면 어제와 똑같은 생각이나 구상을 해서는 안 되니, 부지런히 배우고 익혀야 해.

젊은 세대에는 다른 문화 코드가 흐르지 않나요?

Z세대는 MZ세대로 통칭해 엮이는 걸 싫어한다더라.

문화라는 게 어떻게 나누느냐에 따라 다양하게 구분되지. 예를 들어 나라나 문화권별로 보면 프랑스 문화나 일본 문화 같은 게 있잖아. 또 밀레니얼의 문화가 있고 X세대의 문화가 있는가 하면, 게이머의 룰도 따로 있고 인디문화도 따로 있어서 이른바 서브컬처(sub-culture, 하위문화)라고 하지.

이렇게 문화를 구별하는 기준 가운데 가장 눈에 띄는 게 뭐라고 생각해?

언어 아닐까.

문화라는 것은 '언어를 공유하는 사이의 문법'이라고 봐. 프랑스 사람들끼리는 프랑스 말을 쓰고, 게임을 즐기는 사람들끼리 공유하는 언어가 있는가 하면, 덕후는 덕후들 대로, 또 세대마다 자기들끼리 통하는 언어가 있지.

각 문화를 제대로 이해하려면, 그들의 언어부터 배워야 할 거야. 그래야 말이 통하니까. 기성세대도 자녀나 직원들과 어울리고 싶어서 그들의 용어를 배우려고 애쓰잖아. 다른 나라 소비자들의 심리를 이해하는 것도 쉽지 않지만, 우리나라 안에서도 세대별로 생각의 차이가 크니, 그들의 용어부터 익숙해지는 게 중요하다고 봐.

그런데 부장님이 젊은 직원들에게 괜히 신조어를 쓰면 어때? 구리지 않아? 억지로 쓴 것 같고. 어떻게 하면 자연스럽게 녹아들 수 있을까?

나도 젊은 세대를 이해하고 싶어서 보는 게 있어. 바로 만화책이야. 요즘의 웹툰이나 만화부터 보려 하지는 말고, 뿌리가 되는 옛날 만화책 몇 권을 소개해줄 테니 이것들부터 보렴.

주호민 작가는 예전부터 워낙 유명하니까 알지? 〈무한 동력〉, 〈신과 함께〉 등도 제목은 들어봤을 거야. 온라인으로 정보를 주고받는 것이 일상화된 밀레니얼 세대의 선발대라고 봐.

김풍 작가는 요리도 하고 방송에도 나오니 알 거야. 병

맛, 잉여짓, 덕질과 같은 행태가 생기게 된 뿌리를 이해하는 데에는 〈폐인의 세계〉가 최고야. 절판되긴 했는데, 중고서점에서라도 구해보렴. 여기 나오는 '행자'들의 '아행행' 문화를 알게 되면 요즘의 세태가 좀 더 잘 이해될 거야.

이말년 작가의 만화는 처음에는 좀 거부감이 들지 모르지만, 〈이말년 시리즈〉부터 보면서 이게 왜 젊은 세대에게 인기 있는지 이해해봐.

〈달콤한 인생〉으로 데뷔한 이동건 작가가 그린 〈유미의 세포들〉은 드라마로도 히트 쳤잖아. 이렇게 그들의 언어와 생각을 배우는 거지.

키크니! 정말 천재야. 너무 멋져서 내가 찾아 만나보기까지 했어. 인스타그램에서 키크니는 꼭 팔로우해. 브랜드 발상에 도움이 될 거야. 만화는 〈일상, 다~반사〉부터 보세요.

이렇게 만화를 통해 젊은 세대의 언어와 생각, 문화를 이해할 수 있지. 극히 일부를 소개했지만, 틈날 때마다 요즘 인기 있는 웹툰도 찾아보렴.

이제는 언어의 스펙트럼을 좀 더 넓게 바라볼 필요가 있어. 10대들은 정보를 영상이나 이미지로 받아들이는 경우가 훨씬 더 많아졌거든. 모바일에서 유행하는 예능의 짤이나 작품의 패러디로 자기들만의 밈(meme)을 퍼뜨리고 확산하는 것도 그러한 맥락이지. 자기들이 좋아하는 스타나 인플루언서, 틱토커들의 콘텐츠를 따라 하며 나름의 문화를 형성하고 만들어가잖디? 실제 잘나가는 앱을 보면 타깃 고객이 쓰는 말투나 취향을 잘 읽고 그들과의 커뮤니케이션에 능통하더라.

브랜드의 SNS 계정도 마찬가지야. 예전처럼 브랜드를 홍보하는 콘텐츠만 내보내서는 고객이 만족할 리 없어. 타깃 고객이 어떤 말투로 소통하고 어떤 느낌을 선호하는지 눈여겨봐야 해. 광고에서 스토리보드를 만드는 것처럼, 우리 잠재고객에 대한 이미지를 그려보는 거지.

《Z의 스마트폰》이란 책이 참고가 될 거야. Z세대의 개인 소우주인 스마트폰을 열어서 그들이 어떻게 소비하고, 소통하고, 학습하고, 창조하는지 분석한 책이거든.

다만, 다른 세대를 공부할 때 유의할 점이 있어. M이든 Z든 세대를 거론할 때마다 하는 얘기가 있는데, 자꾸 '사람'이 달라졌다고 생각하는 것 같더라. 사람은 예전과 똑같아. 환경이 달라졌을 뿐 인간이 본질적으로 추구하는 것은 같다고 생각해. 인간의 본질적인 욕구, 예를 들어 자기표현의 욕구나 더 저렴하게 소비하고 싶은 바람, 색다른 걸 해보고 싶은 욕망은 예전에도 있었어. 다만 그것들이 디지털과 모바일을 통해 더 쉽고 빠르게 가능해진 것뿐이야. 그러니 기계적으로 M세대나 Z세대라 설정하고 거기에 끼워 맞추려고 하지 말고, 근본적인 심리와 욕구를 들여다보는 연습을 해야 해.

말 나온 김에, 교육이라는 건 뭘까? 학습한다는 게 한마디로 뭘까?

나는 '용어'를 배우는 거라고 봐.

내가 미국에서 유학하고 교수하다가 한국에 8년 만에 돌아왔어. 그사이에 한 번도 한국에 안 왔던 거지. 귀국 후에 충청도에 사시는 작은할아버지께 인사드리러 갔거든. 공손하게 절하고 나니까 "오냐, 수고 많았구나. 그래, 미국 가서 뭘 공부했냐" 물으시더라고.

그래서 "네, 마케팅을 공부하고 왔습니다" 그랬더니 한참 말씀이 없으시다가 "마케팅이 도대체 뭐냐?" 물으셔. 갑자기 쉽게 말씀드리려니 어렵더군. "저기… 물건 광고하고요. 그걸 어떻게 팔까 연구하는 거예요."

그랬더니 또 한참 망설이시다가 "그런 걸 공부하려고 미국까지 갔냐?" 그러시더라고. 그러니 '마케팅'이라는 용어를 어떻게 이해시켜 드릴지 더 막연하더라, 하하.

미국의 대학원에 유학 가려면 GRE나 GMAT 시험을 봐야 하잖아. 그런 시험의 절반은 산수야. 공식을 대입해 풀

어야 하는 수학은 아니고, 논리력과 추리력을 테스트하는
거지.

나머지 절반은 뭘까? 영어 시험. 절반은 이해력 테스트
고, 절반은 순수한 단어 시험이야. 미국에 박사 공부하러
가는 사람에게 단어 시험을 봐. 왜 그럴 것 같아?

그 사람이 쓰는 단어의 수준이 그 사람 생각의 수준이
기 때문이야. 그래서 이 지원자가 우리 대학원에 와서 얼마
나 고차원의 학문을 흡수하고 이해할 수 있나 시험하는 거
지.

용어를 배운다는 건 생각의 수준을 높이는 것이니 자네
가 구성원들과 깊이 있는 대화를 원활하게 하려면 공유하
는 용어의 수준을 달리해야 해. 그러니 자네 혼자만 책 읽
고 공부하지 말고, 구성원들과 함께 공부하도록 하렴.

디자인의 포스트모던 사조가 브랜딩에도 관련되나요?

포스트모더니즘(post-modernism)의 정의에 대해 찾아보면 회의주의(broad skepticism), 주관주의(subjectivism), 인식론적 상대주의(epistemological relativism), 다원주의(pluralism), 절충주의(eclecticism) 등등 형이상학적인 용어들이 난무하지. 실상 이미 우리 생활에 깊이 들어와 있는데, 아직도 좀 생경한 게 사실이야.

포스트모던은 이 시대의 중심사조이니 흐름을 잘 이해하는 게 브랜딩에서 꽤 중요하단다.

20세기 들어 사회가 급격히 산업화되면서 합리성, 규칙, 통일감 등 물질적인 가치로 대변되는 모더니즘 사상이 강조되었어. 그러나 경제적인 생활여건이 향상되면 규율, 통제, 획일성, 대중성에 점차 염증을 느끼기 마련이거든. 이러한 것들에서 벗어나려는 움직임이 바로 포스트모더니즘이고, 그러한 사조에 맞춰 생활하는 포스트모던 라이프스타일이 나타났어. 이 흐름을 타고 성공한 브랜드도 적지 않단다. 몇 가지 살펴볼까?

패션에서의 사례로는 정형화된 도심 이미지를 탈피한 뉴요커의 이미지로 성공한 DKNY(Donna Karen New York)를 들 수 있지. 틀에 박힌 모더니즘을 벗어난 '비정형화된 라이프'가 사람들에게 매력적으로 다가간 거야.

포스트모던 라이프를 즐기는 사람들은 항상 새로움을 추구해. 남과 다른, 남보다 '앞서는 라이프스타일'을 위해 부지런히 발품을 팔지. 잡지만 펼쳐봐도 그렇잖니. 자기만의 독특한 일상을 창출하는 아이디어가 사람들의 관심사라는 걸 알겠더라.

모던라이프는 틀에 짜인 정확성이 요구되는 반면, 포스트모던 라이프는 '나를 표현하는 자유'를 의미하는 것 아닌가 싶어. 아테스토니a.testoni는 제법 값나가는 고급구두인데 마치 양말을 신지 않은 듯 발목이 드러나게 신는 스타일을 처음 선보였지. 모든 규제로부터 자유로우면서도 명품의 멋스러움을 유지하는 모습을 과시하듯이 말이야.

모던라이프에서는 업무 중심이고 업무와 놀이를 섞는

것은 용납되지 않았어. 반면 포스트모던 라이프에선 '일도 놀이처럼' 즐기는 것을 지향해. 예전에는 일하러 갈 때 비즈니스 슈트를, 놀러갈 때는 캐주얼을 챙겨 입었지만 요즘은 어디 그렇나. 예컨대 아르마니Armani는 일할 때 입어도 단정하고, 그 차림 그대로 놀러가도 멋스러운 라인을 창출해 새로운 유행을 선도했지.

패션산업만 포스트모던한 게 아니야. 모던라이프에서는 주말에 교외로 떠나 자연에서 피곤함을 달래곤 했는데, 포스트모던 라이프스타일은 '일상에 자연을' 끌어들여. 도심 호텔의 정원이나 선(禪, zen), 요가, 명상을 즐기는 현상도 이런 면에서 이해할 수 있어. 지프나 SUV는 도심용 자동차가 아니거든. 이것을 타고 출퇴근하는 사람들은 내심 '내가 어디 있는 게 문제인가, 내가 그런 분위기를 즐기면 되지' 하고 생각하는 것 아닐까.

모던라이프에서는 어디엔가 소속되는 것이 중요한 가치이자 나의 아이덴티티였다면, 포스트모던 라이프에서는 언제든 그 속박을 벗어날 수 있도록 준비를 갖춘 생활이 선호되는 것 같아. 할리데이비슨은 반항이나 일탈의 상징이라 좋아들 하잖아. 여기서 일탈이란 무책임한 회피가 아니라 '내가 주도하는' 나의 삶을 뜻해. 《퇴사준비생의 도쿄》라는 책이 베스트셀러가 된 것도 퇴사준비생이란 용어가 많은 사람들에게 해방감을 준 것 같아.

반복적이며 틀에 얽매인 삶에 짜증이 난다면 모던라이프를 살고 있는 거야. 포스트모던 라이프스타일은 '도심생활의 재미'를 한껏 즐기는 삶이거든. 도심에서의 삶은 어찌 보면 스트레스 덩어리인데, 거대한 백화점이나 몰mall에서 하는 가벼운 쇼핑은 그 스트레스를 푸는 손쉬운 놀이처럼 여겨지기도 하지.

어때, 일리가 있지? 비정형의 라이프, 남보다 앞서는 라이프스타일, 나를 표현하는 자유, 일상에 자연을 가져오고, 내가 주도하는 삶, 도심생활의 재미 등의 생각은 합리성을 중시하는 모더니즘 관점에서 보면 다 쓸데없는 낭비라 하겠지. 하지만 이미 우리는 합리적이지만은 않은, 쓸데없는 것에 가치를 느끼는 포스트모던한 삶을 살고 있어.

오늘날 비즈니스 기회는 이런 곳에 잠재해 있어.

12장

Emotion

감성을 어떻게 건드려
고객 행동에 영향을 줄까

마케터마다 감성마케팅의 정의가 다르던데요?

그러게. 다들 서로 다른 의미를 섞어 쓰고 있어. 이참에 정리를 하고 넘어가자. 감성마케팅은 적어도 다음 네 가지를 일컬어.

첫째, 감정(affect) 마케팅은 고객 머릿속에 있는 대상물에 대한 긍정적 또는 부정적 정보를 컨트롤함으로써 대상물에 대한 좋고 싫음(liking or disliking)을 조율하려는 마케팅이지. 기쁨, 사랑, 즐김과 같은 긍정적 감정도 있고, 슬픔이나 노여움, 미움, 두려움과 같은 부정적 감정도 있잖아. 일반적으로 마케팅에서는 고객에게 긍정적 감정을 채워준다는 생각을 많이 하지만, 부정적 감정을 활용해도 큰 효과를 얻을 수 있어.

슬픈 영화나 노래처럼 부정적 감정을 활용하거나 노여

움을 막아주는 애프터서비스 제도처럼 부정적 감정을 예방하는 마케팅이 좋은 예지. 마케팅에서 특히 눈여겨봐야 할 감정은 바로 두려움이야. 긴장감이 생기거든. 그런데 그 긴장감을 해소하도록 도와주면서 새로운 대안을 제시할 수 있지. 사람들의 고정관념 중에는 나도 모르게 가지고 있는 두려움이 아주 많아. 그걸 직면하게 해주는 거야.

'사람은 언제 죽을지 모른다.' "보험 가입하세요."

'농작물은 농약을 안 뿌릴 수 없다.' "비싸도 유기농식품 드세요."

'금반지는 진짜인지 구별하기 어렵다.' "보증서를 드립니다."

'붉은 살코기는 건강에 해롭다.' "대체육을 드셔보세요."

'죽으면 지옥 갈지 모른다.' "교회에서 구원받으세요."

돈을 벌기 위해 일부러 겁을 주라는 말은 결코 아니고, 사람들의 고정관념 속에는 직면하기 싫은 두려움이 많으니 이를 피하지 않고 두려움의 계곡에서 벗어나도록 도와주는 게 마케터가 할 일이란 뜻이야.

둘째, 정서(mood) 마케팅은 대중적 공감을 불러일으키는 기분이나 분위기(tone and mood)를 우호적으로 활용하려는 마케팅이야.

문화권이나 세대에 따라 왠지 모르게 동일한 울림이 느껴지는 요소가 있어. 예를 들어 우리나라 사람이라면 마음의 상태로서 효심이나 나눔, 삶과 생활에서 고향이나 포장마차, 농촌의 사물로서 막걸리나 장터, 전통으로서 추석이나 세배, 역사적 인물로서 이순신이나 유관순, 음식 관련하여 감칠맛이나 고소함 등의 용어를 들으면 괜스레 가슴이 따뜻해지지. 젊은 세대도 바탕은 같아서, 살아보지도 않은 시대를 그린 〈응답하라 1988〉 같은 드라마에 반응하잖아.

세대를 아우르며 더 일반적으로 정서에 호소하려면, 전에도 얘기했던 29CM 카피라이터 경력을 가진 이유미 작가의 방식을 참고해봐. 그는 책을 읽다가 공감되는 구절이 있으면 밑줄을 긋는대. 그걸 에버노트에 분류해두고 광고 카피 쓸 때 응용했다더라. 그가 좋아했던 50편의 소설이 50개의 카피로 새롭게 바뀌는 과정을 《문장수집생활》이란 책에 엮어놨으니 꼭 읽어봐.

예를 들어 《너는 모른다》라는 소설에 "다이어리에는 거의 매해, 1월 말까지만 기록되어 있었다"라는 구절에서 힌트를 얻어, 나중에 일기책을 광고할 때 "계속 적겠습니다, 1월의 다짐이 1월에만 갇혀 있지 않도록"이라고 썼대.

또 《돈키호테》에서 "산초, 다이아몬드 하나보다 이 하나가 더 중요하다는 걸 알아야 해"라는 구절을 보고서 그대로 칫솔 광고 카피로 썼다지.

자네도 주변에서 발견한 정서적 표현을 틈틈이 메모하는 습관을 키워봐. 설령 나중에 사용하지 않더라도 그런 습관을 들이면 대중적 정서에 예민해질 수 있거든.

셋째, 공감(empathy) 마케팅은 고객의 마음상태를 읽고, 그 마음을 알았다는 걸 상대방에게 전달함으로써 고객과 교감을 이루는 마케팅이지.

사실 위의 세 가지 요소는 《모든 비즈니스는 브랜딩이다》 책에서 이미 자세히 다루었어. 공감에 대해서는 조금 다른 각도에서 다음 주에 더 자세히 얘기하기로 하고, 오늘은 감성마케팅의 네 번째 요소인 감각(sense) 마케팅에 대해 얘기 나누자꾸나.

넷째, 감각(sense) 마케팅은 오감의 자극을 통해 긍정적인 제품평가를 이끌어내는 미학적 마케팅의 일종이야.

인간은 다른 동물에 비해 감각이 골고루 발달했어. 예를 들어 지렁이는 촉각이 주로 발달했다든지, 개는 시력은 나쁜데 청력은 매우 좋잖아? 그에 비해 사람은 비교적 고루 발달했지. 그게 왜 중요할 것 같아? 고객의 감각을 발달시키는 건 둘째치고, 내 감각이 고루 예민해지면 뭐가 좋아?

오감이 발달할수록 행복해지거든.

어떤 와인맛이 좋다는 건지 모르겠다는 사람이 있는가 하면, 와인을 마시면서 향기와 맛이 짜릿하다고 느끼는 사람이 있잖아. 누구의 삶이 더 행복할까?

자네도 요즘 와인 좀 즐긴다며? 사람들이 와인 마실 때 뭘 즐기는 걸까? 세계적인 와인 평론가인 제임스 서클링James Suckling은 와인을 품평할 때 컬러를 15%, 향기를 25%. 목넘김의 느낌을 25% 본대. 맛 자체는 35%라더군. 먹는 거라고 미각만 사용하지 않고 시각, 후각, 촉각을 다 동원하는 거지. 그걸 다각도로 느끼는 사람은 더 행복하지 않을까. 평범한 사람들이 잘 모르는 세계를 찾아 맛이든 향이든 음향이든 더 많이 느낄 수 있다면 그게 행복 아니겠냐는 거지.

그러니 오감을 타고나는 것이라고만 여기지 말고, 오감의 발달을 도모하면 좋겠어. 사람들이 오감을 예민하게 발달시키려고 와인도 마셔보고 색다른 커피도 마셔보잖아. 그러면서 커피의 산미나 향을 배울 수 있어. 점점 발달해.

이를 거꾸로 말하면 오감의 영역이 넓어지는 곳에 비즈니스의 기회가 있다는 말이 돼. 지금 우리나라의 와인 시장이 커지고, 향수나 오디오 시장 등도 한계가 없이 커지고 있는 것만 봐도 알 수 있지. 10년 전만 해도 우리나라 와인 시장이 이렇게 컸던가? 아라비카, 로부스타 등을 구별해 마시는 원두커피 시장이 있었던가?

먹는 것만이 아냐. 사람들이 러쉬 매장 가서 괜히 이것 저것 비누를 사와. 그런데 이게 몇 번 쓰다가 잊고 있으면 녹아버려. 그러면 또 사. 왜? 러쉬 매장 가면 향기가 얼마나 좋아? 그럼 또 구매하고픈 유혹을 느끼지. 《Sensory Marketing》, 《감각 마케팅》 같은 책이 출간될 정도로 감각에 대해 요새 관심이 많아.

셜먼 리서치 센터Shullman Research Center의 조사에 의하면 신세대일수록, 부유할수록 오감을 골고루 쓴다고 해. 하여간 경제수준이 올라가고 여유가 생길수록 오감이 중요해지는 건 사실인 것 같아.

여기에 무한한 시장기회가 있는 거지.

예컨대 청각을 마케팅에 어떻게 활용하면 좋을까요?

청각은 '늘 깨어 있는 감각'이라고 해. 왜 그럴까?

자네가 아침에 일찍 일어나려면 어떻게 해? 알람으로 깨잖아. 눈이나 입은 감거나 닫을 수 있는 반면 귀는 닫히지 않지. 늘 깨어 있는 감각이야. 들으려 하지 않아도 소리는 들려.

들으려 하지 않아도 들린다는 점은 마케팅에 활용하기 좋다는 의미야. 애리조나 주립대학의 로널드 밀리먼Ronald Milliman 교수가 여러 매장에서 배경음악 효과를 조사한 유명한 연구가 있어. 동네 슈퍼마켓에서 빠른 음악과 느린 음악을 하루씩 번갈아 틀어봤는데, 어느 날의 매상이 더 높았을까?

빠른 음악일 때는 평균 1만 2,113달러, 느린 음악일 때는 1만 6,704달러였어. 느린 음악일 때 천천히 다니면서 하나라도 더 사는 거야.

이번에는 음식점에서도 해봤는데, 결과가 어땠을까? 빠른 음악일 때는 45분 만에 식사를 마쳤고, 느린 음악일 때는 56분. 그런데 1인당 식사비는 55.12달러와 55.81달러로 비슷했어. 회전율만 생각하면 빠른 음악이 매상을 더 올릴 수 있긴 하겠지.

고객이 의도하지 않아도 들리는 음악의 리듬에 따라 행동이 달라진다니, 재밌지 않아?

청각은 감정도 유발할 수 있어. 영화가 진한 감동을 주는 건 배경음악 효과 때문이기도 하거든. 종교에서 음악의 역할은 말할 것도 없고, 전쟁터에서도 나팔 소리나 북소리가 용기를 북돋고, 적에게는 두려움을 느끼게 하지.

이를 소비자 심리 측면에서 고려하면 하다못해 기계 소리에도 조율이 필요해. 그래서 자동차 문 닫히는 소리도 신경써서 디자인한다잖아. 디지털 카메라도 구조상 철컥 하고 셔터막 내려가는 소리가 나지 않지만, 고급 디지털 카메라는 손맛을 내기 위해 멋진 셔터 소리를 일부러 입히거든.

영화 〈기생충〉에서 기우와 기정이 가정교사 하는 집의 부모를 속여야 하는데, 둘이 말을 맞추기 위해 문앞에서

'독도는 우리 땅' 노래에 맞춰 "제시카는 외동딸, 일리노이 시카고, 과 선배는 김진모, 그는 니 사촌"을 조용히 부르잖아. 그 긴장된 와중에 왜 노래로 속임수를 되뇌었을까?

음정과 섞으면 기억이 더 잘되기 때문이지. 학교 다닐 때 지리나 역사 등 암기과목 공부하면서 노래에 맞춰 외운 적 있잖아? 그냥 외우는 것보다 더 잘 기억돼.

광고 CM도 마찬가지 원리로 쉽게 오래 기억되지. "12시에 만나요, 부라보콘", "오 오 오 오란씨", "껌이라면 역시 롯데껌", "손이 가요 손이 가, 농심 새우깡", "하이마트로 가요~" 등의 CM은 그 시대를 살았던 사람이면 누구나 기억하고, 그만큼 매출 효과도 좋았어.

컴퓨터를 켤 때마다 들리는 인텔의 징글jingle처럼, 특정 사운드를 반복적으로 은근하게 들려줌으로써 보이지도 않는 반도체 부품의 정체성을 우리에게 인식시켜 줄 수 있지.

인간은 무슨 정보든 일단 소리음, 즉 청각코드(acoustic code)로 기억해. 사람들이 어렸을 때 글자가 아니라 먼저 소리로 말을 배우잖아. 그래서 소리음으로 얼른 전환되지 않는 브랜드는 소비자의 두뇌에 더디게 기억돼. 고급스런 수입 브랜드나 외국어로 멋지게 지은 국내 브랜드 중에 스펠링만 보고는 발음이 어려워서 얼른 알려지지 못하는 경우도 종종 보게 돼 안타깝지.

거꾸로 외국에 진출할 때, 우리나라 기업의 브랜드명은 눈으로 보아서는 외국인이 얼른 발음하기 힘든 경우가 많아. 'Hyundai'를 '훈대이', '히연다이' 등 각양각색으로 발음하고, 'Samsung'을 '쌤숭'이라 하는 등 다수의 브랜드명이 영어로 표기했을 때 발음하기 어려워.

반면 일본어는 받침이 거의 없어서 Yamaha(야마하), Toyota(토요타), Suzuki(스즈키) 등과 같이 일본식 브랜드명을 그대로 영문자로 옮겨도 발음에 무리가 없어. 글로벌 시대이고 음성검색 서비스가 일반화되는 모바일 시대인 만큼 브랜드를 지을 때 발음에도 유의해야 해. 소리를 기억하지 못하면 정보가 쉽게 기억되지 못하는데, 외국인이 우리 브랜드의 정확한 발음을 몰라 검색을 쉽게 못한다면 안타까운 일이잖아.

국내 광고에서는 브랜드의 발음을 브랜드 개념과 연결하여 기억시키려는 시도도 하지. "잇몸 튼튼, 이가 탄탄, 이가탄"이라고 외치듯이 말이야.

이렇듯 청각으로 전해지는 정보가 마케팅에서 꽤 중요하다는 점을 유의하고, 청각을 활용할 방법을 고심해보렴.

촉각을 마케팅에 활용하는 건 제한적이겠죠?

철학자 데카르트가 한 말 중에 가장 유명한 말이 뭐지? "나는 생각한다, 그러므로 나는 존재한다(Cogito ergo sum)."

그런데 자네는 생각함 때문에 살아 있음을 자각해? 살아 있음을 알게 하는 건 사실 촉각 아닐까? 자다가 꿈을 꿨는데 '이거 꿈이야 생시야?' 싶으면 꼬집어보잖아.

촉각은 피부로 느끼는 3차원의 입체적 감각이야. 귀나 눈이나 코처럼 몸의 일부에 있지 않고 몸 전체에 가장 넓게 퍼져 있지. 그중에서도 가장 예민한 데가 어디일까? 손이지. 세심한 촉각은 손으로 느끼니까. 한의사 선생님들이 손으로 진맥을 하는데 그게 대단히 정확하잖아. 보쌈도 손으로 싸먹어야 먹음직스럽고, 떡도 젓가락이 아니라 손으로 조물조물 만져가면서 먹으면 더 맛있어. 구체적인 촉감을 손으로 느낄 때 식감이 배가되기 때문이지.

처음 만났을 때 악수하거나 가볍게 터치함으로써 호감이 생겨날 수 있듯이, 매장에 전시된 물건을 손으로 만져보게만 해도 호감이 더 높아져. 감촉이 좋으면 구매 가능성도 높아지지. 화장품에도 촉감이 중요하기 때문에 '실키(silky)'하다는 등 촉감과 관련된 표현을 많이 쓰잖아.

코카콜라가 처음 나온 19세기 말에는 이미 비슷한 콜라 제품이 꽤 있었어. 그런데 코카콜라가 시장을 장악하도록 결정적 역할을 한 것이 한 손에 딱 들어오는 병모양 때문인 건 다들 알지. 그래서 스티브 잡스도 1세대 아이폰 3G를 만들 때 '한 손에 잡을 수 있어야 한다'며 손에 쥐기 좋게 후면을 도톰하면서 매끈하게 하는 데 무척 신경썼어. 잡스는 뉴발란스 운동화만 신는 것으로도 유명했는데, 그만큼 촉감의 편안함을 중요시했던 모양이야.

요즘 웬만한 스크린은 터치로 작동되는데, 좀 예민한 사람들은 애플 제품의 터치가 다른 제품과 비교할 수 없게 좋다고 말해. 여하튼 '햅틱 사이언스(haptic science)'의 발전에 관심을 가져보렴. 햅틱이 '촉각'이란 뜻이잖아. 이젠 의식주 모든 분야에 촉각의 중요성이 더해지는 것 같아. 문화 수준이 높아질수록 온도, 질감 등 체감에 예민해지거든. 예전에는 존재하지도 않았던 공기청정기나 가습기 같은 것이 웬만한 가정의 필수품이 된 것만 봐도 알 수 있어.

한 가지 재미난 얘기를 해줄게. 커널 샌더스가 1952년에 KFC를 창업한 후 몇 년간 슬로건을 20여 가지나 바꾸어 광고해봤지만, 마음에 드는 슬로건을 못 찾았다고 해.

그때는 TV 광고도 생방송으로 다소 길게 했다는군. 한 번은 피닉스 지역의 데이브 허먼이란 점주가 광고를 해야 하는데 뇌졸중으로 명확하게 발음하기가 어려워졌대. 그래서 매장 매니저가 대신 광고하는 동안 배경으로 치킨 먹는 역할을 맡았다는 거야.

그런데 광고가 전송되는 도중에 한 여성이 방송국에 전화를 걸어 "허먼 씨가 더럽게 손가락을 핥고 있다"고 항의했다는군. 그랬더니 매니저가 재치 있게 "손가락을 쪽쪽 빨 만큼 맛있거든요(It's finger lickin' good)"라고 대답했는데, 이게 대박 슬로건이 되어 지금까지 쓰이다가 코로나 사태가 발생하면서, 위생문제 때문에 잠시 중단됐어.

촉감을 강조하는 슬로건이 이토록 오래 사람들의 마음을 파고들었다니 대단하지.

인간은 평생 먹으니, 미각은 뻔한 얘기 아닐까요?

영국은 추워서 포도밭이 없으니 좋은 와인도 없어. 주로 프랑스나 이탈리아에서 수입해 마시지.

스티븐 스퍼리어는 프랑스에서 와인을 수입해 팔던 영국 사람이야. 한번은 이 사람이 미국에 갔는데 캘리포니아 와인도 마실 만한 거라. 그래서 캘리포니아 와인을 수입했지. 그런데 사람들의 고정관념 속에 미국 와인은 프랑스 것만 못하다고 생각하는지 도무지 안 팔렸다는 거야.

그래서 스퍼리어는 1976년, 파리의 한 와인가게에 프랑스 최고의 소믈리에들을 초빙해서 프랑스와 미국 와인을 10병씩 가져다놓고 블라인드 테이스팅을 실시했어. 그 결과 레드와인 부문에서는 카베르네 소비뇽 품종의 1973년산 스태그스립 와인셀러가, 화이트와인 부문에서는 샤르도네 품종의 1973년산 샤토 몬텔레나가 1위를 차지했어. 두 종류 모두 캘리포니아 와인이지. 그 유명한 '파리의 심판' 이야기야. 최고의 소믈리에들은 자기가 고른 와인이 당연히 프랑스산일 거라 확신했을 텐데 말이야.

실제로 와인 맛을 구별하는 사람들이 몇이나 될까. 벤저민 월러스가 쓴 《억만장자의 식초(Billionaire's Vinegar)》란 책에도 있다시피, 돈 많은 사람들이 비싼 와인을 즐기지만 실제 맛을 잘 아는 사람은 많지 않아.

초등학생들에게 우유 마실 때 유통기한을 꼭 확인하라고 교육하더라. 사람의 미각이 민감해서 본능적으로 상한 것을 구별한다면 구태여 유통기한 표시에 의존하지 않아도 되잖아. 그냥 한 모금 마셔보면 알아야 할 텐데, 그게 안 되니 어른들도 상한 음식을 잘못 먹어서 배탈도 나고 그러지.

이처럼 미각은 익숙해서 예민할 것 같지만, 사실 은근히 둔해. 그래서 미각산업에서는 마케팅을 어떻게 하느냐에 따라 성패가 좌우되곤 하지. 식품이나 음식 맛 설명을 잘 해주기만 해도 맛이 배가되거든.

보글보글 끓는 된장찌개 사진 보면 침이 고이지? 그런데 사진에서 된장찌개 냄새가 나? 맛본 것도 아니잖아. 그렇지만 사진을 보기만 해도 군침이 돌아. 그만큼 미각은 시각과도 밀접해. 시각정보를 활용하면 미각을 꽤 잘 자극할 수 있지. 견물생심이 이런 때 쓸 말은 아니지만, 좌우간 먹음 직스러운 비주얼이나 맛난 것을 '눈에 띄게' 하면 배고프지 않아도 또 '먹고 싶어져.'

블루치즈 좋아해? 한입 먹으면 움찔 놀랄 정도로 역하지. 그런데 맛에 길들여져봐. 종종 생각날걸. 홍어는 어때? 코에 쾅 충격이 올 정도로 맛이 세잖아. 그러다 맛에 익숙해져서 돼지고기랑 3년 묵은 김치에 싸 먹으면 진짜 맛있지. 나도 옛날엔 못 먹겠던데 아내가 해남 사람이라 먹기 시작했더니 이젠 맛있어.

맛은 배우는 거야. 쓴 맥주맛도, 쓴 커피맛도 배워서 좋아하게 돼. 배울 수 있다는 건 바꾸어 말하면 가르칠 수 있다는 건데, 그 말은 곧 미각이란 단순히 필요해서 찾는 '니즈'가 아니라 욕망이 추가 수요를 만드는 '원츠'의 시장이란 뜻이야. 즉 개발하기 나름으로 수요와 가격의 제약 없이 커질 수 있는 시장이란 거지.

서울 북촌의 런던 베이글 뮤지엄에 몇 번 갔다가 줄이 하도 길어서 포기했는데, 얼마 전에 겨우 먹어봤어. 외국에서 먹던 베이글과는 살짝 다르더라. 이상엽 대표는 '떡식감'이라고 표현하던데, 서양인과 달리 한국인들은 쫄깃한 맛을 좋아한대. 그래서 빵도 그런 맛이 더해져야 잘 팔린다는 거야. 이 대표가 레이어드라는 스콘 맛집도 만들었는데, 작은 시장을 크게 키운 덕에 베이글과 스콘 가게가 얼마나 많이 생겼는지 몰라. 이렇게 먹는 시장은 개발하기에 따라 끝이 없어.

더욱이 미각을 가르치면 가격도 끝이 없어져. 1,500만 원 한다는 로마네콩티 와인은 돈이 있어도 구하기 어렵 잖아. 인당 몇십만 원씩 하는 레스토랑도 예약하기 힘들게 인기라더라.

50년 뒤에도 애플의 아이폰이 여전히 인기 있을까 몰라. 그렇지만 돔페리뇽 샴페인은 여전히 찾는 사람이 많을 거 야. 미각 시장을 마케팅 관점에서 바라보면 재밌는 사실도, 기회도 많아. 자네 말대로, 지구가 멸망하기 전까지 인간은 계속 먹을 테니까.

후각이 브랜딩에 할 수 있는 역할이 있을까요?

영화 〈기생충〉 얘기 또 하네. 부유층을 상징하는 박 사장이 "선을 넘는 사람들, 내가 제일 싫어하는데… 근데 냄새가 선을 넘지. 썩은 무말랭이 냄새? 행주 빠는 냄새? 지하철 타다 보면 나는 냄새가 있어"라고 하잖아. 가진 자와 없는 자를 냄새로 구분하는 거지. 봉준호 감독은 '냄새'가 어떤 사람의 현실과 처지를 보여준다고 생각해서 그렇게 설정했다고 해. 무서운 얘기지.

후각은 평소에 그다지 의식되지 않지만, 무의식적 판단의 기준이 될 때가 많아. 우리가 맛을 느낄 때도 9할은 후각이 그 역할을 해. 혀는 짜고 시고 달고 쓰고를 구별할 뿐, 실제 음식의 싫고 좋음을 판단하는 것은 냄새야. 코로나에 걸린 사람들이 후각을 잃어서 힘들었다잖아. 냄새를 못 맡으니 맛도 못 느끼는 거지.

와인을 마실 때도 혀로 맛을 보는 것 같지만, 실은 입 안 가득 퍼지는 향을 음미하는 거야. 결국 비싼 와인도 그 향에 값을 치르는 셈이야. 조지아의 광고 카피 "커피는 맛이 아니다. 커피는 향이다"가 딱 맞는 말이지.

이게 마케팅에서는 어떤 의미를 가질까?

세상의 모든 사물은 냄새가 있어. 하지만 보이지 않기에 간과되었는데, 이런 냄새에 대한 이해를 높여주고 새로운 관점을 갖게 해주는 소설이 파트리크 쥐스킨트의 《향수》야. '어느 살인자의 이야기'라는 부제가 붙은 이 소설은 다소 두껍지만 꼭 읽어봐.

주인공 그르누이는 18세기 파리의 악취 나는 생선시장에서 사생아로 태어나 쓰레기 더미에 버려졌다가 살아났는데, 신이 그에게 모든 사물을 냄새로 구별하는 특이한 능력을 주신 거라. 그 덕에 향수 제조업자 밑에서 일하게 된 그는 자라면서 세상에서 가장 아름다운 향기를 찾겠다는 욕망 끝에 성숙한 젊은 여인의 향기로운 냄새를 채취하기 위해 살인을 저질러. 그리고 누구라도 매혹시킬 향수를 만들지.

다음의 독백에 이 소설의 핵심 메시지가 잘 드러나.

"사람들은 그녀에게 속수무책으로 사로잡히면서도 그

이유조차 제대로 모를 것이 분명했다. 사람들이란 멍청하기 이를 데 없어서 코는 숨 쉬는 데에만 이용할 뿐, 모든 것은 눈으로 확인할 수 있다고 믿고 있으니 말이다. 그녀에게 반한 진짜 이유는 그녀의 외모 때문이 아니라 바로 그어느 것과도 비교할 수 없는 놀라운 향기 때문이라는 것을 아무도 깨닫지 못하겠지…."

그르누이의 독백처럼, 오감 중에서도 감정을 가장 자극하는 것은 '무의식적으로 감지'하는 냄새란다. 후각은 매우 예민해서 맛을 보는 데 필요한 분자의 2만 5,000분의 1만 있어도 냄새를 감지할 수 있어.

엄마는 아기의 천진한 얼굴보다 냄새에 더 사랑을 느끼고, 성인들이 이성 파트너를 만날 때도 마찬가지래. 물건을 구입할 때 사람들이 오감을 사용하는 빈도를 보면 시각이 87%로 주를 이루고, 청각이 7%, 촉각이 3%, 미각이 1%, 후각은 2%밖에 안 돼. 하지만 향기는 오래도록 기억되며, 무엇보다 '감정'을 강력하게 연상시키기에 매우 중요하지.

마르셀 프루스트의 소설 《잃어버린 시간을 찾아서》를 보면, 주인공이 홍차에 적신 마들렌 쿠키의 냄새를 맡고 어린 시절을 회상하는 장면이 나오잖아. 여기서 유래된 '프루스트 현상(Proustian effect)'은 과거에 맡았던 특정 냄새에 자극받아 기억이 되살아나는 것을 뜻해. 가령 어렸을 때 엄마 방에서 나던 화장품 냄새나 마지못해 끌려간 치과에서 맡았던 소독약 냄새는 그 감정과 더불어 거의 평생 기억 돼. 그래서 향기를 잘 활용하면 고유의 아이덴티티를 만들 수 있어.

일례로 프랑스 레스토랑들은 프로방스 스타일 분위기를 살리기 위해 종종 라벤더 향을 선택한단다. 배스킨라빈스는 초콜릿 향과 박하 향을 섞은 고유의 향(signature smell)을 도입한 이후 매출이 40% 넘게 증가했다고 해.

음식 관련 업종에서만 냄새가 위력을 발휘하는 게 아니야. SMI(Scent Marketing Institute)의 연구결과에 따르면, 로비에 커피숍이 입점한 빌딩은 임대료를 더 높게 받을 수 있어. 건물에 드나드는 사람들이 은근한 커피 향 덕분에 여유 있고 너그러워져 비즈니스가 더 원활해지기 때문이라는 것이지.

조향사 프랜시스 커정Francis Kurkdjian은 24세 젊은 나이에, 지난 20년 동안 가장 많이 팔린 남성 향수 중 하나인 장 폴 고티에의 르말Le Male을 만들었어. 그가 이런 말을 했더라. "향기는 감정을 자극하는 가장 효과적인 방법이다

(Scent is the most effective way to stimulate emotions)."
향기로운 냄새는 욕구, 즉 식욕이나 성욕뿐 아니라 구매욕
도 부채질할 수 있어. 향이 나는 매장은 고객이 머무는 시
간이 길고, 다시 찾고픈 욕구도 향상시킨단다.

2021년에 오픈한 조선 펠리스 강남은 럭셔리 호텔의 품
격을 향기로 구현했어. 시그너처 향인 '라스팅 임프레션
Lasting Impression'은 그윽하고 우아해서 공간의 위상을 높이
는 역할을 해. 이곳 말고도 요즘은 좋은 호텔에 가면 항상
그곳 특유의 좋은 향이 나.

이제 향기는 음악이나 인테리어 못지않게 필수적인 마케
팅 도구가 되어가고 있어. 침묵의 감각인 후각이야말로 보
이지 않는 판매원인 셈이야.

오감이 다 중요하지만,
결국 시각에 많이 의존하지 않나요?

맞아. 인간에게 시각정보가 가장 많이 쓰이지. 다른 동물에 비해 비교적 시각이 잘 발달했거든. 그게 중요한 시사점이니 그 의미를 조금 더 살펴보자.

인간의 시각이 왜 발달했을까? 두 발로 서게 된 것이 가장 큰 이유인데, 네 발로 다니는 동물은 눈높이가 낮아 아무래도 땅을 많이 보게 되지. 반면 인간은 두 발로 걸으면서 땅과 멀어지니 후각이나 촉각보다 시각이 더 중요해졌어.

또한 초식동물은 넓게 보며 경계를 해야 하니 눈이 머리 양쪽에 있잖아. 반면 육식동물은 먹잇감과의 거리를 측정해야 하니 쌍안시인데, 인간도 쌍안시야. 쌍안시를 가지면 2차원을 보고서도 3차원의 입체감을 가질 수 있어. 입체감이 있으면 상상할 수 있는 능력이 생기지. 상상을 할 뿐 아니라 상상을 공유할 수도 있어. 풍경을 원근법으로 그려서 보여주면, 보는 사람도 입체감을 느끼듯이.

이만큼이나 인간은 시력 즉 '보는 힘'이라는 굉장히 강력한 무기를 갖게 되었는데, 그걸 과학의 힘으로 더 좋게 만들었어. 망원경으로 멀리 보고 현미경으로 크게 볼 뿐 아니라 고속촬영을 통해 물체의 움직임까지 자세히 관찰할 수 있게 됐지.

이렇게 보는 능력이 발달하니 호기심도 늘고 견문을 넓히겠다는 욕구가 강해진 거야. 다른 동물은 이런 게 없어. 인간은 시력 덕분에 그러한 열정이 생긴 거지.

그런 열정이 남들이 보지 못한 것을 먼저 보려는 욕구가 되었고, 이를 위해 아무도 가지 못한 곳에 먼저 가려고 해. 그래서 저 옛날 콜럼버스가 신대륙을 발견한 거고, 얼마나 극성이면 달까지 가겠냐고.

사람들은 눈으로 본 것뿐 아니라 상상한 것도 기록하려고 그림을 그려왔지. 예를 들어 다빈치가 그린 〈최후의 만찬〉도 1,400여 년 전에 있었음직한 일을 상상으로 그린 거잖아. 나아가 그림으로 만족하지 못해 사진으로 기록을 남기려 하니, 1900년대 초에 코닥 카메라가 나와 "You press the button. We do the rest"라고 광고했어. 버튼만 누르면 나머지는 카메라가 알아서 다 기록해준다니 이게 얼마나 대단한 혁명이야.

그 후 카메라의 발전은 이루 말할 수 없어서, 이제는 우리 모두 주머니에 휴대폰 카메라를 가지고 다니게 됐지. 그러다 보니 '인스타그래머블'한 것이 마케팅에 엄청나게 중요한 수단이 되었고.

코로나 시국이 시작되어 세상이 한창 우울했던 2020년 4월, 디스트릭트(d'strict)라는 디지털미디어 회사가 삼성역 사거리 SM타운 건물 전광판에 몰아치는 파도를 입체적으로 재현한 '웨이브'라는 거대한 3차원 영상을 올려 시원한 구경거리를 만들어줬던 것 기억나? 세상을 놀라게 한 이 기술로 아르떼 뮤지엄도 만들었지. 영상이 엄청 실감나니 몰입감이 대단하잖아.

나는 북구에 가서 오로라를 보는 게 위시리스트 중 하나인데, 막상 가본 사람들 말이 추위를 참으며 한밤중에 사나흘을 기다려야 겨우 잠깐 본다는 거야. 그런데 아르떼 뮤지엄에서 볼 수 있는 오로라는 거의 현실 같아. 이제는 가상의 경험이 현실의 경험과 별 차이 없어지는 시대가 코앞이라니까.

메타버스 영상만 해도 아직은 실감이 덜하지만, 조금만 더 발달하면 가상세계인지 현실세계인지 구별이 안 될걸.

이제 마케팅에서 엄청 중요한 변곡점이 곧 도래하리라 생각해. 그러니 세상의 변화를 잘 관찰하렴.

잠시 미래로 가봤는데, 다시 지금의 현실로 돌아오자. 이렇듯 시각이 중요한데, 여기에 다른 감각을 연결하면 듀얼 코딩(dual coding)이 되어 효과가 배가돼.

가령 미각을 시각과 연결한 형형색색의 비타민워터를 봐. 한 병 마시면 도넛 두 개 먹은 만큼의 당분이라느니 비타민은 조금밖에 안 들었다느니 비판도 많지만, 목마를 때 화려한 색깔의 비타민워터에 손이 가는 건 시각적 효과 때문 아닐까. 향기로운 러쉬는 황홀하리만치 선명한 컬러로 코와 눈을 동시에 자극하니 이목을 확실히 끌지. 화려한 가구 디자인으로 유명한 베르너 팬톤Verner Panton은 "색깔이 형태보다 중요하다(Color plays a greater role than form)"고 강조하기까지 해.

청각도 시각화할 수 있을까? 물론! ECM은 세상에서 음반을 가장 잘 만드는 회사야. ECM 앨범커버 좀 검색해봐. 어때, 보기만 해도 그 음반의 소리가 들리는 것 같지 않아? 이 앨범에 수록된 곡이 어떤지는 몰라도 음반 아트워크 때문에라도 사고 싶어져.

광고 사진 등에서 보이는 시각적 질감이나 모양은 단단

해 보인다거나 부드러워서 편안해 보인다거나 거칠거칠한 느낌이 좋아 보인다는 등 촉감을 상상하게 만들지.

요즘 마케팅에 공감각(共感覺, synesthesia)이란 표현이 자주 등장하는데, 인간의 오감 중 한 영역의 감각을 자극함으로써 다른 영역의 자극을 불러일으키는 현상을 말하거든. 청각이나 촉각, 후각, 미각 등 다른 감각은 시각과 믹스될 때 그 효과가 증폭돼.

그러니 서로 다른 감각을 어떻게 엮을지, 특히 시각을 통한 감각의 상호작용 효과에 각별히 관심을 가져보렴.

13장

Empathy

어떻게 하면
고객접점의 공감 스킬을 갖출까

팩트와 공감이 부딪칠 때는 어떤 게 더 중요해요?

1930년대 미국 대공황 당시, 경찰관을 포함해 12명을 살해하며 연쇄 강도를 일삼은, 보니 파커와 클라이드 배로라는 범죄자 커플이 있었어.

이런 중범죄를 저지르며 다녔는데도, 당시 암울했던 시대에 대중의 미움을 받던 은행 등을 공격하니 마치 의적 같은 이미지로 미화돼 인기를 얻었지. 납치한 강도 피해자를 외딴곳에 풀어주거나 돌아갈 여비를 쥐여준 것도 한몫했고.

경찰의 추격 끝에 사망한 그들의 장례식장에는 2만 2,000명에 달하는 군중이 운집했다고 해. 이 커플을 미화한 소설이나 영화도 많아. 너무 미화가 심하니 얼마 전에는 케빈 코스트너 주연의 〈하이웨이맨〉이라고, 경찰 입장에서 찍은 영화가 나올 정도라니까.

지독한 흉악범이 영웅처럼 여겨지기도 하고, 반대로 경찰이 악당처럼 보이는 이런 현상을 보며 자네는 뭘 느끼나?

세상일이란 옳고 그름의 문제가 아니라 공감의 문제야. 영화를 볼 때나 실제에서나, 나쁜 사람에게 공감이 되기도 하고 그 사람을 동정하기도 해. 정치도 그렇고, 일상에서도 그런 일이 많고, 마케팅에서도 물론 그래. 작은 잘못으로 회사가 문을 닫는가 하면, 큰 잘못을 저지르고도 진심 어린 사과가 대중의 공감을 얻어 용서되기도 하지.

대학교 1학년 학생들은 고삐 풀린 망아지처럼 신나게 대학생활을 즐기느라 공부는 등한히 해. 나는 그들을 탓하지 않아. 나도 그맘때 그랬고.

그러다 2학년이 되면 슬슬 진지해져야 하는데 여전히 고등학생 티를 못 벗는 학생들이 있지. 3월 새학기 첫 시간에 들어가면 1학년처럼 와글와글 떠들고 집중을 안 해.

교수는 지식을 전달하는 것만 능사가 아니라 50~60명 되는 클래스를 잘 이끌어 학습 분위기를 조성해야 하거든. 그런데 서툰 교수는 "너희는 이제 2학년이야. 아직도 정신 못 차렸냐? 좀 대학생답게 굴어라" 하며 단체로 야단을 치지. 그러면 교수만 왕따(single out)가 되고, 학생들 간에 일체감(rapport)이 생겨 통제가 더 어려워져.

경험 많은 교수는 그중에서도 최고 말썽쟁이 같은 학생 한 명을 지목해서 "다른 학생들은 2학년답게 점잖은데, 자네는 수업시간에 왜 떠들고 그러나?" 하고 따끔하게 말해. 그러면 다른 학생들이 갑자기 조용해지며 점잖게 굴어. 교수와 학생들 사이에 일체감이 생겨서 학습 분위기가 조성되는 거지. 물론 수업 후 그 학생을 따로 불러 다독여주며 꾸준한 관심을 보이면 그 친구도 오히려 모범생이 되고 말이야.

학교뿐 아니라 정치, 종교, 사회 모든 분야의 성패는 공감대 형성이 관건이야. 경영활동에 있어서도 공감은 집단의 화합과 지지를 이끌어내는 중요한 역할을 하지. 집단적 공감을 잘하려면 우선 개인과 개인의 주파수를 맞출 줄 알아야 해. 개인 레벨에서 공감을 잘하려면 어떻게 해야 할까? 먼저 나를 알고 상대를 알아야지. 사람마다 주파수가 다 달라서 일단 내 성격의 특성을 잘 알고, 상대방의 성격을 파악해야 주파수를 맞출 수 있어.

성격을 파악하는 여러 기법이 있지만, 요즘 유행하는 MBTI(Myers-Briggs Type Indicator)가 이해도 쉽고 실용적이야. 다만 인터넷에 떠도는 아무 검사나 해서 자신을 잘못 파악하지 말고, 제대로 검사받고 올바른 교육을 받는 게 좋아. '한국MBTI연구소'를 추천하니 자네도 MBTI를 한갓 유행이라 여기지 말고 시간 내서 검사도 해보고 교육도 받아봐. 서로 다른 유형의 사람들을 이해하는 단계를 넘어, 고객 응대 기술을 향상시키는 데에도 큰 도움이 될 거야.

상대의 성격을 알면 마케팅에 도움이 된다고요?

판매원들은 무언가를 판매할 때 무의식중에 상대방도 본인처럼 생각하고 행동할 거라 지레짐작하는 경향이 있어. 그러다 보니 고객이 어떤 사람이냐에 관계없이 자신에게 익숙한 방식을 밀고 나가게 되는 거야.

이때 심리상담 분야에서 널리 활용되는 MBTI 성격유형별 구매 특성을 이해하면 판매 과정에서 소비자의 욕구를 잘 충족시킬 수 있어. MBTI 활용은 마케팅에서 중요하기 때문에 20여 년 전에 쓴 《보이지 않는 뿌리》에서도 이미 상세히 설명한 바 있지.

소비자의 성격유형 파악에 앞서, 무엇보다 판매원 자신을 이해하는 것이 중요해. 자기를 잘 알수록 자기 수용이 가능하고, 자기 수용을 잘할수록 타인 수용도 유연해지기 때문이야. 타인 수용의 과정을 통해 고객을 마음으로 이해하고 고객의 주파수에 맞추려 애쓰다 보면, 보다 효과적인 판매 상황을 조성할 수 있지.

그렇다고 물건 사러 온 고객에게 MBTI 검사를 실시할 수는 없으니, 고객의 유형을 짐작할 수 있는 행동단서들을 정리해볼까? 네 가지 지표 중 두어 가지만 제대로 짐작해도 많은 도움이 될 거야. 요즘은 MBTI가 상식처럼 되었고 자네도 기본은 알고 있을 테니, 일반적인 성향은 생략하고 설명할게.

에너지의 방향인 EI지표는 에너지를 얻는 원천이 다른 사람과의 교류를 통해서냐, 그 사람의 내면이냐를 설명해 줘. 비교적 겉으로 쉽게 드러나는 성향이기도 하지.

외향형(E : Extroversion)은 ① 빠른 말씨를 사용하고 ② 생각하는 동시에 말하는 걸로 보이지. ③ 판매원이 말하는 도중에 자르고 끼어들기도 해. ④ 그리고 비교적 목소리가 커.

내향형(I : Introversion)은 ① 대답하거나 말할 때 생각에 젖은 듯 가끔 멈추지. ② 반응이 차분하거나, 반응 읽기가 쉽지 않아. ③ 짧은 문장을 사용하고, ④ 목소리가 조용한 편이야.

인식의 과정인 SN지표는 개인이 선호하는 정보수집 방법을 반영해.

감각형(S : Sensing)은 ① 실용적인 용도에 관심이 많고, ② '그게 뭐 하는 거예요?'라든지 '어떻게 하는 거예요?'라는 식의 구체적인 질문을 많이 해. ③ 표현이 정확한 편이야.

직관형(N : iNtuition)은 ① 현재의 용도뿐 아니라 가능성에 관심을 가져. ② '왜'로 시작하는 질문을 많이 하고, ③ 대략적인 표현을 하기 때문에 의도를 주의 깊게 파악해야 해.

판단의 과정인 TF지표는 주어진 정보를 가지고 의사결정하는 방식을 반영해.

사고형(T : Thinking)은 ① 판매원의 지식을 시험하는 것 같은 질문을 하곤 해. ② 객관적인 증거를 중시하고, ③ 다른 사람들이 어떤 구매결정을 했다는 말에 그리 영향받지 않아. ④ 논리적으로 검증하며 판단하려 하지.

감정형(F : Feeling)은 ① 판매원과의 상호접촉에서 인간관계를 중시하고, ② 자신이 가치를 두는 것이 무엇인지에 대해 이야기하기도 하지. ③ 다른 사람들이 어떠한 구매결정을 하는지, ④ 무엇을 고려해 결정하는지에 관심이 있어.

행동패턴을 가리키는 JP지표는 일상생활의 패턴이나 일 처리 방식을 가리켜.

판단형(J : Judging)은 ① 약속 시간에 잘 맞추는 편이고, 정해진 시간보다 먼저 오기도 하지. ② 지나치게 긴 설명이나 과정을 지루해하며, ③ 순서와 절차에 따라 행동하기를 원하고, ④ 성급하게 결정하기도 해. ⑤ 표현할 때 '비교해 보았어요'처럼 과거형을 사용하는 편이지.

인식형(P : Perceiving)은 ① 약속 시간에 늦거나 아예 잊어버릴 수도 있어. ② 스스로 결정할 여유를 갖고 싶어 하는 것으로 보여. ③ 자신도 모르게 과정을 즐기는 편이라 압박을 가하면 부정적으로 반응해. ④ 마지막 순간까지 결정을 미루다가 툭 결정하곤 해. ⑤ '비교하고 있어요'처럼 현재진행형으로 표현하는 편이야.

판매원들도 고객에 따라 융통성 있는 태도와 접근방법을 취해야 한다는 걸 머리로는 알고 있을 거야. 하지만 실제로 어떻게 대응해야 하는지 몰라서 못하는 경우가 태반이더군. 그러니 MBTI를 적극적으로 공부해봐. 고객과의 공감뿐 아니라 일상생활에도 큰 도움이 돼.

고객의 성격유형을 판매과정에 어떻게 응용할 수 있죠?

판매 과정은 적어도 3단계로 진행돼.

우선 고객과 판매원이 만나서 서로 알게 되잖아. 몇 분 정도의 짧은 관계를 개시하며 고객은 첫인상을 형성하고, 판매원은 고객에게 뭔가 해줄 수 있다는 느낌을 주겠지. 그 다음은 판매원과 고객의 상호작용 단계야. 고객의 욕구를 살피기 시작하고, 일련의 해결안을 제시하게 돼. 마지막에는 해결방안에 동의하고 마무리하는 단계로 나아가.

이제 각 단계에 MBTI를 어떻게 활용할 수 있는지 생각 해보자.

1단계 '관계 개시'에서 판매원이 고객과 접하면서 가장 먼저 확인할 수 있는 것은 에너지의 방향(E 또는 I)이야. 판매원 자신이 외향형이든 내향형이든 어느 정도의 수용폭은 있으므로 고객의 유형에 별 무리 없이 적응할 수 있어. 고객에 맞춰 판매원이 중간에 접근방식을 전환하더라도 대부분의 경우 눈치채지 못한 채 더 편안한 마음으로 구매에 임하게 되지.

2단계에서는 고객의 욕구를 파악하고 해결안을 제시하겠지. 고객과의 본격적인 상호작용 단계에 들어서면 고객의 인식과정(S 또는 N)과 판단과정(T 또는 F)을 동시에 고려하는 게 좋아. 고객 유형별로 대처하는 방법을 예시해볼까?

ST형 고객들은 현실적이고 꼼꼼한 편이며, 실용적이고 체계적이어서 분석적인 성향이 있어 보여. 표현도 간략하지. 감정적으로 일정 정도 이상 가까워지는 것도 싫어해. 그러니 이렇게 응대하면 좋아.
① 군더더기는 빼고 짧게, 그러나 부드럽게 대해. "오늘 자리를 함께할 수 있어 정말로 즐겁고 뭐라 말할 수 없이 기쁩니다" 하는 식으로 말하면 불편해하고 신뢰를 잃어. 담백하게 "오늘 만나뵈어 반갑습니다"라고 말하는 게 낫지.
② 사실에 근거해 설명해야 해. "손님이 옳습니다. 고객서비스 요금이 올랐습니다. 하지만 저희는 매년 3% 이하로

인상률을 억제해 왔습니다."

③ 실용적인 점을 강조하렴. "그 제품은 기능이 많아 비싼데, 대부분은 거의 쓸 일이 없어요. 이 제품은 꼭 필요한 기능만 있지요."

④ 개인적 용어는 삼가는 게 좋아. "우리 시누이도 이 로션을 바르더니 얼굴이 보송보송하게 느껴진다는 거예요"이러면 안 된다는 거지. 그냥 "이 로션에는 보습 성분도 들어 있습니다"라고 말하는 게 좋아.

⑤ 단계별 설명을 선호해. "대출을 받으시려면 1단계는… 그다음 단계는…."

⑥ 검증 요구에 대비해야 해. "이 신문에 소비자보호원에서 각 제품을 비교한 자료가 나와 있습니다."

SF형 고객들도 현실적이긴 하지만 좀 더 부드럽게 느껴질 거야. 인간중심적이어서 타인의 감정에 민감할뿐더러, 개인적으로 친밀한 관계가 형성될 때 편안함을 느끼는 사람들이거든. 그러므로 이렇게 하렴.

① 인간적이며 우호적으로 접근해봐. "자녀분들이 다치지 않게 등교시간 이후에 에어컨을 설치하러 갈게요."

② 남들과의 친근감을 보여줘. "한번 저희 고객이 된 분들은 다음에도 저희 가게를 찾으세요."

③ 다소 개인적인 표현을 사용하는 것도 좋아. "그럼요. 아무리 좋은 제품이라도 손님 가족에게 소중하지 않다면 무슨 소용이 있겠어요."

④ 거래하기 전에 인간적 관계를 먼저 형성해보는 것도 도움이 돼. "차 안에 베이비시트가 있던데요, 아이가 몇 살이죠?"

⑤ 관계를 계속 유지할 거라고 알려줘. "에어컨 설치 후에 문제가 있으면 바로 제게 연락 주세요. 그러지 않아도 제가 설치 후에 두세 번 확인전화를 합니다만."

NF형 고객들은 일의 의미와 가치가 중요해. 세세한 항목보다는 전반적인 조화에 관심을 갖고 미래의 가능성과 이상을 추구하는 사람들이거든. 그러니 이렇게 하면 좋아.

① 고객의 가치를 반영하는 단어를 가지고 말해봐. "아까 함께 둘러보았을 때 손님은 가격만이 아니라 재미도 중요하게 생각하신다는 걸 알았습니다."

② 조화에 신경쓴다는 점을 알려야 해. "집 입구에 있는 장식품을 더 큰 것으로 바꾸고 싶으신데 좀 염려되시는가 보군요. 어떤 점이 마음에 걸리세요?"

③ 고객의 개인적인 가능성을 염두에 두렴. "선생님의 사업이 분명히 성장하리라는 것을 알기 때문에 우리가 전

에 얘기한 사무실 면적뿐 아니라 임차 가능성까지 고려해 보았습니다. 그 결과…."

④ 연관되는 생각들을 주의 깊게 따라가 봐. "우리는 오늘 벽의 페인트에 대해 이야기하기로 했는데, 손님은 의자 카탈로그를 보고 계시더군요. 의자에 더 관심 있으신가 보죠? 하하, 그럼 의자부터 시작해볼까요?"

NT형 고객들은 논리적이며 사고력이 뛰어나 추상적인 대화로 흘러가기 일쑤야. 새로운 변화를 즐기지만, 사고나 행동이 독자적인 경우가 많아 어떨 땐 냉정하게 느껴지기도 해. 이들에게는 이렇게 하면 좋아.

① 자신의 독특함이 존중받는 걸 좋아해. "손님의 안목을 만족시킬 카탈로그를 몇 개 가져왔습니다. 여기서 손님만의 유니크한 조합을 찾을 수 있을 것으로 생각합니다."

② 미래를 투사해봐. "손님이 옳습니다. 미래를 알기란 어렵죠. 그러나 몇 가지 요인들이 새로운 사업을 구축하려는 이 도시에 활력을 주고 있습니다. 예컨대 시의회가 승인한 주택건설계획과 교통망은 현재 인구의 3배를 감당하도록 설계되어 있습니다."

③ 장단점을 모두 얘기하렴. "사실 대부분의 제품이 약점이 있지요. 이 브랜드도 튼튼하다고는 하지만…."

④ 문제해결에 고객을 포함시켜. "이 대안을 선택하는데 그다지 중요하지 않다고 생각되는 세 가지 요인은 고려하지 않았습니다. 하지만 그 요인들이 중요하다고 생각된다면 언제든 말씀해 주십시오."

판매를 마무리하는 3단계에는 고객과 판매원의 행동양식(J 또는 P)이 가장 큰 영향을 미칠 거야. 판단형은 '끝맺음의 즐거움'을 추구하거든. 책임소재, 서비스 일정 등 판매조건이 명확하고, 깔끔하게 마무리되길 원하지.

반면 인식형은 '과정의 즐거움'을 추구하는 편이야. 마지막 순간이 되어도 뚜렷한 의사를 밝히지 않을 때도 있고, 예기치 않은 이슈를 갑자기 끄집어내기도 한단다.

그러니 판매원은 다음과 같은 잘못을 범하지 않도록 유념해야 해.

판단형(J)의 판매원이 판단형(J)의 고객과 상호작용할 때는 ① 얼른 마무리하려고 서두르느라 다른 대안을 충분히 검토하지 않고 배제할 수 있어. ② 고객과 서로 주도권을 쥐려 할 수도 있고, ③ 고객과 자신이 실제보다 더 비슷하다고 지레짐작하는 바람에 실수할 위험도 있어.

판단형(J)의 판매원이 인식형(P)의 고객을 대할 때는 ① 고객이 충분히 소통에 참여하지 않는다고 생각해 좌절할 수도 있고, ② 고객은 성급한 판매원이 자신을 몰아붙인다고 느낄 수 있어. ③ 고객이 마지막 순간에 새로운 이슈를 떠올릴 수도 있는데, 그것이 판매원의 짜증을 유발하기도 하지.

인식형(P)의 판매원이 판단형(J)의 고객을 대할 때 ① 고객은 이미 결정했는데, 판매원이 머뭇거릴 수 있어. ② 관심 없는 정보를 판매원이 계속 추가하는 바람에 고객이 선택을 망설일 수도 있고, ③ 고객의 눈에 판매원이 명쾌하지 못하고 프로답지 않거나 준비가 부족해 보일 수도 있지.

인식형(P)의 판매원이 인식형(P)의 고객과 마무리할 때는 ① 정보의 늪에서 둘 다 헤맬 수 있어. ② 대화하고 대안을 검토하는 데 재미 들려 목적을 잊기도 해. ③ 마무리에도 타이밍이 있어서 밀어붙일 땐 밀어붙여야 하는데, 그냥 다음으로 미루기도 하지.

MBTI를 판매상황에만 적용하지 말고 매일의 일상에서 연습해봐. 친구, 가족, 직장동료… 모든 인간관계에 자연스럽게 스며들도록 해보렴. 인생이 달라질 거야.

성격유형을 판매상황에 활용할 때 유의점은 뭔가요?

초반에도 말했지만, 판매원들이 가장 저지르기 쉬운 오류는 고객들이 자기처럼 반응하리라 기대하는 거야. 그래서 고객이 다르게 반응하면 좌절하거나 당황해 제대로 대처하지 못하는 경우가 종종 있어. 이런 사태를 방지하기 위해서도 판매원 자신과 고객의 MBTI 유형을 이해하는 게 큰 도움이 돼.

굳이 유형을 의식하지 않더라도, 서로 다르다고 깨닫는 것 자체가 중요하지. 유형의 특성을 잘 이해할수록 사람들 간의 관계를 훨씬 유연하게 이끌 수 있게 된단다.

단, MBTI는 잘 활용하면 약이 되지만, 어설프게 알면 오히려 독이 돼. 자기 자신에 대해서도 '나는 ○○○○유형이라 이런 일은 나와 안 맞아'라든지, 다른 사람에 대해서도

'저 사람은 ○○○○유형이라 답이 없어' 하는 식으로 고착화해버리면 위험해. MBTI는 성격에 대한 결론을 내리는 잣대가 아니고, 자기탐색을 도와 성장하기 위한 도구야. 무엇보다 MBTI라는 도구를 활용하는 목적이 뭔지를 잘 이해해야 해.

자네는 모든 유형 가운데 가장 바람직한 유형이 뭐라고 생각해? 말하자면 부처님이나 공자님의 MBTI는 뭘까? 조심스럽지만 예수님을 예로 들어볼까?

예수님은 외향형일까, 내향형일까? 열두 제자와 함께 생활하신 걸 보면 외향형(E)이지만, 가끔 무리를 보낸 후 기도하러 따로 산에 올라가서 혼자 머물곤 하시는 걸 보면 내향형(I) 같기도 해.

감각형일까, 직관형일까? 일관성 있고 세부적이며 실제 상황에 초점을 두시는 걸 보면 감각형(S)인데, 늘 비유를 통해 말씀하신다거나 미래 가능성을 위해 씨 뿌리는 역할을 하시는 걸 보면 직관형(N) 같지.

원리원칙을 좋아하고 진실을 중시하시는 걸 보면 사고형(T)인데, 인간관계에 관심이 많고 헌신적이며 동정심이 많은 걸 보면 감각형(F) 같아.

위선과 불법에 대해서는 누구라도 엄하게 꾸짖으시는

걸 보면 판단형(J)인데, 여유롭고 포용적이며 많은 일을 이해로 수용해주시는 걸 보면 인식형(P) 같잖아.

이처럼 MBTI를 공부하는 이유는 필요와 상황에 따라 유형을 옮겨 다닐 수 있는 유연함을 익히기 위해서야. 가령 본인이 내향형이라 해도 필요에 따라 외향형처럼 행동해야 할 때가 있거든. 또는 논리적이어서 냉정해 보일 수 있는 사고형이라면 정서와 감정 표현하는 법을 익히면 좋겠지. 예컨대 ISTJ 유형은 일처리에 신중하고 책임감이 강하다는 장점이 있지만, 그 장점만 그대로 살려 나이 들면 깐깐하고 꼰대 같은 노인으로 느껴질 수 있단 말이야. 이럴 때 고집스러움을 버리고 타인의 감정에 공감하는 능력을 키운다면, 참으로 사려 깊고 친절한 분인데 일할 때는 꼼꼼하다는 칭찬을 받지 않을까.

타고난 성향을 바꾸지는 못해. 하지만 부족한 면을 채울 수는 있어. 한마디로 MBTI로 파악한 약한 성향을 보완해 자신을 완성하는 도구로 삼아야 해.

그러려면 우선 자신의 MBTI 성향을 정확히 알아야겠지. 어떤 사람들은 검사할 때마다 결과가 다르다고 하는데, 성격유형은 타고난 것이라 변하지 않아. 다만 직업에 적응하다 보니 성격이 조금 바뀐 것(occupational type)처럼 느끼거나 검사할 때 본인이 선망하는 유형(envious type)으로 응답하기 때문에 왜곡이 생기는 거야. 또는 인터넷에 돌아다니는 엉터리 간이검사나 흥미 위주로 변형된 도구로 검사하는 바람에 자신을 제대로 보지 못하는 것일 수도 있어.

또 자주 듣는 말 중에 "저는 외향형으로 나오는데 내향형 기질도 있어요"라고 하더라. 당연하지. 자네는 오른손잡이지만 왼손도 쓰잖아. 사람들은 모든 성향을 다 가지고 있어. 다만 조금 더 익숙하고 편하게 쓰는 성격성향이 무엇이냐를 보는 '방향' 검사일 뿐이야.

가끔은 MBTI가 마치 궁합인 것처럼 이성친구를 찾는 용도로 쓰는 우스운 경우도 봐. 자네 생각에 똑같은 유형이 잘 맞을까, 아니면 반대 성향이 좋을까?

누군가를 사귀는 데는 성격성향이 우선이 아니고, 좋고 싫음이 먼저야. 내가 좋아하는 사람이 나와 동일한 유형이라면, 말하지 않아도 서로 이해가 잘되어 너무 좋아. 완전 반대라면? 모든 게 새롭고 신기해서 좋지.

반면 내가 싫어하는 사람이 나와 동일한 유형이라면, 나의 단점이 그 사람에게 그대로 투영되어 보여서 더 싫어. 반대 유형이라면 하나하나가 다 거슬릴 테고.

누군가를 진정으로 사랑한다면, 어떤 성격이라도 맞추려고 애쓰겠지. 그게 개인이 성숙해가는 과정 아닐까? 이건 비단 연인뿐 아니라 직장동료나 고객과의 관계에서도 마찬가지일 거야.

어떤 성격유형이 공감을 가장 잘하나요?

흔히 감정형이 공감을 더 잘하고, 사고형은 잘 못한다고 생각하더라.

상대의 마음을 이해하고 같이 느끼는 것만으로 공감이 끝나는 게 아니야. 내가 그 마음을 안다는 것을 상대방이 알게끔 말로 전달해야 해. 아이러니하게도 마음을 감지하는 건 감정형(F)이 잘하는데, 내용을 깔끔하게 전달하는 건 사고형(T)이 잘해. 그러니 감정형은 소통 연습을 더 해야 하고, 사고형은 상대의 마음 읽는 훈련을 더 해야겠지.

여기에 더 중요한 게 있어. 마케터가 '공감'하는 궁극적 이유는 상대방을 '동정'하는 게 아니라 현실이나 사실과 부드럽게 '직면(confront)'시키기 위해서라는 거야. 즉 공감이 공감으로만 끝나서는 안 되고, 궁극적으로 고객이 해결하려는 문제와 직면하게 만들어야 한다는 거지. 고객이 주장하는 대로만 해줄 수 없을 때가 많거든. 말하자면 공감은 직면을 위한 사전작업이라 볼 수 있어.

직면의 순간에는 심리적으로 불편해지기 마련이니 대단히 조심스레 접근해야 해. 무엇보다 상대방이 자연스럽게 받아들일 수 있는 상황인지 타이밍을 잘 맞춰야 하지. 조급하게 들이대거나 타이밍이 적절하지 않으면 상대방이 오히려 배신감을 느끼거나 힘들어해서 공감 노력이 수포가 될 수 있거든.

그러니 오직 상대방을 돕는다는 자세로 임하고, 내 입장을 내세우지는 말아야 해. 해결책을 제시하기보다 고객 스스로 해결책을 찾아가도록 도움을 주는 형식이 좋아. 또한 상대방의 행동이나 말에 대해서만 반응해야 하고. 그 사람의 성격이나 가치관을 언급하면 자칫 공격한다고 느낄 수 있으니까.

사업을 하다 보면 고객과 갈등도 생기고 문제가 발생하기도 하지. 이제 웬만한 기업은 반품이나 환불과 같은 기계적, 시스템적 문제에는 잘 대처해. 하지만 이해와 공감이 결여된 문제해결은 고객과 장기적인 연결고리를 만드는 데 도움이 되지 않아.

브랜딩의 완성은 고객접점에서 이루어진다는 점을 잊지

마. 그리고 고객접점에서 가장 중요한 능력은 공감이라는 것도. 아무리 열심히 멋진 광고로 홍보해도 콜센터 직원의 영혼 없는 공감은 고객을 허탈하게 만들어.

백종원 씨가 진행하는 〈골목식당〉 프로그램을 보면, 요식업의 성공요소로 뛰어난 요리를 개발하는 것 못지않게 손님을 대하는 태도와 인성이 중요하다는 걸 일관되게 강조하더군.

그러니 구성원들의 공감 교육과 훈련에 각별히 신경쓰렴. 관련 책들도 함께 읽으며 토론하고, 고객불만 처리과정에서 공감을 제대로 했는지 점검하고, MBTI 교육과정에도 보내며 공감이 체화되도록 끊임없이 연마해야 해.

공감을 잘하는 것이야말로 조직의 보이지 않는 최고 경쟁력이야.

14장

———

Ego

브랜드를
어떤 페르소나로 인식시켜야 할까

브랜드 페르소나 설정이 정말 효과가 있나요?

메릴랜드 대학의 미식축구 선수였던 케빈 플랭크_{Kevin} Plank라는 사람이 있어. 윙백이었는데, 축구에서도 가장 많이 뛰는 포지션 중 하나이니 땀이 말도 못하게 나는 거야. 땀 때문에 불편하고 성가셔서 고민하고 있는데 누가 쫄쫄이 옷을 줬다는군. 그걸 안에 받쳐 입으니 땀을 잘 빨아들여 좋더래. 그래서 디자인을 개량해서 팔 생각으로 '옷 안에 입는 갑옷'이라는 의미로 언더아머(Under Armour)라고 이름 붙였어.

이제 브랜드 컨셉을 어떻게 잡으면 좋을지 고민하다가, 드러나지 않게 입으니 언더독(underdog)이 어떨까 하는 생각에 이르렀지. 아직은 아니지만 앞으로 큰 인물이 될 거라는 대기만성에 대한 기대를 뜻하잖아.

사업 초기엔 자금이 충분하지 않았으니, 젊고 유망하지

만 아직은 유명하지 않은 사람들을 몇 명 후원하며 광고했
는데, 그중 한 명이 스테픈 커리Stephen Curry야. 누군지 알
지? 그 유명한 농구선수.

지금은 키가 188cm까지 자랐지만 그래도 농구선수치고
는 작잖아. 그 당시엔 더 작아 180cm에 72kg밖에 안 되는
왜소한 체형이라 농구계에선 알아주지 않는 데이비슨 대학
에 진학했어. 거기서는 잘했느냐? 툭하면 발목을 삐었대.
다행히 발목 인대 수술을 받고 재활치료를 하면서 골밑보
다는 외곽에서 3점슛하는 것에 치중하자 점차 경기력이 향
상되었고, 2014년에 처음으로 올스타전에 출전하면서 슈퍼
스타 대열에 합류하게 되지.

농구를 좋아하는 사람들은 알 텐데, 커리는 최근 몇 년
째 MVP야. NBA 통산 최다 3점슛, 파이널 최다 3점슛, 최
다 연속경기 3점슛 등 NBA의 3점슛에 관한 거의 모든 기
록을 보유하고 있지. 초기에는 그다지 눈에 띄지 않는 언더
독이었는데, 어느새 어마어마한 선수가 된 거야.

언더아머가 급속히 성장한 데에는 언더독 스테픈 커리
의 효과가 아주 컸어. 언더아머의 이미지나 철학에 딱 부합
하잖아. 그의 이름을 딴 커리 원Curry One 운동화를 신으면
무슨 느낌이겠어? '커리 같은 언더독이 신는 거야. 내가 지
금은 별 볼 일 없지만 언젠간 커리처럼 내 분야에서 성공

할 거라고' 하는 의지가 표현되지 않겠니? 스테픈 커리야말
로 언더아머의 철학과 이미지를 보여주는 페르소나 그 자
체인 거지.

이처럼 브랜드의 개성을 보여주고 싶을 때, 브랜드를 사
람에 비유하면 매우 효과적이야.

왜 그럴까? 사람들은 동물이나 심지어 무생물에도 인간
적 특성을 부여하려는 경향이 있거든. 개를 키우면서 "엄마
가 밥줄 테니 기다려"라고도 하고, 짝이 되는 동무라는 의
미의 반려伴侶라는 단어를 개에게 붙여서 반려견이라 부르
는 건 벌써 일반화되었지. 아이들이 인형 갖고 놀 때도 친
구와 대화하듯 하잖아. 무생물인데 사람처럼 생각해.

인간 아닌 존재에도 인성을 부여한다는 건, 인간관계로
설정할 때 친근함과 편안함을 더 느낀다는 뜻이야.

김수환 추기경님 돌아가신 지가 벌써 10년이 넘었더라.
성당에서 어떤 분이 추모사에 "저는 추기경님의 철학을 존
경합니다. 그분의 비전은 실로 원대했죠. 이미지도 깨끗하
고요. 그분의 성격을 닮고 싶습니다"라고 말씀하시더군.

그런데 기업에서도 '브랜드 철학'이란 말 쓰지? '브랜드
비전'이란 말도, '브랜드 이미지'는 물론 '브랜드 성격'이라
는 말도 쓰잖아. 브랜드를 표현하는 용어들을 잘 보면, 사

람에게 쓰는 말 그대로야. 의인화하는 거지. 영어로는 퍼스
니파이(personify)라고도 하고 휴머나이즈(humanize)라고
도 하는데, 어쨌든 사람처럼 대하려 해.

신화에 등장하는 신들도 인간처럼 묘사하니, 브랜드의
페르소나에 자주 활용되지. 승리의 여신 니케Nike에서 이
름을 따온 브랜드, 나이키는 도전과 승리를 잘 나타내잖아.
스타벅스는 오묘한 미소를 띠고 있는 바다의 여신 사이렌
Siren을 로고로 쓰고 있지. 사이렌이 뱃사람을 홀리는 것처
럼, 사람들을 커피향으로 끌어들이겠다는 의미 아닐까.

브랜드를 인성화(人性化)해서 사람처럼 생명과 성격을
부여하면 소비자는 브랜드와의 관계를 더 친밀하게 느끼게
되고, 기업은 자신만의 컬러를 투영하는 게 수월해진단다.

기업이 500년, 1000년을 존속하면 좋겠지만, 세상에는
100년 가는 기업도 많지 않으니 언젠가는 수명을 다하겠
지. 이건 어디까지나 가정이지만, 자네 회사의 묘비명을 쓴
다면 뭐라고 할지 지금 생각해봐, 진지하게. "○○○은 소비
자들을 대단히 만족시키는 회사였습니다", "○○○은 사람
들의 건강을 찾아주는 회사였습니다" 뭐 이런 식으로.

가상의 예를 들어볼까? "다이소는 가격이 참으로 저렴
했습니다." 틀린 말은 아니지? "삼성 제품은 품질이 정말

좋았습니다.""애플은 느낌이 천재 같았습니다.""구글은 분위기가 캐주얼했습니다." 어때, 동의하지?

이제 이렇게 써놓고 그 문장이 사람을 묘사할 때 쓰는 표현인지 한번 보자. '가격이 참 저렴했다'든지 '품질이 정말 좋았다'는 표현은 사람에게는 하지 않지. 반면 '느낌이 천재 같았다'거나 '분위기가 캐주얼했다'는 사람에게도 쓸 수 있어.

자네 기업이 과연 사람의 성격으로 기억될 수 있는 회사인지 점검해보렴. 어떤 페르소나로 느껴지게 할지 아이디어가 생길 거야.

브랜드의 페르소나는 앞으로 더 중요해질 거라고 봐. 카를로스 질Carlos Gil이 쓴 《The End of Marketing(마케팅의 종말)》이라는 책의 부제는 'Humanizing your brand in the age of social media and AI'야.

대면접촉이 적어지는 소셜미디어와 AI 시대일수록 브랜드를 인간화하는 게 더욱 중요하다는 뜻이겠지.

퍼스낼리티와 페르소나는 뭐가 다른가요?

퍼스낼리티(personality)는 말 그대로 내가 가진 원래 성격이야. 하지만 우리는 그 모습대로만 살지는 않아. 다듬어지고 가꾸어진 모습을 남에게 보여주려 하지. 그걸 페르소나(persona)라고 해. 심리학 용어로는 내적 성격과 외적 성격으로 구분하기도 하지.

예를 들어 성격이 무뚝뚝한 사람이 딸에게서 "아빠는 너무 드라이해"라는 투정을 들으면 "내가 뭐 어떻다고!" 하며 반박하지만, 마음에 잘 새겨두지 않겠어? 그러고는 사람들을 만날 때 부드럽게 대하려고 의식적으로 노력하거든. 그렇게 남에게 보여지는 모습이 페르소나야.

여기서 중요한 점은 다른 사람들이 내 진짜 성격, 퍼스낼리티는 모른다는 거야. 그들은 나의 페르소나에 반응할 뿐이야. 내 퍼스낼리티에 반응하는 게 아니라 내가 가꿔서 보여준 모습에 반응한다는 거지. 그래서 페르소나를 잘 가꾸어야 해. 이걸 가식적이라는 둥 부정적으로 보면 안 돼. 내 성질대로 살지 않고 부족한 면을 채워간다는 의미로 보면 이 또한 노력이 필요한 과정 아니겠어?

영화 〈다크 나이트〉에서 훈남 배트맨을 연기한 크리스찬 베일이 〈아메리칸 허슬〉에서는 비만한 뱃살을 드러낸 민머리 사기꾼 어빙으로 나와. 둘이 동일인물이라는 걸 믿기 힘들 정도로 모습과 연기가 전혀 달라. 그는 영화를 위해 자기 몸무게를 81, 55, 98, 61kg로 늘렸다 줄였다 하는 걸로 유명해. 대단한 배우야. 자기 배역에 충분히 빠져들어 페르소나를 창출하는 거지. 그래서 사람들이 영화 볼 때 크리스천 베일이라 의식하지 않고 그 배역에 몰입하게 되잖아.

훌륭한 배우는 배우가 아니라 영화의 배역으로 인식되는 것처럼, 우리도 각자의 배역에 충실해야겠지. 《Self Presentation(자기표현)》이라는 책을 쓴 마크 리어리Mark Leary 교수는 우리의 삶을 극장에 비유해 설명하면서 "무대 위에 세트가 설치된 것과 같이 사람들은 각자의 공간에서 일상생활을 연기한다. 연극이 끝날 때까지 자신의 배역에 충실하라"고 말하더라.

예를 들어 직원이 상사에게 업무로 호되게 질책당했다

고 해봐. 아무리 눈물이 나도 상사 앞에서는 울지 않잖아. "네, 알겠습니다" 하고 화장실에 가서 울지. 무대 뒤 보이지 않는 곳에서 울어. 그러고 무대에 다시 설 때는 깨끗이 정돈하고 나와. 이처럼 우리 생활에서 무대 위와 뒤가 분리돼야 해.

자네는 아빠로서 충실한 연기를 하고 있어? 회사 대표로는? 부모님의 아들로는? 자기 배역에 열중해야 해. 사람들은 결국 하나의 무대에 살고, 무대에서 자신을 연출하는 중이니까.

페르소나는 인성을 말하는 것이어서 아무래도 개인의 이미지로 설명을 했다만, 기업도 마찬가지 아닐까? 자신의 사회적 역할을 의식하며, 기업이 보여주고 싶은 모습을 잘 연출해야겠지.

여기서 한 가지 유의할 게 있어. 타깃 소비자의 특성을 묶어 페르소나라고 표현하는 경우를 가끔 봐. 그런데 마케팅에서는 브랜드나 기업을 사람처럼 표현하기 위해 '페르소나'를 쓰는 거야. 이상적인 타깃 소비자의 모습은 '뮤즈'라고 했지? 그런데 잘못 이해해서 브랜드를 사용하는 타깃 소비자의 특성을 설명할 때 페르소나라는 용어를 쓰는 경우가 종종 있던데, 혼동하지 말렴.

왜 페르소나를 연출해야 하죠?

    자네가 대학생이라면 교수에게 밝고 환한 이미지를 보여주고 싶을까, 생기 없고 우울한 이미지를 보여주고 싶을까?

    한번은 오후 수업 시작 전에 한 여학생이 교탁으로 와서는 초췌한 모습으로 "교수님, 제가 오늘 배가 아파서요…"라기에 "어, 그래그래. 어서 병원에 가보렴" 그랬어. 그런데 강의 시작하고 우연히 창밖을 보니 1층에서 기다리던 남자친구랑 환호성을 지르며 캠퍼스를 가로질러 가더라고. 아마 친구하고 땡땡이치는 모양이야. 귀엽더라.

    그 학생은 내게 명랑하고 밝은 이미지를 보여준 게 아니잖아. 사람들은 자신의 목적을 달성하는 데 도움이 된다면, 호감 가지 않는 사람으로 보이려고 노력하기도 해. 항상 밝기만 한 이미지를 전달하려는 게 아니라니까. 겁 주는 이미지, 우울한 이미지, 의젓한 이미지 등을 필요에 따라 연출하지.

박지성이 은퇴 후 7년이 되어 〈조선일보〉와 인터뷰를 했
는데, 히딩크와 퍼거슨이라는 두 명장의 공통점이 뭐냐는
질문이 나왔어. 박지성이 말하길 둘 다 선수들과의 '밀당'
에 뛰어나대. 선수와 소통하고 동기부여하면서 개개인의
성향에 딱 맞춘 리더십을 적용해 선수의 능력을 100% 발
휘하게 한다는 거지. 두 분 다 덕장이고 평소엔 따뜻하고
유머러스한데, 화낼 땐 엄청 무섭다더라.

인터뷰 끝에 그들처럼 명장이 되고 싶지 않냐고 물어봤
는데, 딱 잘라서 아니래. 명장들을 겪으면서 지도자가 갖춰
야 할 덕목을 잘 알게 됐는데, 자신에겐 그런 덕목이 부족
하다는 거야.

그 덕목이 뭐냐니까 히딩크와 퍼거슨은 불같이 화를 내
기도 하는데, 그렇게 가끔은 선수의 감정을 상하게 하는 것
조차 전략이라는 거야. 감독은 일부러 화낼 줄도 알고 따
뜻하게 품을 줄도 알아야 하는데, 본인은 따뜻한 건 가능
해도 화내는 걸 못하겠더래. 그래서 자신의 길이 감독은
아니라고 확신했대. 그런 연출은 못한다는 얘기잖아. 이 말
은 온화해 보이다가도 엄할 땐 진짜 무섭게 행동해야 하는
감독 페르소나 연출이 안 된다는 얘기야. 자신에 대한 판

단을 잘하고 있어. 참 현명하지.

여기서 중요한 시사점은 뭘까?

페르소나를 관리하는 이유는 원하는 목적을 달성하기 위해서라는 거야. 기업도 다르지 않아. 인간처럼 느끼게 함으로써 소비자들에게 보여주려는 모습을 더욱 용이하게 연출할 수 있어.

페르소나를 제대로 형성하려면 어떻게 해야 하나요?

가장 흔한 방법은 캐릭터나 모델을 통하는 거야.

말보로Marlboro 하면 '카우보이' 이미지가 떠오르지. 여기엔 사연이 있어. 말보로는 최초로 필터를 부착한 담배야. 그 바람에 부드럽고 연한 맛이라고 여겨져 의도치 않게 여성용 담배로 인식돼버린 거라. 그래서 고심 끝에 카우보이라는 마초적인 브랜드 페르소나를 연출한 거지.

캐릭터를 활용해 페르소나를 만드는 건 보편적인 고정관념을 이용하는 거야. 남성적 이미지를 만들기 위해 마초 캐릭터를 끌어오는 것처럼. 그런데 요즘은 고정관념에 대한 인식이 많이 바뀌었잖아. 그래서 여성과 남성을 구별하는 페르소나나 인종 문제를 일으킬 페르소나는 조심하는 게 좋아.

팬케이크 가루와 시럽을 파는 브랜드로 유명한 앤트 제

미마_{Aunt Jemima}는 130년 넘게 써오던 흑인 유모 캐릭터를 더 이상 사용하지 않기로 결정했어. 남부의 백인 가정에서 아이들을 돌보며 식사 준비도 하는 하인의 모습이니 다분히 노예를 연상시키는 인종적 고정관념을 활용한 것이었지. 이 로고를 지금까지 사용하고 있었다는 게 오히려 신기하지 않니?

만들어진 캐릭터든 스테픈 커리같이 실존하는 인물을 모델로 형성한 페르소나든, 기억에 남는 페르소나가 되려면 몇 가지 조건이 필요해.

첫째는 '원 모델, 원 브랜드'야. 동일한 모델이 동시에 여러 브랜드의 페르소나로 나오면 효과가 떨어져. 대한민국 국민 모두가 좋아하는 김연아 선수지만 여기저기 광고에 많이 나오는 바람에, 눈길을 끄는 광고모델은 될지언정 특정 브랜드의 성격을 표현하는 페르소나가 되지는 못했어. 그런 점에서 페르소나 마케팅과 스타 마케팅을 혼동하면 안 돼.

둘째, 페르소나의 대표 이미지가 있어야 해. 다시다의 페르소나를 형성하는 데 일조한 '고향의 푸근한 어머니' 김혜자 씨는 배우 김혜자가 아니야. 〈전원일기〉김 회장댁 사모님이지. 실제로 김혜자 씨는 드라마 때문에 최불암 씨와 부부 아니냐는 오해도 많이 받았대. 그 정도로 〈전원일기〉의 조용한 내조자로서 대중에게 각인됐던 거야. 덕분에 다시다가 '고향의 맛'을 주창하는 데 최적격이었지. 자네 브랜드를 사람이나 영화배우로 따지면, 아니면 영화에 나왔던 배역이나 소설 등장인물로 상상하면 누구일까? 한번 생각해보렴.

셋째, 페르소나 형성에는 시간이 오래 걸려. 에릭 로슨은 말보로 모델만 45년을, 김혜자 씨는 제일제당 모델을 27년 하셨어. 그 일을 그만두기 전까지 다른 브랜드의 모델은 하지 않았고. 배우 이영애 씨도 마찬가지야. 화장품 모델은 2006년부터 지금까지 '후' 브랜드만 16년을 하고 있어. 그 정도 해야 페르소나가 이미지로 굳어진단다.

요즘은 페르소나를 부각시키려
CEO들도 많이 등장하던데요.

장난기 가득한 '햄연지' 유튜브 채널에 출연한 아빠 본 적 있지? 오뚜기의 함영준 회장이잖아. 예전엔 기업의 오너나 CEO들은 은둔하는 게 일반적이어서 마케팅의 일환으로 노출된다는 것을 상상하기 힘들었지만, 이제는 다양한 방식으로 대중과 소통하지. 엔씨소프트의 창업자 김택진 대표는 '택진이 형'으로 불리더라. 정용진 부회장은 '제이릴라'라는 별명이 붙을 정도로 대중과 가까이 있고.

페르소나란 기업을 사람처럼 보여주려는 시도이니 마음만 먹으면 PI(President Identity)로써 그 기업의 성격을 보여주기 좋아. 몇 가지 예시로 볼까?

먼저 '영웅' 페르소나를 보여줄 수 있어. 예컨대 일론 머스크가 그렇지. 인류를 구하기 위해 인간을 화성에 보내겠다잖아. 이런 이미지를 가진 브랜드가 되려면 몇 가지 조건이 있는데, 우선 자부심이 대단해야 해. 그리고 그 사람 이름 자체가 대중의 존경심을 불러일으켜야 하지. 그저 실력이 최고인 것만으로는 불충분하고, 그 능력이 사람들에게 알려져 있어야 해. 그런 다음 자신의 능력을 부각시켜 영웅의 위상을 만들어가는 거지. 애플의 스티브 잡스도 그렇고, 돌아가신 정주영 회장님도 여전히 현대그룹의 페르소나를 만드는 데 일조하고 있잖아.

'전문가' 페르소나는 현대카드 정태영 부회장이 대표적이지 않을까. 현대카드의 유튜브 채널 '오버 더 레코드'를 보면 브랜딩이나 디자인 등에 대한 설명도 잘하더라. 자신감 있는 태도로 대중 앞에 나서고 스포트라이트 받는 것을 즐기면서도 겸손한 자세를 잃지 않아.

전문가 이미지가 있으면 새로운 시장을 창출하거나 기존 상품을 변화시켜 경쟁자들과 차별화하는 데 무척 유리해. 지금까지의 경험을 바탕으로 특정 분야 전문가의 페르소나를 보이도록 스스로 마케팅할 수 있기 때문이지.

'의로운 사람' 페르소나도 있어. 파타고니아의 이본 쉬나드Yvon Chouinard 같은 창업자가 그렇지. 회장님이 직접 의

복을 수선하고 산의 쓰레기를 치우기도 하니 진정성이 느껴지잖아. 구성원들도 기업 활동에 사명감을 갖고 적극적으로 참여하는 열정이 있고, 제품이나 서비스가 고객에게 가져다줄 이로움에 대해 절대적으로 확신하는 게 보여.

'친한 친구' 페르소나를 보여주는 경영자는 누가 있을까? 배민의 김봉진 의장 같은 경우는 샤프하고 이성적인 전략가의 모습보다는 따뜻하고 친절한 이미지를 지니고 있지. 실제로는 골치 아픈 일이 얼마나 많겠어. 그런데도 밖으로는 항상 친근한 느낌을 줘.

기업이 친한 친구 이미지를 유지하려면 고객들이 제기하는 불만사항에 관심 갖는 등 고객 서비스에 유연한 태도를 지니고 있어야 해. 배민의 페르소나는 어렵지 않고 친근하게 다가가고 싶은 동네 형이나 만만한 복학생 선배 같은 이미지인데, 김봉진 의장의 느낌도 그렇지 않아? 이렇게 일관된 페르소나가 배민을 성장시킨 큰 자산이야.

'괴짜' 페르소나라고 하면, 버진그룹Virgin Group의 리처드 브랜슨Richard Branson이 떠올라. 《내가 상상하면 현실이 된다(Screw It, Let's Do It)》에서 그는 "자연도 쇼를 한다. 꽃과 새, 심지어 딱정벌레도 자신을 뽐낸다. 하물며 경쟁이

치열한 세상에서 무엇인가를 팔아야 한다면, 그것이 무엇이든 간에 반드시 사람들의 이목을 끌어야 한다"고 썼어. 실제로 그는 열기구로 대서양을 횡단하지 않나, 빅토리아 폭포에서 번지점프를 하지 않나, 탱크를 몰고 뉴욕 타임스 스퀘어로 향하지 않나, 별 이상한 짓을 다 했지.

그런데 중요한 점은 이게 모두 페르소나 창출을 위해 철저히 계산된 마케팅 활동이라는 거야. 탱크몰이만 해도 버진콜라의 등장을 알리기 위해 코카콜라 캔으로 쌓은 벽을 부수는 퍼포먼스였으니까. 여하튼 버진그룹이 추구하는 도전정신과 창의성을 엿볼 수 있잖아. 그도 이상한 일들을 하다 실패도 하고 위험한 도전을 하다 심하게 다치기도 해. 그것조차 버진그룹의 굽히지 않는 도전정신을 보여주는 데 일조하지. 이상한 짓을 많이 하지만 한편으론 환경 및 교육 사업, 자선활동도 열심히 한 덕에 대중의 미움을 사지는 않더라.

이런 페르소나 창출이 꼭 대기업에만 해당되는 건 아니야. 오히려 소규모일 때 PI가 두드러지게 각인될 수 있어. 앞서 얘기한 '집반찬연구소'의 박종철 대표는 언제나 파타고니아 옷만 입고 다녀. 거기에 독실한 종교인이고 생활도 외모도 반듯하니, '진정성을 추구하는 사람'이라는 페르소나가 물씬 느껴지는 거야. 다만 아직 작은 기업이니 드러내지 않을 뿐, PI 페르소나를 잘 만들어가는 중이지.

자네 회사를 사람으로 투영해보자. 현재 고객들에게 비치는 모습은 어떤 이미지일까? 존경할 만한 인물도 좋고, 영화나 책에 나오는 인물로 표현해봐도 좋아.

그리고 지향하는 페르소나는 어떤 모습인가? 지금 당장 대답하지 말고 돌아가서 차분히 생각해보렴.

그 페르소나를 고객들에게 어떻게 전달할 계획이지? 모델을 활용해서? 자네의 PI로? 캐릭터를 만들어서? 아니면 디자인으로 표현해보려고?

또한 현재 이미지와 지향하는 페르소나 간의 간극이 있다면, 어떤 점을 보완할지 꼭 생각해보기 바란다.

15장

Episode

스토리를 통해
어떻게 호감을 이끌어낼까

스토리는 허구인데,
허구를 마케팅에 이용해야 하나요?

그럼 스토리에 대해 좀 더 본질적인 얘기로 시작해볼까?

만약 내가, 자네 삶의 대부분이 객관적 현실이 아니라고 말한다면 어때? 모든 것이 자네 머릿속에 생각하기 나름이라고 말이야.

자네, 일요일엔 성당에 다닌다며? 신성한 복장을 한 신부님이 성찬식을 거행하며 엄숙하게 예수님의 말씀을 전하시지. "이 떡은 너희를 위하여 주는 내 몸이라. 또한 이 잔은 내 피로 세우는 새 언약이라." 그 순간 자네 머릿속에서 성찬떡은 그리스도의 살로 전환되고, 그리스도의 피라고 생각하는 포도주로 입을 적시면서 자네 마음이 경건해지잖아. 〈성경〉의 스토리를 서로 믿으니 그런 의식이 의미 있는 것 아닐까? 〈성경〉을 믿지 않는 사람이 보기에는 의미 없는 행위야.

유발 하라리는 그의 명저 《사피엔스(Sapiens)》에서 우리 인간 즉 호모 사피엔스가 다른 동물과 두드러지게 다른 점은, 실제가 아닌데도 상상으로 현실(imagined reality)을 만들 수 있는 능력이라고 했어. 그의 말대로, 잘 살펴보면 우리는 우리가 믿기로 동의한 스토리 속에 살아.

잠시 '돈'에 대해 생각해보자. 어린아이에게 사실 아무 의미 없는 글자와 그림이 새겨진 종이를 주면서, 이걸로 사탕이든 과자든 원하는 것으로 바꿀 수 있다는 스토리를 얘기해주지. 그러면 아이는 그 이야기를 믿고 배우며 크는 거야. 소꿉장난하고 똑같아. 세상은 어차피 사람들끼리 상상으로 만든 현실이라니까.

따지고 보면 종교전쟁도 신에 대한 서로 다른 스토리 때문에 싸우는 것이고, 국가라는 거대한 조직도 공유하는 이념이나 역사라는 스토리로 유지되는 것 아니겠니.

이런 추상적인 스토리를 만들어 공유하는 능력이 사피엔스를 인간으로 만들고, 사회와 국가라는 존재를 탄생시켰다는 것이 유발 하라리의 주장이지. 일리가 있어.

유튜브나 페북에 올린 콘텐츠라는 것들도 실체는 없어. 모두 스토리지. 그리고 어쩌면 이런 문화적 허구(cultural fiction)의 정점에 있는 것이 브랜딩이 아닐까 싶어.

이 화장품을 바르면 광고의 모델처럼 아름다워 보일 거라는 브랜드의 스토리를 믿고 사람들이 그 화장품을 사고, 자동차회사는 몇 년간 안전한 이동이 가능할뿐더러 고객의 품위도 높여줄 거라는 스토리로 제품을 팔지. 브랜드가 단순히 신뢰만 주는 단계를 넘어, 그 브랜드를 사용하는 사람의 가치관과 감정과 사회적 맥락을 담아 스토리를 이야기해주는 것 아니겠어.

　　알겠니? 브랜드는 그 자체로 스토리 덩어리야.

그렇다고 스토리가 브랜딩에 정말 도움이 될까요?

달에서 바라본 지구의 모습을 본 적 있어?

널리 알려진 사진이니 보면 알 거야. 바다와 구름이 어우러진 지구는 정말 아름다워. 그런데 이걸 어떻게 찍었을까? 우주인이 달에 가서 찍은 거잖아. 볼수록 인간이 대단하다는 생각이 들어. 저 허공의 달에 가서 이런 사진을 찍고, 다시 지구로 돌아온다는 게 참 어마어마한 일일 텐데.

그런데 말이야, 사진 찍는 게 취미여서 그런지 난 우주인의 카메라가 궁금하더라고. 달에서 추운 곳은 영하 220도, 더운 곳은 영상 120도라는데, 거기서 별 이상 없이 작동했으니 대단한 카메라겠지.

그게 바로 스웨덴의 핫셀블라드Hasselblad인데, 이런 카메라를 우주인만이 아니라 일반인들도 사용할 수 있으니 얼마나 좋아. 2019년 달 착륙 50주년을 기념하며 이 회사에서 나온 디지털카메라 옆면에는 '1969년 이래로 달에서 쓰는(On the moon since 1969) 카메라'라고 쓰여 있더라.

자네가 이 카메라를 몰랐다 해도 '와, 나도 기회가 되면 써보고 싶다'는 생각이 들지 않아?

이게 스토리의 힘이야. 단순히 인식되는 것을 넘어 기억되고 갈망(aspire)하게 만드는 힘!

영화 〈라이프 오브 파이〉 봤어? 파이라는 인도 남자가 캐나다인 작가에게 젊은 시절의 경험을 얘기해주는 영화야.

인도에서 동물원 사업을 하던 파이의 가족이 캐나다로 이주하기 위해 모든 동물을 배에 싣고 가던 중 폭풍우를 만나 침몰하지. 천신만고 끝에 겨우 정신을 차려보니 파이가 탄 구명보트에 다리 다친 얼룩말, 오랑우탄, 하이에나 그리고 아뿔싸, 벵골 호랑이가 있더란 말이지. 조금 지나자 하이에나가 얼룩말과 오랑우탄을 죽이고, 호랑이는 하이에나를 잡아먹어. 그래서 호랑이와 둘만 남아 우여곡절을 겪으며 망망대해를 표류하다 겨우 살아남았다는 이야기를 해줘.

영화는 대단히 환상적으로 아름다워. 그런데 이 믿기지 않는 이야기를 더 자세히 듣고 싶어 하는 작가에게 주인공은 또 하나의 이야기를 시작하지. 발을 다친 얼룩말은 선원으로, 오랑우탄은 어머니, 하이에나는 주방장, 그리고 호랑이는 살아남은 자신으로 바꿔 이야기를 해. 사실 그 동물들은 모두 사람들이었고, 파이는 결국 식인으로 살아남을 수 있었다는 충격적이지만 한층 현실에 가까운 이야기.

영화에서 두 가지 중 무엇이 진짜인지 확실하게 짚어주지는 않아. 다만 두 버전의 이야기를 마친 파이가 얼떨떨해하는 작가에게 묻는 질문이 찡하더라.

"Which story do you prefer?"

어떤 얘기가 더 좋으세요? 즉 어떤 버전의 이야기를 더 믿고 싶으냐는 거지. 사람들은 꾸며진 이야기라도 흥미롭거나 따뜻한 스토리를 좋아하는 법이란다.

그리스도(Christ)가 태어난 날이 12월 25일이라는 역사적 근거는 전혀 없어. 그리고 크리스마스(Christmas)와 떼려야 뗄 수 없는 산타클로스는 실상 종교하고는 아무 상관이 없지. 20세기인 1931년에 만들어진 캐릭터니까.

코카콜라는 그때도 인기가 좋았는데, 문제는 겨울만 되면 매출이 현격히 떨어지는 거라. 그래서 코카콜라를 연상시키는 빨간 옷을 입은, 탄산 거품을 연상시키는 하얀 수염의, 넉넉한 배불뚝이 아저씨가 그리스도 탄생일에 맞춰 아이들에게 선물을 주는 스토리를 만든 거지. 그러고는 아이들이나 어른이나 모두 그 허구의 스토리를 즐기고 따르지.

코카콜라뿐 아니라 수많은 브랜드가 무수한 스토리를 만들어내. 제품에 대한 팩트 전달만으로는 부족한 시대거든. 기억에 남고 동경하게 만드는 스토리가 있어야 해. 모든 제품이 스토리라인을 가질 필요는 없지만, 회사의 첫 제품이나 대표하는 제품 또는 야심작은 뒤따르는 스토리가 있을 때 큰 힘을 받아.

요즘 '세계관'을 활용한 마케팅이 열풍이다시피 한데, 그것도 본질을 보면 현실과는 또 다른 세계에서 스토리를 만드는 거야. 그 브랜드만의 상상의 세계에서 소비자와 재미있게 소통하자는 것 아니겠어?

스토리가 범람하리만치 너무 많아졌지만, 그럴수록 사람들은 스토리를 더 찾아. 그런 마당에 스토리도 없는 브랜드가 눈에 들어올까? 나아가 웬만한 스토리로는 주의와 관심을 끌기가 어려워졌어. 그래서 임팩트 있는 스토리라인이 필요하고, 그럴수록 스토리의 속성을 잘 이해하는 게 더욱 중요하단다.

인디언 금언 중에 이런 말이 있더라.
"내게 사실을 말해다오, 배울 테니.
내게 진실을 말해다오, 믿을 테니.
내게 이야기를 들려다오, 내 가슴에 영원히 남을 테니."

어떻게 해야 스토리의 파급효과가 클까요?

스토리 마케팅에서 중요 포인트는 사람들이 '자발적으로' 전파할 만한 이야깃거리를 제공하는 거야. 그러려면 퍼나르고 싶게끔 내용이 쉽고 흥미롭고, 무엇보다 짧아야 해.

'스토리 마케팅'이라는 용어를 오해하지 말아야 하는데, 마케팅에서 필요한 스토리는 정확히 말하자면 '에피소드'거든. 에피소드는 우리말로는 '일화(逸話)'라고 하지. 일화는 세상 사람들에게 잘 알려지지 않은 '짧지만 흥미로운' 얘기를 뜻하잖아. 일반적으로 사람들이 스토리라고 하니 나도 그렇게 칭하겠다만, 그것이 짤막한 에피소드를 의미한다는 건 기억해두렴.

알다시피 요새는 모든 스토리가 숏폼이 되어가고 있어. 일단은 짧아야 옮기기 편하기도 하고, 정보가 워낙 많다 보니 사람들의 주의 범위(attention span)가 짧아져서 길게 늘어지는 얘기에는 흥미를 잃거든. 그래서 15초 내외의 짧은 동영상을 공유하는 틱톡이 대세가 된 것 아니겠어? 자발적으로 스토리를 전파하도록 하려면 하여간 길면 안 돼.

또한 입소문을 내거나 SNS에 퍼 나르도록 하려면, 사람들이 왜 이야기를 옮기고 싶어 하는지 그 심리를 잘 이해해야겠지.

어떤 사람들은 자신이 똑똑하다는 걸 보여주고 싶어서 그럴 거야. 또는 은근히 관심과 주목을 받고 싶어 하는 사람도 있고, 누군가를 도우려는 마음을 가진 사람도 있어. 자신이 어떤 사람이라는 걸 표현하고 알리고 싶은 마음도 있겠지.

한마디로 존재감을 갖고 싶은 건데, 그럼 어떻게 해야 존재감을 인정받을까?

다른 사람이 내 얘기를 '들어줘야' 하겠지.

그러면 누가 얘기해야 사람들이 들어줄까?

'선망의 대상'이 얘기해야 더 잘 듣지.

어떻게 하면 선망의 대상처럼 느껴질까? 생각이나 관점 또는 지식이나 문화 수준이 '있어 보여야' 하지 않을까.

이를 마케팅과 연결지어 말하면, '어떤 브랜드의 스토리를 말할 때 그 사람이 있어 보일까?'를 생각해 봐야겠지.

"요새 이런 게 있던데"라고만 말해도 '있어 보이는' 브랜드 말이야.

여러 가지가 있겠지만, 우선은 앞서가는 사람임을 보여 주는 브랜드가 그럴 거야. 예컨대 ① 발뮤다Balmuda나 발렌 시아가Balenciaga처럼 핫하고 '트렌디한' 브랜드라든지, 또는 ② 비틀스가 즐겨 썼다던 캉골Kangol 모자나 오바마 대통 령이 애용하는 시놀라Shinola 시계같이 아는 사람들이 소 수여서 아직은 '낯설지만' 스토리가 강한 브랜드를 언급하 면 있어 보이지 않을까.

내가 괜찮은 사람이라는 걸 보여줄 수 있는 브랜드도 좋 지. ③ 파타고니아나 프라이탁처럼 '철학'이 있어 보이는 브 랜드거나 ④ 윤리적 패션을 표방하는 베자Veja나 대체육의 임파서블 버거Impossible Burger같이 '사회적 의식'이 있어 보 이는 브랜드.

속해 있거나 소유한다는 점을 알림으로써 나를 돋보이 게 하는 브랜드도 있어. ⑤ 당근마켓이나 오늘의집처럼 '화 제의' 브랜드를 자신의 사용경험을 곁들여 전하거나, ⑥ 애 플이나 테슬라처럼 '기술을 선도하는' 브랜드를 소유하고 있음을 이야기하는 거지.

그렇다면 자네가 할 일은 뭐야? 자네 브랜드를 언급하

는 것만으로도 앞서가는 사람으로 보이거나 괜찮은 사람으로 보이게 하려면 또는 소유하거나 사용하는 것 자체가 이야깃거리가 되게 하려면 어떻게 해야 할지 고심해보렴.

막막할 것 같지만, 조금만 생각해보면 아이디어는 나오게 돼 있어. 요컨대 '기자가 관심을 가질 만한' 브랜드가 되자는 식이야. 언론사 기자만이 아니라 인플루언서나 유튜버 등, 콘텐츠에 목마른 사람들은 얼마든지 있으니까.

어쨌든 스토리가 세간의 이슈가 되어야겠네요.

요새는 정보가 하도 많아서 웬만한 광고나 홍보로는 이목을 끌지 못해. 스토리를 만드는 중요한 이유 중 하나가 바로 '이슈 만들기'인 것 맞아. 이슈 만드는 방법을 몇 가지 생각해보자.

어떤 사건이 발생했을 때 언론에서 이를 취재해 보도하면 사람들의 주의를 끌지. 그런데 거꾸로, 당장의 뉴스거리는 아니지만 언론에서 기획 보도함으로써 이목을 끌 수도 있어. 예를 들어 어떤 신문이 '전국에 자전거 도로를 대폭 확충해야 할 이유'에 대한 글을 며칠간 연재물로 게재하면 사람들에게 회자되어 관심거리로 떠오르겠지.

이것이 마치 회의에서 논의할 안건, 즉 의제(agenda)를 설정하는 과정과 같다 하여 의제설정 이론(agenda setting theory)이라 해. 다시 말해 어떤 이슈가 논의거리가 되었기 때문에 의제로 삼기도 하지만, 의제로 삼았기 때문에 논의 거리가 되기도 하는 거야.

미래의 전염병 대처, 소득 불평등, 기후변화, 해양쓰레기와 같은 거대한 의제부터 소확행이라든지 출산과 보육, 자원재활용 등 생활에 밀접한 의제까지 다양한 당대의 이슈(contemporary issue)를 제시하면 생각 있어 보이고 이야깃거리도 돼. 여기에 동참하는 것도 이슈를 만드는 좋은 방법이야.

한마디로 크든 작든 이슈를 제시함으로써 '멈추어 생각해보게끔' 하란 말이지. 환경보호를 의제로 삼은 파타고니아가 대표적인 예 아니겠어? 자연주의 화장품 브랜드 더바디샵이 뉴욕 UN 본부 앞에서 반려견들과 함께 화장품 동물실험 중단을 촉구하는 시위를 했던 것도 같은 맥락이고.

남의 화젯거리에 올라타(hitchhiking) 이슈를 만드는 것도 생각해봐.

북극점에서 1,300km 떨어진 노르웨이령 스발바르 제도의 스피츠베르겐 섬에는 거대한 종자 저장고가 있어. 지구상의 공룡을 단박에 없애버린 소행성이 또 날아오거나 노아의 홍수처럼 지구적 규모의 대재앙이 올 때를 대비해 100만 종 이상의 종자를 보관하고 있거든. '국제 종자 저장고(Global Seed Vault)'라 부르지.

그런데 정말로 그런 대재앙이 온다면 식물 종자 외에 인류에 꼭 필요한 게 또 무엇이 있을까? 나비스코는 그것이 오레오 과자라며 '국제 오레오 저장고(Global Oreo Vault)'를 근처에 만들었어. 당연히 소문이 났겠지? 오레오를 좋아해서 즐겨 먹는 사람들은 물론이고, 오레오를 잠시 잊고 있던 사람들에게도 주의를 환기하는 이슈가 되었지.

대체육이 있는 것처럼 대체우유도 있잖아. 두유가 대표적이었는데 요즘은 귀리우유가 대세더라. 귀리우유를 만드는 오틀리Oatly는 1990년대 초에 설립된 스웨덴 회사야. 요즘은 연간 2,500억 원 이상의 매출을 올리며 잘나가지만, 2010년대 초반만 해도 지지부진했어.

그러다 2012년에 토니 패터슨Toni Petersson을 CEO로 영입한 후에 급성장했지. 그가 2014년 광고에서 부른 노래가 유명해. 귀리밭에서 직접 피아노를 치며 부르는 투박한 CM인데, 유튜브에 'Wow No Cow'를 검색하면 들어볼 수 있어.

그 가사 중에 "우유 같지만, (송아지가 아니라) 인간을 위해 만든 거야(It's like Milk, but made for humans)"라는 구절 때문에 스웨덴 낙농협회로부터 소송을 당했어. 결국 패소해서 스웨덴에서는 광고를 못 하게 됐지. 그런데 소송에는 졌지만, 덕분에 귀리우유를 먹어보고 싶게 만드는 결과가 되었단 말이야. 2021년 미국 슈퍼볼 중계방송 때 동일한 광고를 내보냈는데, 스웨덴에서 금지된 광고라는 스토리 덕분에 미국에서 오히려 홍보가 더 잘되었어.

이런 걸 소위 '노이즈 마케팅'이라 하지. 스토리를 소음이나 잡음의 형태로 구설수에 오르게 해서 이슈를 널리 퍼뜨리는 것. 요샛말로 하면 '어그로를 끈다'가 되겠군. 작은 회사가 눈길을 끌거나 이슈화를 하는 데는 효과가 있지만, 부정적으로 반응하는 사람들도 생긴다는 점은 각오해야 해.

영화 〈데드풀〉을 비롯한 히어로물 영화의 스타, 라이언 레이놀즈는 애주가로도 유명한데, 오죽하면 에비에이션 아메리칸 진Aviation American Gin이란 술이 맘에 들어서 아예 그 회사를 사버렸겠어. 그리고 마케팅 회사인 맥시멈 에포트Maximum Effort도 창립했지. 레이놀즈는 남의 화젯거리를 가로채 자기의 이슈로 만드는 하이잭(hijack) 마케팅의 귀재야.

내가 미국에서 유학할 때 맥도날드에서 팔던 맥립McRib이라는 매콤한 바비큐 소스의 돼지고기 샌드위치를 즐겨 먹었는데, 이상하게 인기가 없어 단종됐거든. 그걸 17년 만에 다시 내놓는다는 소식이 화제가 됐어.

맥립이 다시 나오자 레이놀즈는 재빨리 맥립의 귀환을 축하한다며 진 리블랫Gin Riblet이란 칵테일을 만드는 영상으로 자기네 진을 광고했네. 살짝 매콤한 블러드메리 칵테일과 비슷하게 만들고, 여기에 매콤달콤한 맛을 내는 리블렛이란 돼지갈비 요리 이름을 차용한 것이거든. 이게 정작 맥립보다 더 화제가 되면서 에비에이션 진을 다시 한 번 멋지게 알렸지.

이슈 만들기는 특히 신생 브랜드나 작은 기업이 존재를 알리는 데 유용해. ① 동시대의 화두로 의제를 만들든지 (agenda setting), ② 남의 화젯거리에 편승하든지(hitchhike marketing), ③ 노이즈를 불러일으키든지(noise marketing), ④ 아예 남의 이슈를 가로채든지(hijack marketing), 어떻게든 이슈 메이커가 되어야 하거든.

레이놀즈는 슈퍼볼이나 밸런타인데이, 노동절 등 어떤 날에도 스토리를 붙여 이슈화할 수 있다고 장담하던데, 자네라고 못할 것 없잖아?

스토리 자체로 브랜드가 주목을 끌 수는 없을까요?

여러 가지 방법이 있지.

우선, 기업이 손해를 보면서도 고객의 이득을 위해 행동한 스토리가 알려지면 주목을 끌지 않을까? '저렇게 하면 손해 볼 텐데…' 하는 생각이 절로 들게 하는 대표적인 사례가 "이 재킷 사지 마세요(Don't buy this jacket)"라고 외치는 파타고니아겠지.

몇 년 전에 태풍 '찬홈' 때문에 제주공항이 폐쇄돼 여행객 수천 명의 발이 묶여 숙박대란이 일어난 적이 있어. 그러자 신라스테이는 당일 체크아웃했다가 비행기를 못 탄 투숙객에게 100여 개의 객실을 무료로 제공했지. 이 이야기가 퍼지면서 호텔신라의 비즈니스호텔 격인 신라스테이가 널리 알려졌어. 이제는 아예 기상 악화로 비행기 운항이 중단되면 체크아웃을 한 고객들이 무료로 하룻밤 더 묵고 다음 날 조식까지 먹을 수 있도록 '항공기 결항 시 무료숙박 서비스'를 운영하더라. 제주도 날씨는 변화무쌍한데, 그 호텔에 머물면 마음이 놓일 것 같지 않니?

주목을 끌려면 또 어떤 방법이 있을까? 스토리라 하면 기승전결(起承轉結)이 떠오르지? 기승전결을 영어로 하면 'Introduction-Development-Turn-Conclusion'이야. 여기서 핵심은 'Turn', 즉 반전의 묘미지. 반전 없는 스토리는 기억에 남지 못하니까.

야구를 볼 때 5대 0 경기는 재미없잖아. 9회말 투아웃에 뒤집어지면 그게 두고두고 이야깃거리가 되지. 막장드라마는 왜 재밌어? 반전에 반전이 꼬리를 물고 계속 이어지니까. 시청자는 감히 상상할 수 없을 만큼의 막장 반전! 기실 위인전도, 소설도, 영화도 다 마찬가지야. 똑같은 원리로 마케팅 스토리에도 반전이 있어야 해.

어떻게 반전을 만드냐고? 간단해. 《픽사 스토리텔링(The Best Story Wins)》에 나오는 방법인데, 일단 제품에 대한 일반적인 고정관념을 써보렴. 그리고 여기에 '만약에'를 붙여보자.

광고에는 제품의 특성이 잘 드러나야 해. 그런데 '만약에' 제품이 나오지 않는 제품 광고를 하면 효과가 있을까?

시몬스는 침대가 등장하지 않는 침대 광고로 화제를 불러 일으키고 있잖니.

대기업은 광고도 점잖게 해야 해. '만약에' 대기업이 '집 나가면 개고생' 같은 비속어를 쓰면 어떨까? 그래서 KT의 쿡(QOOK)이 화제를 불러일으켰지.

축구 운동장은 기울면 안 되지. '만약에' 기울어진 운동 장에서 남녀 선수들이 경기하되, 남자 선수들은 아래에서 위쪽으로 공격하게 해보면 어떨까? 급여나 기회 면에서 여 자 선수들이 받는 불공정한 대우를 직면해보라는 퓨마의 캠페인은 널리 회자되며 큰 반향을 일으켰어.

짭짤한 치즈가루를 잔뜩 묻힌 과자는 맛있긴 한데 손에 묻는 게 싫어. '만약에' 치즈 부스러기 묻는 걸 재미 요소로 삼으면 어떨까? 치토스는 그 가루에 치틀Cheetle이라는 이 름까지 붙여가며 재미있는 광고를 많이 만들지.

이외에도 이야깃거리가 되는 광고나 캠페인에는 반전 요 소가 거의 빠지지 않고 들어가. 물론 이게 먹히려면 반전이 반전으로만 끝나면 안 되고, 고정관념이 뒤집히는 재미가 있어야 해.

사람들을 참여하게 만드는 스토리도 주목을 끌지. 여 러 음식배달 앱 가운데 배달의민족이 우뚝 서게 된 데에는

'참여하게 만드는 이야깃거리'가 일등공신이라고 생각해.

사업 시작한 지 얼마 안 돼 무더위가 찾아오자 배민은 '수동바람'이라 쓰인 부채 1,000개를 제작했어. 그리고 페이스북에 '신청하시는 분께 몇 개든 드리겠다, 대신 착불'이라고 공지를 올렸는데, 신청이 꽤 많이 들어온 거야. 어, 반응이 괜찮은데 이걸로 어떻게 이야깃거리를 만들까 궁리했겠지. 흔히 하는 대로 강남역에서 나눠주자니 재미로 한 번 쓰고 버릴 것 같았거든.

아하, 이 부채를 사게 하면 어떨까? 그래서 쿠팡에서 판매했어. 부채 30개들이 한 박스가 3,000원에 무료배송. 참여가 목적이니 거의 공짜로 뿌린 거지. 30개를 받은 사람이 친구들에게 나눠줄 때 그냥 주겠어? "이게 배민 부채인데, '수동바람'이래, 웃기지 않냐?" "배민이 뭔데?" "배달의민족이라고 음식배달 앱이야"라며 주목을 끌기 시작했지. 이런 이야깃거리를 배민은 끊임없이 잘도 만들어.

젠틀몬스터가 신묘한 디자인으로 구경거리를 만드는 것도 결국 주목을 끄는 이야깃거리를 만들기 위함이야. 전에도 말한 퀀텀 프로젝트를 진행하는 김한국 대표의 의도를 들어보자.

"매장에서 지갑을 꺼내기 전에 사진을 찍고 이야기할 거리를 만들어주자는 게 취지입니다. 매장이 물건을 사기 위한 공간이어야만 할까요? 목적 없이 가도 재미난 공간을 만들고 있습니다. 매장을 돌아다니는 것만으로도 다양한 감정을 경험할 수 있도록 말입니다. 사람들은 이야기를 기억하죠. 어떤 공간이든 이야기가 남게끔 하고 싶습니다." 그래서 젠틀몬스터의 전시는 늘 주목을 받고, 남에게 말로 전하고 싶은 그 무엇을 남기지.

사람들이 '관심 있는 주제'에 귀를 기울이는 건 당연하잖아. 자영으로 요식 사업하는 30대 경영자 중에는 유튜브나 인스타그램으로 열심히 소통하는 사람들이 꽤 많아. 비슷한 꿈을 안고 사업 노하우를 찾는 젊은이들이 주의 깊게 보겠지. 이때 흥미로운 스토리를 곁들이면 자연스레 홍보가 되지 않겠어?

아마존의 제프 베이조스가 거액을 주고 〈워싱턴포스트〉를 인수했잖아. 종이신문은 점점 덜 보는 시대인데, 왜 샀을까? 그는 종이신문사를 산 게 아니야. 요즘은 사람들이 인터넷으로 뉴스를 보잖아. 그런데 요즘 〈워싱턴포스트〉 인터넷판은 보는 사람에 따라 기사 제목이 다른 거 알아? 읽는 사람이 교수면 그 사람에게 맞는 내용을 AI가 찾아 전면으로 올리고, 사업가면 똑같은 기사라도 사업가의 관심을 끌 제목으로 바꿔서 내보내. 게다가 종이신문에는 나와 관련 없는 광고가 너무 많은데 〈워싱턴포스트〉는 광고조차 나에게 필요한 맞춤 형태로 나와. 아마존은 AI 기술이 발달했으니 그게 가능하지.

아마존처럼은 못하더라도 사람들이 우리 이야기에 눈길을 끌게 하려면 요령이 필요해.

얼마 전까지만 해도 신문 사이에 전단지 광고를 많이 했지. 그런데 요즘 누가 전단지를 열심히 보나. 읽히지도 않고 버려지면 광고주는 속상하잖아. 그래서 다이어트 프로그램으로 유명한 쥬비스의 조성경 대표는 처음 회사를 열었을 때 동네 신문 배달하는 곳에 가서 비용을 더 내고 자기네 광고 전단을 세로로 넣게 했대. 그러면 신문 사이에 삐죽 튀어나올 테고, 바로 그곳에 눈길을 끄는 글귀를 써넣었지. 그러면 신문 받았을 때나 하다못해 전단을 빼서 버릴 때라도 눈에 띄지 않겠어? 어쨌든 보이긴 한 거니까. 그리고 이 동네 저 동네 뿌리는 게 아니라 그 지역에서 기대하는 만큼의 고객이 올 때까지 계속 반복했대.

이제는 디지털 시대이지만 주목을 끄는 원리는 다르지 않아. 구미가 당길 이야깃거리를 만들고, 관심 있을 사람들 눈에 반복적으로 띄게 해야겠지.

스토리 자체로 주목을 끌 수 있는 여러 가지 방법을 제시했는데, 정리해볼까? ① 기업이 손해를 무릅쓰는 스토리인가 ② 반전이 있는 스토리인가 ③ 사람들이 스스로 참여할 만한 스토리인가 ④ 구경거리 자체가 이야기의 소재가 될 스토리인가 ⑤ 고객이 관심 가질 주제처럼 보이는 스토리인가 등에 비추어 생각해보면 아이디어가 생길 거야.

지금까지 스토리의 중요성에 대해 얘기했는데, 한 가지 덧붙일 게 있어. 흠뻑 빠져 있지 않은 개념에 억지로 스토리를 붙이지는 마. 자칫하면 역겹기까지 하거든.

정태영 부회장이 이런 말씀을 했어. "무개념, 무지향의 시대에서 지금은 컨셉과 스토리텔링 과잉의 시대. 억지로 만든 스토리텔링이 넘칩니다. 스토리텔링을 하고 싶으면 정말 스토리를 가지세요. 진정성에 대해 얘기하세요."

전적으로 동감이야.

16장

Diffusion

우리는 어떤 시점에
시장에 끼어들까

창업이 많아지면서 '제품수명주기' 이론이 다시 조명받던데요.

맞아. 제품수명주기(Product Life Cycle: PLC)는 오래전에 나온 개념인데, 요즘 진행이 빠른 스타트업이 많아지니 다시 화제가 되더라. 잘 이해하면 시장을 이해하는 데 무척 도움이 되지.

상식적인 얘기부터 시작해볼까. 농사짓는 주기를 보면 '씨 뿌리는' 봄이 있고, 곡식이 '성장하는' 여름이 있고, 성숙하여 '추수하는' 가을이 있고, 잎이 '다 떨어진' 겨울이 있잖아. 제품의 수명도 마찬가지야. 제품수명주기는 어떤 한 제품이 태어나서 사라지기까지의 일대기라 할 수 있어.

자네는 제품수명주기에 대해 잘 알 테니 매출과 이익률 곡선을 한번 그려보렴. 직접 그려봐야 시장변화의 느낌을 가질 수 있어. 사람이 세상에 태어나서 유아기를 거치듯이 처음에 제품을 시장에 내놓지. 비행기가 뜨기 전에 활주로를 한참 달려가야 하듯이 처음에는 매출이 기대만큼 많지 않아. 그러다가 막 이륙한 비행기가 급경사를 그리며 하늘로 날아오르듯 매출이 급격히 올라가기 시작해. 이때를 성장기라 하지. 그러다 성숙기에 들어서면 매출성장이 완만해져. 그리고 끝에 가면 결국 매출이 떨어지면서 노년기로 가는 거야.

이익 곡선을 보면, 유아기에는 R&D 비용 뽑기도 힘들어. 그러다 성장기에 슬슬 이익이 나기 시작하거든. 대부분은 성숙기 초기에 이익률이 가장 좋아. 그러다 본격적으로 성숙기에 들어서면 경쟁이 심해져서 이익률이 점점 떨어져.

이제 주기별로 수요 및 경쟁상황이 어떻게 변화하며, 그에 따라 마케팅 도구(4P)가 어떻게 대응해야 하는지 살펴볼까.

유아기의 시장은 신제품에 대한 소비자 인식이 아직 형성되지 않았기 때문에 수요가 별로 없어. 경쟁도 당연히 미약하고, 경쟁이 있어도 다른 브랜드와의 경쟁이라기보다는 기존 제품과의 경쟁일 거야. 예컨대 전기자동차가 나왔다면 기존의 내연기관 자동차와 경쟁하겠지.

유아기의 제품(product)은 사람들에게 낯선 신제품이니

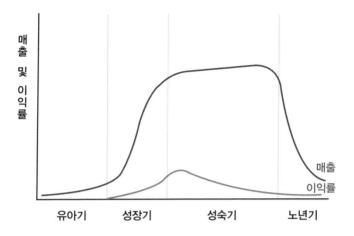

〈그림6〉 제품수명주기

매출 및 이익률

매출
이익률

유아기　　성장기　　성숙기　　노년기

제품 자체의 핵심속성에 충실해야 해. 시장에 처음 소개된
제품인데 결함이 있으면 이륙도 못 하고 주저앉을 테니까.

　신제품이라고 가격(price)을 마냥 높여 잡아서도 안 돼.
가격이 높으면 수익성이 높다고 생각한 경쟁자들을 시장에
불러들이게 되거든. 그렇다고 너무 낮게 잡아도 안 돼. 유
아기에는 R&D 비용을 되도록 빨리 회수해야 전략의 재량
성이 커지니까.

　신제품은 수요량이 많지 않을뿐더러 예측하기도 쉽지
않으니, 유통경로(placing)에서도 별로 관심을 가지지 않을
거야. 판촉(promotion)은 브랜드를 내세우기보다 신제품

자체에 대한 소개와 설명 위주일 테고.

제품에 대한 수요가 급속히 증가하면 성장기에 들어섰다고 볼 수 있어. 이때부터는 경쟁자도 제법 늘어 브랜드 간의 경쟁이 본격화되지.

제품을 아무리 세심하게 만들었다 해도 시장에 내놓으면 십중팔구 크고 작은 수정이나 개선이 뒤따르기 마련이야. 그래서 많은 소비자가 신제품을 앞다투어 구매하기보다는 문제점이 보완되고 개선될 때까지 기다리기도 해. 예컨대 전기자동차 같은 것도 지금 당장 사지 않고 성능이 좋아질 때까지 몇 달이든 몇 년이든 기다리겠다는 사람들이 있잖아.

성장기에 들어서면 가격은 유아기보다 다소 저렴해지는 것이 일반적이야. 그러나 매출이 커지고 R&D 비용도 어느 정도 회수된 덕분에 이윤은 늘어나지. 유통에서도 적극적으로 제품을 받아주기 시작하고.

성숙기에 들어서면 경쟁자가 많아지고 시장이 포화되면서 매출성장률은 둔화돼. 그러면서 완만하게 이어지던 성장세도 언젠가는 정점을 찍고 점차 하강 국면에 접어들지.

경쟁은 점점 심해져서 마케팅 요소(4P)의 모든 분야에 걸쳐 치열하게 전개돼. 이쯤 되면 어느 회사 제품이든 품질 수준이 엇비슷해지니 다른 브랜드와의 차별점을 눈에 띄게 하려고 디자인을 바꾸거나 기능을 추가하기도 하지만, 정작 소비자들은 가격 할인에 민감해져서 가격 경쟁이 심화되는 것도 이 시기의 특징이야. 유통 또한 재고가 쌓이면 곤란하니 의욕적인 주문을 망설여.

성숙기에 이르기까지의 판촉을 살펴보면, 유아기에서는 인지(thinking)를 강조해 새로운 제품을 인식시키는 데 주력하다가 성장기에 접어들면 브랜드 호감(feeling)을 강조하게 돼. 그러다 성숙기에는 제품 간의 차이가 줄어든 만큼 사은품 증정이라든지 세일, 쿠폰, 리베이트 등 행동(doing)을 직접 유도하는 판촉이 필요해져.

제품은 수명이 영원할 것 같지만, 언젠가는 노년기에 들어서게 돼. 대체품이 등장하거나 고객 욕구가 변화해 수요가 감소하거든. 흡연자에 대한 사회적 반감으로 담배 수요가 감소한다든지, 자연식품이 각광받으면서 인공조미료 수요가 줄어드는 것처럼 사회적 여건에 따른 변화가 원인이 되기도 하고.

일반적으로 기업은 한 제품에만 올인하지 않으므로 제한된 마케팅 자원을 노년기 제품에 투여하지는 않아. 그래서 대체로 방관하는 자세를 취하게 되지.

　제품이 시장에 나왔으면 오래도록 살아남는 게 당연히 좋지. 그런데 요즘은 제품의 수명이 극히 짧아지고 있어. 그럴수록 제품수명주기의 원리와 그에 걸맞은 전략을 파악하는 게 중요하단다.

원리는 알겠는데, 전략적으로 어떻게 활용해야 할지요?

제품수명주기라는 용어를 잘 곱씹어보렴. 잘 살펴보면 실상 '제품' 자체가 아니라 제품이나 서비스가 끼어들 '시장'의 수명이거든.

시장엔 소비자가 있고, 제품이 있어. 그리고 놓치지 말아야 할 게 바로 시간 개념이야. 즉 시장을 구성하는 시간, 사람, 제품을 동시에 이해해야 해.

마케팅에서 시간은 '트렌드 게임'이야. 어느 시점에 시장에 진입할지 잘 살펴봐야 한다는 말이지.

사람은 '소비자 게임'이야. 제품수명주기의 어느 시점에 끼어드느냐에 따라 어떤 소비자층을 공략할지가 달라져.

제품은? '브랜드 게임'이야. 시장의 수명에 덩달아 출렁이지 않고, 내 브랜드를 능동적으로 운영할 수 있어야 하니까.

브랜드 얘기는 줄곧 했으니, 오늘은 시간과 소비자에 관해 이야기해보자꾸나.

시간, 즉 시장에 끼어들 타이밍(timing) 관점에서 게임의 규칙을 보면, 기업은 트렌드를 ① 유아기부터 만들어가거나 ② 성장기에 앞서가거나 ③ 성숙기 초반부터 쫓아가거나 ④ 아예 벗어나거나 중 하나를 택하게 돼.

유아기를 개시하며 새로운 트렌드를 만들기는 쉽지 않아. 퍼스트 무버(first mover)는 '기술'이 경쟁 포인트이니 최고 수준의 R&D 능력이 요구돼. 처음부터 대규모 생산을 하지는 않을 테고 테스트 삼아 크지 않게 시작하겠지만, 그럼에도 위험부담을 감수할 자금원은 확보해야 해.

꽤 많은 스타트업들이 업의 본질을 명확히 규명하지 못한 채, 언론이나 주위에서 신기술이나 제품에 조금만 흥미를 보이면 홍보 업무에 귀중한 시간을 낭비해버려. 하지만 이때는 본질에 집중하면서 미친 듯이 일해야 해. 처음부터 앞길이 훤하게 열린 경우는 없으니까. 미친 듯이 하다 보면 빼꼼하게 서광이 비치고 업의 본질도 구체적으로 잡혀가기 시작하지.

시장이 성장기일 때 진입하려면, 남다른 '안목'이 있어야 앞서가는 데 유리해. 온라인 패션 유통시장을 예로 보자면, 2008년의 W컨셉부터 2009년에 무신사, 2011년에 스타일쉐어, 2012년에 지그재그, 2016년에 브랜디, 2018년에 에이블리 등이 조금씩 새로운 형태로 시장에 진입했잖아. 선두주자들은 경험과 관록이 있으니, 나중에 진입한 브랜드들은 한발 더 나아간 새로움을 민첩하게 선보이지 않으면 경쟁이 힘들어. 그 와중에 중규모 이상의 자금을 신속히 투입할 자금원을 찾아야 하는 건 물론이고.

어느 시장이든 늦어도 성숙기 초반에는 참여해야 경쟁력을 가질 수 있어. 이 시점에 끼려는 기업은 패스트 팔로워(fast follower)가 되어 부지런히 쫓아가야 해. 이미 검증된 시장에 참여하는 터라 안전한 대신, '효율과 유통'에서 앞서야 하지. 그래서 재무적 여유가 있어서 대규모 생산시설을 갖출 수 있는 기업이 참여하는 경우가 일반적이야.

빚은 생만두를 사다가 집에서 끓여먹는 시장은 10여 년 전부터 성장기에 들어서서 본격화되었는데, 만두 종류마다 인기 있는 브랜드가 다 달랐어. 교자만두는 어디가 가장 맛있어? 고향만두. 왕만두는? 동원. 물만두는 풀무원. 군만두는 백설. 그런데 성숙기 초반에 들어선 지금은 종류 불문하고 누가 강자야? 비비고야. R&D 역량뿐 아니라 규모에 따른 효율성과 막강한 유통지배력으로 시장을 평정했거든.

이 시점까지 살아남아서 어느새 규모가 커진 스타트업은 게임의 방식이 달라진다는 것을 감지해야 해. 시장의 성장기 후반이나 성숙기 초반에 IPO를 준비해 본격적인 싸움터에 진출하든지, M&A를 해서 덩치를 키우든지, 아니면 엑싯(exit)해야겠지. 역량이 되지 않는데 욕심으로 붙들고 있다가 뒤늦게 손 터는 경우도 드물지 않아.

이도 저도 아니면 기존의 시장 흐름에서 벗어나 경쟁을 피하고 독야청청 살아가는 것도 한 방법이야. 단, 이런 시장이 급속히 커지기를 기대하진 말아야지.

그런데 여기까지는 제조업자의 입장이고, 유통업자의 입장에서는 시장에 하나의 트렌드만 있는 게 아니잖아? 수십 개의 작은 트렌드가 얽히고설켜서 가거든. 그러니 제품구성 포트폴리오를 짤 때에도 여러 가지 트렌드의 제품을 잘 믹스하는 게 안전해.

만약 패션사업이라면, '다가올 트렌드'의 제품은 성장기 판매용이니 30% 정도. 지금 '한창인 트렌드'의 성숙기 제품은 수익용으로 좋으니 50%. '도발적 트렌드'의 유아기 제품은 많이 팔리진 않아도 우리가 뒤처지지 않았다는 걸 보여줄 수 있으니 5~10% 정도는 준비해야지. 그리고 다소 '뒤처진 트렌드'의 노년기 제품을 찾는 고객도 은근히 있으니 구색용으로 10~15% 정도 구비해놓고 가격 세일로 매출을 올려도 좋을 거야.

각각의 비중은 안정적으로 사업하는 기업이 그렇다는 거니까 참고만 해.

기술력이 좋아도 오래 못 버티는 스타트업을 많이 봐요.

비유하자면 비행기가 활주로를 달렸으나 기류를 타고 상승하지 못해 추락하는 거나 마찬가지야. 즉 수명주기 중 유아기에서 성장기로 올라타지 못하는 건데, 그 사이에 죽음의 계곡이 기다리고 있거든. 이를 캐즘(chasm)이라고 하잖아. 원리만 잘 이해하면 건너갈 수 있을 텐데 안타까운 일이야.

캐즘은 제품과 소비자 그리고 포지셔닝이라는 세 가지 관점에서 극복할 수 있어. 그 원리를 하나씩 설명해볼게.

첫 번째, 제품 면에서 살펴볼까.

우선 볼링핀 전략을 고려해볼 수 있어. 볼링에서 1번과 3번 핀 사이로 공을 굴리면 10개가 다 쓰러져 스트라이크가 되잖아. 이처럼 특정 기능을 날카롭게 강조해서 신제품을 매력적으로 인식시키는 게 볼링핀 전략이야. 처음부터 제품의 모든 장점을 다 알릴 수는 없는 노릇이니, 강점 하나만 강하게 인식시키는 방법이지.

테슬라는 어떻게 했어? 자기네가 세계 최고의 스포츠카보다 0-60마일까지 도달하는 시간이 더 빠르다는 걸 보여줬지. 조용하다 뭐다 이런 장점들은 다 치우고, 스포츠카보다 빠르다는 한 가지를 알리는 데 집중했어. 테슬라 사례는 중요하니 나중에 자세히 얘기 나누자.

완성도를 꾸준히 높여가는 것도 방법이야. 처음부터 완벽을 기하느라 시간을 지체하는 게 아니라 일단 저지르고 부지런히 진화시켜 나가는 걸 잘하는 스타트업들이 살아남더라고.

한때는 아이리버 MP3가 세계 1등이었거든. 처음 나온 모델이 프리즘처럼 생겨 예쁘기도 하고 목에 걸면 아주 멋있었는데, 애플에서 아이팟이 나오자 그것과 비슷하게 만들다가 아이팟 아류가 되고 말았어. 만약 아이리버가 기존 프리즘 모델에 어떻게든 기능을 더 넣고 진화했다면, 그들은 그들대로 살아갈 수 있지 않았을까 안타까워. 지금은 음질 마니아들을 겨냥한 하이파이 MP3로 살아남아 있지.

보완재를 보강하는 것도 한 방법이지. 맛있는 설렁탕집은 설렁탕만 맛있는 게 아니라 깍두기도 맛있어야 소문나잖아. 이처럼 제품의 묶음 구성으로 특징을 만들어보는 것이지. 일례로 우리나라 수제맥주의 원조 격인 더부스도 초창기에 맥주와 곁들인 피자가 맛있어서 피맥 유행을 타고 사람들에게 널리 알려졌어.

두 번째, 캐즘을 건너기 위해 소비자 측면에서 접근해보자.

사람들은 불편해도 그럭저럭 적응해서 살기 때문에 기존 제품을 버리고 신제품으로 갈아타는 게 생각만큼 쉽지는 않아. 대부분은 일단 저항하지. 이 허들을 넘어서려면 사용(試用, trial)을 유도해야 해.

한 세대 전만 해도 물을 집에서 정수해서 먹는다는 개념이 없었어. 어떻게 사람들이 정수기에 익숙해지게 하지? 기계값이 비싸기도 하니 우선 사용을 유도하고자 구독 방식을 도입한 게 웅진코웨이잖아.

소비자 접점을 늘리는 것도 중요해. 이제는 유통 인프라가 편의점, 전문점, 마트, 온라인, 홈쇼핑, 백화점, 프랜차이즈 매장, 수출 등등 매우 다양하니까.

구매접점뿐 아니라 제품에 대한 입소문이 나도록 재미있는 스토리를 만들거나 SNS에 올릴 만한 볼거리를 준비하거나 직접 체험 가능한 이벤트를 준비하는 등, 커뮤니케이션 접점도 부지런히 늘려가야겠지.

단순노출의 효과(mere exposure effect)라는 것 알아? 별 관심이 없다가도 반복적으로 자꾸 보다 보면 나도 모르게 호감이 생기거든. 좌우간 로고나 캐릭터도 자꾸 눈에 띄게 해야 해.

새로운 습관을 창출해 라이프스타일에 변화를 주는 방안도 생각해봐. 예전에는 집에서 밀키트로 식사를 준비한다는 개념이 별로 없었잖아. 그런데 요새는 좋은 품질의 다양한 밀키트가 나와 새로운 습관을 만들면서 시장이 형성됐지.

전쟁이나 팬데믹과 같은 위기에 파괴되는 기업은 삼류, 위기에 살아남는 기업은 이류, 위기를 기회 삼아 발전하는 기업은 일류라고 하잖니. 코로나 사태에 밀키트가 새로운 습관으로 금방 자리잡은 것처럼 위기의 순간에는 새로운 라이프스타일이 더 가속화되곤 하지. 새벽배송이나 온라인 교육, 원격진료 등도 위기의 시대에 정착한 새로운 삶의 형태 아니겠어?

세 번째, 캐즘을 건너기 위해 포지셔닝 측면에서 접근해 볼 수도 있어.

그중 하나는 브랜드 컨셉을 언어로 구체화하는 거야. 발 뮤다에서 나온 토스터가 있는데, 토스터야 다 뻔한 것 아닐까 생각하기 쉽잖아. 예쁘긴 하지만 너무 비싸고. 그런데 이 제품을 '죽은 빵도 살리는 토스터'라는 한마디 말로 강하게 인식시켰지. '안 입어본 사람은 있어도 한 번만 입는 사람은 없다'는 룰루레몬도 그렇고.

말 한마디로 사람들을 설득하는 데는 TV 홈쇼핑 쇼호스트를 당할 수 없을 것 같아. 전설적인 쇼호스트 장문정 씨가 설득 노하우를 공개한 《한마디면 충분하다》도 참고로 읽어보렴.

최소유효시장(minimum viable market)이란 말의 의미도 잘 살펴봐. 초반 판매가 시원찮을 때는, 작더라도 확실한 타깃에게 호의적인 반응을 먼저 창출하는 게 좋아. 겨우 생존가능할 정도의 시장에서 시작해서 점점 키워간다는 거지.

'못난이 신발'이라고 불리는 크록스Crocs 알지? 야외용 샌들치곤 꽤나 투박해서 미국에서도 처음에는 안 팔렸어. 그런데 어떻게 히트했을까? 시카고의 드넓은 미시간 호수

주변에는 고급 아파트들이 줄지어 있는데, 그 주민들이 호수에서 요트를 즐긴단 말야. 그런데 요트 탈 때 슬리퍼는 자꾸 벗겨지고, 운동화는 물에 젖어. 크록스는 이들을 집중 공략했어. 그래서 어떻게 됐겠어? 부자들이 즐겨 신는다는 입소문이 나면서 대박이 난 거지.

새로운 제품 시장에서 성공하려면 순서가 있어. 선도 브랜드가 되거나 차별적 브랜드로 인식시키는 것은 나중 일이고, 새로운 카테고리의 제품은 시장을 키우는 게 먼저야. 경쟁사가 있다면 아직은 브랜드 경쟁을 자제하고 어떻게든 힘을 모아 시장의 크기를 함께 키워가야 해. 그런데 성급한 스타트업들이 초반부터 경쟁하느라 시장을 망치는 경우가 은근히 있더라.

수제맥주 얘기가 이해하기 쉬워서 또 예를 들자면, 이 시장은 진입장벽이 낮아. 수제맥주 만들기가 그렇게 어렵진 않거든. 그러다 보니 창의적인 맛과 장인정신으로 품질을 높일 생각보다는 4캔에 1만 원 이하로도 팔면서 과열경쟁으로 흘러가 버린 것 같아. 그럴수록 수제맥주에 대한 인식이나 이미지는 망가지겠지. 일단 함께 좀 키우면 좋겠는데 말이야.

예전 정주영 회장은 조선업을 하려고 현대중공업을 만

들고는 기술자를 빌려주면서까지 다른 대기업들을 부추겨
서 조선업에 발을 들이게 했다잖아. 그분 말씀이 이래. "적
자에 허덕이든 수지를 맞추든 그건 두 번째야. 중요한 건
어떤 업종이든 일단 함께 부흥시켜야 한다는 거지요."

역시 비즈니스를 보는 눈높이가 달라.

신제품은 시장에 어떤 과정으로 받아들여지나요?

앞에서 제품수명주기를 시간, 사람, 제품의 틀로 이해하자고 했지. 이번엔 사람, 즉 소비자를 중심으로 생각해보자꾸나.

신제품 정보를 얻고 구매하는 패턴은 사람마다 다르므로 제품수명주기상의 변화와 그에 반응하는 소비자의 특성을 이해하는 건 무척 중요해. 보통은 소비자군을 다섯으로 나눠. 많이 들어본 구분일 테지만, 조금 상세히 살펴볼까.

먼저 혁신수용층(Innovators). 신기술이나 새로운 것을 좋아하는 사람들로서, 관심 분야의 제품에 대해 전문적인 지식으로 판단해. 이런 사람들은 해외언론이나 전문잡지 등을 통해 누구보다 해당 정보를 빨리 입수하지. 단, 새로운 것을 좋아한다고 트렌드세터와 헷갈리면 안 돼. 오히려 이들은 트렌드 따위엔 관심 없고, 오직 관심 분야에만 덕후적 기질을 발휘하거든. 새로운 것을 좋아한다고 소득이 높은 것도 아냐. 하지만 관심 분야에는 돈 쓰는 걸 아까워하지 않지. 대체로 독립적인 사회성을 지녔고, 실험자(experimentor) 역할을 한다고 여겨져. 잠재시장의 2.5% 정도가 여기에 해당해.

조기수용층(Early Adopters)은 사회적 이슈가 되거나 유행을 선도하는 신제품에 반응해. 트렌드를 리드하려는 경향이 있거든. 이들은 SNS 활동도 활발하고 인터넷이나 신문 등 정보원(information source)도 다양하지. 교육수준도 비교적 높고, 소득도 상중이나 상하 정도로 높은 편이야. 사람들과 활발히 교류하면서 정보를 걸러내는 여과자(screener)의 역할을 해. 대략 13.5%를 차지한다고 봐.

조기다수층(Early Majority)은 조기수용층의 의견에 의존하는 추종자(follower) 성격이 강해. 위험부담을 싫어해서 자신의 판단보다는 대세를 좇는 편이야. 주로 입소문이나 방송 등에서 정보를 얻지. 경제활동을 하는 55세 이하의 사람들이 많고 상하나 중상의 소득수준으로, 소비자의 34%를 구성해.

후기다수층(Late Majority)은 대중의 흐름에 뒤처지면 안되겠다 싶을 때 비로소 움직여. TV를 온종일 틀어놓는 사

〈표8〉 신제품 수용층별 특성

	혁신 수용층 Innovators	조기 수용층 Early Adopters	조기 다수층 Early Majority	후기 다수층 Late Majority	최종 수용층 Laggards
방아쇠	신기술, 새로운 것	사회적 이슈, 선도적 유행	조기수용층의 의견	대중의 흐름	선택의 여지가 없음
정보 원천	전문잡지, 해외언론	신문, 인터넷, SNS	입소문, 방송	방송, 입소문	거의 무딤
트렌드	비호감	트렌드 리드	대세를 좇음	마지못해 수용	무관심
특징	덕후적 기질	교육수준 높음	위험 기피	사회적 압력에 순응	변화에 저항
소득 수준	천차만별	상중/상하	상하/중상	중상/중중	중중/중하
사회성	독립적	상호 작용적	안정 지향적	보수적	수동적
역할	실험자	정보 여과자	추종자	시장 유지자	굼뜬 추종자

람들이랄까, 대중매체의 영향을 가장 많이 받지. 트렌드는 수용하되 마지못해 하는 편이고, 다양한 사회적 압력에 순응하며 사는 사람들이야. 중상이나 중중의 소득수준으로 45세 이상이며 점차 은퇴기로 가는 이들이 많아. 대표적인 보수층(conservative)으로 시장을 오래 존속시키는 역할을 하고 약 34% 정도를 차지해.

최종수용층(Laggards)은 선택의 여지가 없어서 변화를 받아들이는 사람들이야. 굼뜬 추종자랄까. 정보에 무디므로 무엇이 정보원인지는 중요하지 않아. 트렌드에 무관심하고, 변화도 싫어해. 중중이나 중하의 소득을 가진 사람이 많고, 수동적 사회성을 띤다고 봐. 16% 정도가 여기에 속해.

이렇게 간략히 설명했지만 유의할 점이 있어. 같은 사람이라도 제품군에 따라 어느 층에 속하는지가 달라지거든. 패션에 관해서는 후기다수층이지만, 자동차에 관한 한 혁신수용층인 사람도 있지 않겠니. 그렇긴 해도 사람의 성향이라는 게 있어서 대략적으로 설명한 것이니 감안해서 들으렴. 소비자 분포(%)도 시장에 대한 감을 가질 수 있도록, 표준정규분포를 가정했을 때를 상정해서 가설적으로 분배했다는 점을 유의하고.

어떤 소비자층이 신제품의 성패를 좌우하나요?

시장이 유아기일 때의 소비자는? 당연히 혁신수용층 (Innovator)이겠지. 성장기의 소비자는 조기수용층(Early Adopter), 성숙기 초반의 소비자는 조기다수층(Early Majority)이고, 절반 이상의 사람들이 수용한 성숙기 중반 이후에는 후기다수층(Late Majority)이 주요 소비자야. 제품이 한물갔을 때의 소비자들은 최종수용층(Laggard)이라 볼 수 있겠고.

이렇게 제품수명주기로 볼 때 성패를 좌우하는 핵심 소비자층은 누굴까? 혁신수용층? 아냐, 조기수용층이야. 이들이 사주느냐가 성패를 결정해.

왜냐고? 혁신수용층이 주된 구매자인 유아기에서 성장기로 넘어갈 때 캐즘(chasm)이 버티고 있다고 했지? 이 죽

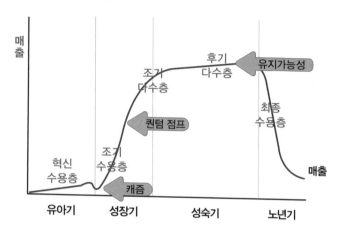

〈그림7〉 소비자의 제품수용

음의 계곡을 건너는 데 조기수용층이 굉장히 중요한 역할을 하거든. 일단 조기수용층이 받아주면 거대한 조기다수층이 곧 따라붙게 돼 있어. 그러면 매출이 뛰기 시작하면서 급속한 성장이 가능하지. 퀀텀 점프(quantum jump)가 일어나는 거야.

비약적 성장 후 안정기인 성숙기에 들어서면, 이제 과제는 성숙기를 얼마나 오래 지속시키느냐(sustainability)가 돼. 판매이익이라는 열매를 거두는 성숙기가 오래 지속될수록 자금이 여유로워질 테니까.

혁신수용층과 조기수용층의 특성을 이해하기 위해 테슬라 사례를 보자. 테슬라의 매출을 보면, 2015년에 1만 9천대, 2016년에 2만 7천대, 2017년에도 5만 대에 불과했어. 2017년 미국 자동차 판매규모가 1,721만 3천대니 테슬라는 0.29% 정도밖에 안 됐던 거지.

이때 구매한 사람들이 바로 혁신수용층일 텐데, 차가 꼭 필요해서 산 사람은 거의 없을 거야. 차 바꿀 때가 됐다고 해서 개념도 생소한 전기자동차를 덜컥 살 사람이 얼마나 되겠니. 초기에 구매한 사람들은 아마도 자동차 마니아거나 환경주의자 또는 호기심천국인 사람이겠지. 한마디로 혁신수용층은 진성고객이 아니야.

스타트업이 실패하는 큰 이유 중 하나가 혁신수용층이 구매하는 걸 보고 시장이 형성된 걸로 오인해서야. 그래서 성급하게 축배를 들지. 크라우드 펀딩 플랫폼인 와디즈에서는 잘 팔렸는데 막상 시장에 나오면 폭망하는 경우를 수도 없이 봐. 누군가는 "와디즈는 결혼 축의금과 같다"고까지 말하더라. 지인의 아들딸이 결혼하면 결혼식에 참석하고 축의금도 내지만, 그 아들딸을 평생 다시 볼 일은 없다는 거지. 지인이 와디즈에 신제품을 올렸다고 알려주면, 인사 삼아 한 번은 구매하거든.

와디즈는 스타트업을 위한 훌륭한 창구이자 홍보채널이

니 와디즈를 탓하는 건 결코 아니고, 다만 초기의 구매자는 진성고객이 아닌 경우가 대부분이니 거품에 현혹되지 않도록 유의하라는 뜻이야. 초기 성공을 조심해. 진정한 구매자는 저 뒤쪽에 있으니까.

그렇다면 조기다수층은 혁신수용층과 어떻게 다를까? 한마디로 판단기준이 달라. 혁신수용층은 기술을 보고 판단하고, 조기다수층은 다른 사람들 즉 조기수용층을 보고 판단해. 그래서 더욱 조기수용층이 중요한 거야. 거대한 시장의 문지기(gatekeeper) 역할을 하니까.

전에 창의성을 얘기할 때 소개했던 HBAF는 허니버터 아몬드를 시작으로 수십 종류의 아몬드를 개발했다고 했잖아. 불닭맛, 떡볶이맛, 인절미맛, 청양마요맛 등, 끊임없이 색다른 접합 아이디어를 시도해본 다음에 두 가지 기준으로 고른다는 거 아냐. 즉 마니아를 사로잡을 맛으로 혁신층과 조기수용층의 일부를 공략하고, 누구나 호감 가질 만한 대중적인 맛으로 조기수용층의 일부와 조기다수층을 겨냥한다는 거지. 어쨌거나 조기수용층이 그 가교(bridge) 역할도 하는 거야.

2021년 초에 음성기반 소셜미디어인 클럽하우스가 열풍을 일으켰잖아. 코로나가 한창이던 때라 타이밍도 좋았고,

초기에는 아이폰이나 아이패드로만 참여할 수 있도록 한 것도 재미있는 전략이었지. 조기수용층 중에는 애플 이용자가 많다고 판단했나 봐.

그런데 '인싸 앱'이라고 소문 났던 이 앱이 왜 얼마 못 가 추락했을까?

조기수용층의 심리적 특성을 잘 몰랐던 거야. 그들은 라이프스타일 리더로서 선망의 대상이 되는 게 중요해. 그런데 클럽하우스에 유명인들이 등장해 판을 주도하니 조기수용층이 뻘쭘해서 떠나버렸거든. 더구나 방을 만들고 운영하는 주체 중에 기성세대가 늘어나면서 장광설과 훈계를 늘어놓는 등 꼰대짓을 하니 MZ세대도 떠나버렸고.

제품수명주기별 소비자층의 특성을 이해하는 게 얼마나 중요한지 알겠지?

소비자의 수용 특징을 잘 활용한 사례가 있나요?

비근한 예로, 테슬라가 어떻게 시장을 열었는지 살펴보자.

전기자동차를 사고 싶은 이유는 뭘까? 충전비 등 유지비가 저렴하고, 조용하며, 환경오염이 적다는 생각이 들기 때문이겠지.

그러면 사고 싶지 않은 이유는 또 뭘까? 충전하는 게 불편하고, 고장나면 수리비가 많이 들고, 아직은 기술적 완성도가 떨어진다고 생각하기 때문이겠지. 무엇보다 기존의 휘발유나 경유 자동차만큼의 성능이 되나 싶을 거야.

자네가 테슬라처럼 선도적으로 전기차 만드는 회사를 운영한다고 치자. 그럼 초기에 어떤 차를 생산해야 할까? 두 가지 전략 중 하나겠지. 실험적인 차를 만들어 판매하면서 점차 완성도를 높여가거나, 완성도가 부족하더라도 강점을 과시할 만한 전기차를 만들어 화제를 불러일으킴으로써 관심을 끌거나.

일반적으로는 전자의 전략을 택할 것 같은데, 일론 머스크는 달랐어. 기계 덕후급의 혁신수용층이 1차 타깃이라고 본 거지.

그들의 관심을 어떻게 끌어? 임팩트가 있어야 하잖아. 그래서 테슬라가 맨 처음에 만든 차가 프리미엄 스포츠카야. 2005년에 처음 나왔는데, 가격도 25만 달러로 엄청 비싸. 거기다가 아직 기술력도 완전하지 않은데 감히 람보르기니와 비교 광고를 했어. 앞에서도 말한 스피드 비교 광고.

세계 최고의 스포츠카인 람보르기니는 0에서 시속 60마일까지 2.9초에 주파하는 고성능 차야. 그런데 테슬라 로드스터는 더 빨라서 1.9초거든. 속된 말로 '미쳤어!'라며 사람들의 탄성을 자아냈지. 최고속도도 람보르기니는 217mph인데 테슬라는 250mph가 넘어. 실제 트랙에서 경주하게 해서 더 빠르다는 걸 눈으로도 보여줬어.

이런 비교 광고로 전기차에 대한 사람들의 인식을 바꾼 후, 2012년에는 조기수용층을 겨냥한 럭셔리 세단형인 테슬라-S를 출시해. 그리고 뒤이어 조기수용층 중에 활동적인 라이프스타일을 가진 사람들을 위해 SUV형인 테슬라-X를 2015년에 소개했어. 2017년에는 조기다수층을 위

〈표9〉 테슬라 모델 비교

	모델-S	모델-X	모델-3	모델-Y
스타일	세단형	SUV형	보급형	다용도형
60마일 도달	2.4 sec	2.7 sec	3.2 sec	3.5 sec
최고 속도	163 mph	163 mph	162 mph	155 mph
주행거리	348 mile	305 mile	299 mile	280 mile
마력	785 hp	785 hp	450 hp	450 hp
가격	$99,990	$104,990	$56,990	$60,990
출시	2012년	2015년	2017년	2019년
타깃	선도형 조기수용층	활동형 조기수용층	선발 조기다수층	후발 조기다수층

한 보급형 세단인 테슬라-3, 그다음에는 후발 조기다수층 외에 후기다수층도 포용하기 위해 다용도 크로스오버인 테슬라-Y가 나왔지.

모델명도 S-E-X-Y로 계획했다는데, E라는 명칭은 포드가 먼저 썼기 때문에 숫자 3을 E와 비슷하게 디자인해서 S-3-X-Y가 되었대. 테슬라 마케팅팀이 처음부터 제품수명주기에 맞춰 제품 출시뿐 아니라 모델 이름까지 기획했다는 게 보이지? 참 무서운 사람들이야.

사업은
나다움을 완성하는 과정이다

경영을 잘하려면 어떤 공부를 더 해야 할까요?

얼마 전에 방문한 지역에 생활박물관이란 곳이 있길래 가봤어. 거기서 책에서만 보던 베틀을 처음 봤지.

옷감을 짜는 원리를 보자면, 날줄과 씨줄이 있을 것 아니니. 세로로 놓는 실을 '날줄'이라 하고, 가로 방향으로 놓는 실을 '씨줄'이라 하지. 그게 교차되면서 옷감을 짜는 거야.

유학 가려는 학생들이 가끔 추천서 부탁하러 오거든. 그때마다 나는 "외국 가서 뭐 공부하려고 그러니?" 하고 물어봐.

그러면 "요새 빅데이터 마케팅이 중요한 것 같아서 그걸 공부하러 갑니다" 또는 "다가올 ESG 시대를 대비하려고 합니다", 어떤 학생은 "NFT 마케팅을 공부해보고 싶습니다" 하고 대답해.

그러면 내가 말하지. "그런 시류를 타는 공부도 다 좋은데, 그건 씨줄이거든? 날줄부터 공부해보지그래."

날줄은 뭘까? 그건 기본적인 거야. 심리학, 사회학, 경제학, 역사학 등. 씨줄은 시대가 달라지면 필요가 확 줄어. 반면 기본, 그러니까 날줄을 공부해두면 씨줄은 언제든지 끼워넣을 수 있지.

카를 라거펠트Karl Lagerfled 알지? 시대를 풍미한 최고의 패션 디자이너이자 엄청난 독서광. 독일 태생으로 스무 살 때 파리에 가서 패션 일을 했는데, 서른이 되자 미술사(art history)를 본격적으로 공부하기 위해 이탈리아로 갔어.

라거펠트에게 직업이 뭐냐고 물으면 줄곧 '역사학자'라고 대답했대. 왜 역사를 알아야 하냐고 물으면, 디자이너는 시대의 흐름을 읽을 줄 알아야 하는데, 그러려면 메가트렌드를 읽어야 하고, 그러려면 역사를 알아야 한다고 했다는 거야. 메가트렌드란 잠깐 지나가는 유행이 아니라 큰 흐름을 말하잖아.

하수는 최신 사례에 연연해. 어느 아이템이 뜬다 싶으면 그 흉내를 내려 들어. 하지만 고수는 역사의 흐름에서 지혜를 얻는단다.

파리의 루브르 박물관에 가면 광장 한가운데 유리로 만

든 피라미드가 있지? 천재 건축가 아이엠 페이I.M. Pei가 무슨 뜻으로 고색창연한 왕궁 안뜰에 어울리지도 않는 현대식 건축물을 지었을까?

박물관에 가면 수백 년 된 유물들을 보면서 대개 옛날 사람들의 생활 단편을 상상해보고 말잖아. 거기에 그치지 말고, 본인이 인류의 수천 년 된 문화유산을 현대의 모습으로 재해석했듯이 박물관에 온 관람객들도 인류의 발자취를 보며 현재 삶을 반추해보고 지혜를 얻으라는 의도 아니었을까?

'인류'는 끊임없이 발전하고 있어. 인류가 이루어낸 걸 보면 기적과 같지. 하지만 '인간'은 조금의 변화도 없는 것 같아. 그러기에 기원전에 살았던 공자나 소크라테스의 말씀이 지금도 유효한 것 아닐까. 2,000여 년 전에 쓰인 불경이나 성경의 한 자 한 자가 지금 읽어도 버릴 게 없다니까.

마찬가지로 역사의 흐름에 개개 인간이 대처하는 방식은 변함이 없어. 그러니 인간을 잘 이해하려면 기본적인 인문학이나 심리학을 꿰고 있어야 해. 내가 만나본 장수 CEO들은 하나같이 나름의 철학적 깊이가 대단한 분들이셔.

세계 최고의 기술력을 자랑하는 애플의 스티브 잡스가

한 말을 유심히 들어보렴.

It is in Apple's DNA that technology alone is not enough: it's technology married with liberal arts, married with the humanities, that yields us the results that make our heart sing.

기술만으로는 충분치 않다는 생각이 애플의 DNA에 들어 있습니다. 인문 및 인본주의적 사고와 결합한 기술이어야 사람들의 가슴을 설레게 할 결과를 창출합니다.

마케팅 전략은 쉬워 보이지. 누구든 할 수 있을 것처럼 말한다니까. 어떤 브랜드가 뜨네 마네 하면, 누구나 한마디씩 분석과 평을 할 수 있어. 그런데 잘된 마케팅 전략일수록 포인트가 분명해서 단순해 보이지만, 그 형성 과정마저 단순하다고 생각해서는 안 돼. 타고난 감각으로만 버티면 오래 못 가. 전략의 바탕을 이루는 많은 인문학적 지식과 경험이 필요하단다.

그러니 마케팅 전략가는 정석을 알아야 해. 골프를 치든, 바둑을 두든, 마케팅을 하든 우선 정석을 배워야 하지. 오늘날 마케팅의 문제는 정석이 없다는 게 아니라, 정석을 제대로 배우지 않고 게임부터 하려는 데 있어.

골프 초보가 성급하게 필드에 나가기 시작하면 연습하는 게 재미없어져. 머리 얹기 전에 연습장에서 지겹도록 기본을 닦은 사람의 실력이 나중에 더 빨리 느는 법이란다.

브랜딩에 대해 제가 새겨야 할 교훈이 뭘까요?

마케팅을 비롯한 세상사가 결국 브랜드 관리하는 것 아닌가 싶어서 《모든 비즈니스는 브랜딩이다》라는 책을 10년 전에 썼어. 원리는 변한 게 없지만, 그 책이 설명적(descriptive)이었다면 이번에 자네와 나눈 대화는 처방적(prescriptive)이라는 생각이 드는군. 배달의민족, 현대카드, 엘지생건, 젠틀몬스터 등에 대해 더 자주 얘기했지만, 그 밖에도 지난 10년간의 새로운 사례를 많이 언급하고 이론을 적용해보며 얘기 나누는 동안 나도 즐거웠어.

브랜딩이란, 브랜드가 전하고자 하는 의미를 설정하는 과정인 '컨셉 만들기(concepting)'와 소비자가 제품을 사용하는 동안 그 컨셉을 얼마나 잘 느끼게 해주느냐 하는 '체험시키기(experiencing)'의 두 가지라 했잖아. 이를 개념적으로 설명하고 지나가는 것이 아니라 자네가 실제 아이디어를 얻도록 도우려고 나름대로 애써봤는데, 어땠는지 모르겠구나.

이제 시장세분화든 제품차별화든 어떤 개념이라도 자네 나름의 정의를 만들어가렴. 경영이든 마케팅이든 브랜딩이든 심지어 삶을 대하는 태도에 있어서도 자네 나름의 프레임(frame)을 가지도록 늘 노력해봐. 그게 '자네다움'을 만드는 길이야.

환경운동가이자 사업가인 폴 호켄Paul Hawken의 말을 좋아한단다.

"Being in business is not about making money. It is a way to become who you are."

무슨 일을 하든, 일을 도모하는 것은 돈 버는 게 궁극의 목적은 아니잖아. 자네가 자네다워지도록 완덕을 향해 가는 길이지.

그동안 공부한 브랜딩을 정리하는 뜻에서 한 가지 예로 마무리해보자.

지구에 커다란 운석이 떨어져서 A콜라 공장은 다 없어지고 사람들이 브랜드만 기억한다고 해봐. 한편 B콜라는 공장은 멀쩡히 남았지만, 충돌 시 섬광 때문에 B라는 브랜드가 사람들의 기억에서 사라졌다 치자.

자네는 브랜드가 남은 회사와 공장이 남은 회사 중 어디에 투자하겠니? 브랜드와 공장 중에 어느 것이 복구가 더 어려울까?

나 같으면 브랜드가 남은 회사에 투자하겠어. 콜라가 아니라 설령 자동차산업에 같은 일이 벌어졌다 해도, 나는 브랜드가 남은 회사에 투자하겠어.

공장이 없어지면 은행에서 대출받아 새로 지으면 되겠지. 노동자가 모두 다른 회사로 옮겨갔다면 새로 고용하겠지. 브랜드에 대한 사람들의 인식이 남아 있는 한, 그 회사는 살아남을 수 있어.

결국, 브랜드로 남는 것이 더 소중한 일 아닐까?

'브랜드로 남는다는 것'의 의미를 곱씹어보라고요?

모차르트의 작품 중 '피아노 소나타 11번 A장조 3악장 KV 331' 들어본 적 있어? 잘 모른다고? 당연해. 전문가가 아닌 다음에야 번호로 작품을 기억하진 않으니까.

역사에 길이 남을 작곡가들은 작품 수가 많아 후대 사람들이 번호를 붙였어. 모차르트 작품은 쾨헬Ludwig von Kochel이 정리하여 K로 시작하는 번호, 바흐는 바흐의 작품목록이란 의미로 BWV(Bach Werke Verzeichnis), 이런 식이야.

그중에서도 많은 이들이 좋아하는 유명곡에는 누군가가 이름을 붙여주지. 방금 말한 모차르트 피아노곡의 이름은 〈터키 행진곡〉이야. 이건 알지?

그것 봐. 이름을 붙임으로써 존재감이 생긴다니까.

베토벤의 WoO 59번은 〈엘리제를 위하여〉야. 실제 엘리제라는 인물이 누군지는 아무도 몰라. 후대에 악보 출판사에서 그렇게 이름 붙였다고 해. 그렇지만 내가 자네에게 〈엘리제를 위하여〉 들어본 적 있냐고 물으면 금세 어떤 곡을 말하는지 알잖아. 존재감이 생긴 거지. 휴대폰 벨소리로 흔히 듣는 곡이기도 하니까.

미술 얘기도 해보자. 세상에서 가장 비싼 그림은 가격이 얼마나 될까?

2017년 뉴욕 크리스티 경매에서 낙찰된 레오나르도 다빈치의 작품 〈살바토르 문디〉가 4억 5,000만 달러(5,000여억 원)로 최고가라더라. 그런데 이 비싼 그림이 진위 여부를 두고 논란이 있다니 재미있지.

이 작품은 프랜시스 쿡이라는 저명한 미술품 수집가가 샀다가 다빈치가 그린 게 아니라고 판단해 경매를 통해 1958년에 45파운드(7만 원)에 팔았던 거야. 그 후 뉴욕의 딜러가 1만 달러에 구입했는데, 2011년 최고 권위의 영국 국립미술관(National Gallery)이 이 작품을 빌려다가 다빈치전에서 전시하는 바람에 진품으로 인정받은 셈이지만, 아직도 진위 여부가 확실하진 않아.

이 얘기를 왜 길게 하냐면, 동일한 그림인데 레오나르도 다빈치라는 이름, 즉 '브랜드'가 작품 가격을 크게 좌지우지

하잖니. 이름값 하는 거지. 작품을 미적 가치로만 판단하면 될 것을, 최고의 전문가들도 진위 여부를 알 수 없는 그림인데 누가 그렸느냐에 따라 가격이 널뛰는 게 흥미로워.

　조르조 바사리라는 사람이 1550년에 출간한 《르네상스 미술가 평전》에서, 역사상 처음으로 예술가 이름을 거명하며 작품들을 설명해. 그 덕분에 화가들이 비로소 브랜드화되었지. 이름이 없으면 아무리 그림을 잘 그려도 무명의 화가일 뿐이야. 그 유명한 〈밀로의 비너스〉를 비롯해 16세기 이전의 작품들은 작가 이름을 몰라. 그런 작품은 혹여 거래가 된다 해도 작품 그 자체의 예술성과 희소성으로만 가격이 결정되지. 그런데 작가의 이름이 브랜드화되면서 작품 자체의 아름다움보다 '누가 그린 것이냐', '정말 그 작가가 그린 것이냐'에 따라 작품 가격이 형성되는 게 재미있지 않아?

　그러니 결국 남는 건… 브랜드 아닐까 싶어.
　반 고흐나 피카소라는 이름은 새로운 화풍을 만든 브랜드로 영원히 남지 않을까?
　코코 샤넬과 크리스찬 디올은 둘 다 사망했지만, 패션에 한 획을 그은 브랜드로 남지 않을까?
　에디슨이나 스티브 잡스도 고인이 되었지만, 그들이 창

립한 GE나 애플은 사람들의 삶을 바꾼 브랜드로 기억되지 않을까?

그런 세계적인 브랜드가 아니더라도 성심당, 태극당, 이성당 같은 베이커리도 나름의 색깔이 있기에 오랫동안 브랜드로 남을 것 같지 않아?

개인적으로 나는 많이 팔리는 책보다 기억에 오래 남는 책을 쓰고 싶더라.

빅 브랜드가 되려고 애쓰지 마. 조그맣더라도 너의 발자국이 쉽게 잊히지 않는 브랜드로 남기 바란다.

패션 디자이너 엘리스 템펄리Alice Temperley가 한 말을 가슴에 새겨두렴.

"You have to stay true to your heritage; that's what your brand is about."

자네가 남길 유산을 충실히 관리하게. 바로 자네 브랜드에 관한 모든 것 말일세.

마치려니 너무 아쉽습니다. 끝으로 한 말씀 부탁드려요.

《삼국지》의 고사성어 중에 '오하아몽(吳下阿蒙)'과 '괄목상대(刮目相對)'란 말이 있어.

오나라의 왕, 손권을 섬긴 장수 가운데 여몽이라고 있잖아. 그는 무술은 뛰어났지만, 어린 시절 가난하여 공부를 제대로 하지 못했어. 이를 안타까이 여긴 손권이 큰일을 도모하는 사람은 학문을 익힐 필요가 있다며 독서를 권했지. 하지만 여몽은 "군사 일이 너무 바빠 책 읽을 틈이 없습니다"라고 대답했대. 그러자 손권은 여몽에게 "일이 많다 하는데 나만큼 많겠는가? 학문에 정진하여 학자가 되라는 것이 아니고, 서적을 읽으면 과거의 사례에서 지혜를 얻을 수 있기 때문이오. 나이 많은 조조도 여전히 배움을 좋아한다고 하는데, 하물며 경은 왜 노력하려 하지 않소?"

그 말을 들은 후, 여몽은 틈나는 대로 책을 읽게 되었대.

얼마 후, 오나라의 인재 노숙이 임지로 발령받아 가는 길에 어릴 적 친구인 여몽을 찾아 이야기를 나누었는데, 전과는 수준이 영 딴판인 거라. 노숙이 친구의 탁월한 식견에 감탄하여 "나는 그동안 자네가 무예만 뛰어나다고 생각했는데, 그동안 학식도 대단히 깊어졌군. 예전 오나라의 그 여몽이 아니로다(非復吳下阿蒙, 비부오하아몽)"라고 하자, 여몽은 이렇게 대답했단다.

"무릇 선비란 사흘만 떨어져도 눈을 비비며 다시 대해야 할 정도(刮目相對)로 달라져야 한다더군."

뒤에 여몽은 삼국시대 최고의 명장인 관우를 사로잡아 처형하고, 촉나라 유비에게 내주었던 형주를 되찾아 오나라의 위세를 크게 일으켰지.

'오하아몽'이란 '오나라의 아둔했던 여몽'이란 뜻으로, 여몽과 같이 하루가 다르게 발전해서 '괄목할 상대'가 되어야 한다는 걸 깨우칠 때 쓰는 말이야.

자네도 다음에 만날 때는 내가 눈을 비비며 다시 볼 만큼 성장한 사람이 되어 있길 바라네.

찾아보기

주요 용어

주요 사례